劫後

外交官漫談「結緣人生」

餘生

芮正皋 著

三民書局

序

外交部資深退休大使芮正皋先生以耄耋之年，撰寫四十餘萬字回憶錄，經我洽請三民書局劉振強董事長惠允出版。惟基於讀者便利之考慮，將原著中第六章「人物雜憶」約十餘萬字抽出，定名《外交生涯縱橫談——芮正皋回憶錄》，由三民書局全力配合，趕於中華民國 102 年 9 月 20 日出版。芮大使伉儷不辭辛勞由雪梨僑居地返回臺北，芮大使更以九四高齡於 9 月 27 日親自參加卸任使節聯誼會，當場將新著惠贈每位與會者。各位參加同仁對芮大使新著均讚美不已。10 月 7 日下午芮大使復親涖三民書局參觀，並與劉董事長及編輯同仁敘談，原則決定將原經節刪的「人物雜憶」章予以充實改寫，另出「新書」。

芮大使於返回僑居地後即來電郵告知新書已將完工，並囑代為撰序。謹按芮大使回憶錄問世不久，洛陽紙貴，深獲好評。《旺報》自 11 月 9 日起逐日在 C1 頁「兩岸史話」版連載原著第三章「對非工作　長路漫漫」中若干段落並配以相片，實為難能可貴。但芮大使終以勞累過度，體力不支，病倒住院，臥床多月。

但令人欽佩的是，芮大使於出院後在家休養期間，猶能在病中克服種種不便與困難，編撰新書文稿約二十餘萬

字，實至屬不易。由於新書於病中完工，書名遂定為：《劫後餘生──外交官漫談「結緣人生」》。有關他患病的過程，請參見他的〈代自序〉，不另贅述。

芮大使的著作，行文流暢，內容充實，使讀者每每不忍釋卷。本書所介紹的人物中，除我以外，其他各位均在學識功業方面，值得為讀者提供客觀持平的介紹，讀者在讀完每一篇以後，都能對當事人有更深刻的瞭解。

國軍的參謀業務中第二部門是情報，軍中情報工作中很重要的一項就是「人物志」（亦作誌）。我記得當年先總統　蔣公在世時，經常諄諄對我教誨，要我注意人物志。我在從事外交工作時也不斷遵循此一訓示，認真蒐集人物志。芮大使此書可說已將人物志發揮得淋漓盡致，實在令人欽佩。

錢　復

前外交部長、前監察院長

芮正皋大使器先先生的《外交生涯縱橫談》上年底出版後，對研究 20 世紀中華民國國際關係，尤其是我國與非洲國家關係的人來說，提供了一本很有參考價值的傳記，我在前言中曾經推崇他是職業外交官的典範。我看過不少歐美國家退休大使的回憶錄，芮大使的精彩傳記與他們相比絕對是有過之而無不及的。

如今，芮大使認識的名人好友，生命中的「貴人」，又將在這本新書中一一登場，從他充滿感恩語調的文字中，可以瞭解芮大使如何成就他的外交志業，如何豐富他的外交生涯。

有中華民國外交界「非洲先生」美譽的楊西崑大使，曾經於 1960 年代在外交部內一次講話中，談到他用人的哲學。他說世界上沒有十全十美的完人，每個人有長處，也有短處。用其所長，則人人可用；嫌其所短，則無人可用。

楊大使早年是芮大使的好友，後來又成為他的上司。讀芮大使的人物介紹，筆頭總是帶有感情，宣揚他人的長處，似可見楊大使的觀點對他影響應該很大。再證諸個人與芮大使相交四十多年的經驗，他總是念茲在茲，關心我國的外交處境與兩岸關係的發展，喜歡就事論事，發表議論，很少聽到他批評別人，顯見他為人厚道，是一位與人為善的君子。

讀芮大使這本人物傳記，個人的心得很多，願提四點供

讀者參考：

第一：如果你想多知道一些中華民國政府，1949 年 12 月 7 日正式播遷臺北市之後，三位重要外交人物的小故事──「外交鬥士」葉公超部長，「外交教父」沈昌煥部長以及「外交才子」錢復部長，讀了芮大使的描述，相信你不會失望。

第二：如果你想知道中國傳統文化所稱「儒將」是什麼標準，或想知道所謂「國共內戰」真相的片段史實報導，那麼就請參閱芮大使以超然客觀態度所撰「儒將胡宗南」篇。

第三：如果你想知道中國國民黨元老陳立夫先生對兩岸和平的想法，也可在本書中找到。立夫先生曾經親撰「求統一不談小節，為和平先矢至誠」十四個字贈送給大陸的汪道涵先生。他也曾在先總統 蔣公默許下用筆名寫了〈假定我是毛澤東的話〉，刊登在一份香港的刊物上，語多中肯。際茲大陸盼望兩岸進入政治對話之時，立夫先生的諍言或可供大陸方面反思──「求諸於己」。

第四：如果你想知道一些保健養生的常識，甚至為人處世的道理，芮大使介紹活了一百零三歲立夫先生「養身在動，養心在靜」的名言，也有昌煥先生的「八放論」；他更是不厭其詳地推介旅瑞士名醫徐煥廷博士的「細胞療法」，用他自身為例，活到九十五歲還能活力充沛，讓人不得不相信古人「返老還童」的話。

戴瑞明

中華民國前駐教廷大使

從另一個角度觀察我所欽佩的芮正皋大使

本人張守煌何德何能，乃敢不自量力，罔思步政壇風雲人物、外交前輩之後，再贅言推薦芮正皋大使？良以近年來積聚參加大明山白陽老人所主持的「身心靈進修研習會」所獲心得，發現芮大使在身心靈進修方面有鮮為人知的若干成就。基於回饋社會大眾及廣大讀者的心願，遂將數十年前有緣預埋的一顆良種，經過長期的孕育，今日終於在澳洲福地開花結果——我與芮大使變成知交的過程，和我觀察芮大使的心得臚陳於後，與大家分享。

芮大使學識淵博，滿腹經綸，是我國外交界不可多得的人才。他一生所結交的中外達官貴人不計其數，待人卻仍謙寬大量。我能結識他，可算是有幸及高攀了。

1976 年，我第一次外放為駐賴比瑞亞獸醫隊技師，當時駐賴比瑞亞大使為殷惟良先生，剛好殷大使是駐象牙海岸芮大使的同事兼好友，他們曾在外交部最陳舊的北投「新華宿舍」同居過數年，再加上賴、象兩國的貼鄰關係，因緣際會，成為二十四年後，我在雪梨結緣認識芮大使的一顆種子。

　　那種奇妙的感覺，恍如時光倒流一般，芮大使似乎又回到了當年縱橫非洲友邦的光輝歲月，我彷彿也變成「非洲農耕外交」的一員，深受他的引領與指導。經過數度交往後，我又高興地發現，原來芮夫人還是家母江蘇南通的小同鄉呢。「他鄉遇故知」的特殊情緣，更加深了大使夫婦對我這個晚輩的友誼與厚愛。

　　自從大使離開學術界及外交部移居澳洲後，多了許多時間與精力思考研究，學習以前不常接觸的科學、醫學、天文，以及《易經》、輪迴、靈魂，兼及有關「身心靈進修」的學識和靜坐等學問，憑藉大使好學不倦的精神，自有他修煉的方法與見解。

　　2006 年，《易經》大師，也是財團法人「白陽大道教育基金會」的創辦人——吳忠信博士蒞臨澳洲。我有意介紹兩位長者相識，惜機緣未到失之交臂。五年後，2011年，白陽老人再度蒞臨雪梨弘道，我終於如願以償，促成兩位長輩結識，彼此相惜相知。在白陽老人的感化下，宿慧甚高的芮大使當然有所領悟，遂決定參加翌年 (2012)，白陽大道教育基金會在南投中寮大明山召開為期三天的秋季研習會。大明山空氣新鮮、環境清幽，是進修身心靈的理想場所，具有人間仙境的氣氛，既似仙境，有緣人便能結識「仙佛緣」了。

　　2012 年 9 月 30 日中秋節，同時也是白陽老人的生日，我特地上山祝壽，恰好目睹了一場芮大使與仙佛結緣的實

況。當時下午四時許，「高靈理天左使」附身在「三才」肉身傳達天旨，在三百餘位聽眾的見證下，「理天左使」走到芮大使座位前，講了以下的話：

「我看你只有四十九歲，不是九十四歲。」

「你懂得放下身段，是一個高度智慧的人。」

「你五年前就該來，你終於來了，你來了就好。」

這三句簡單的話，透露了芮大使為人知與不為人知的人生經歷，也透露了芮大使的靈魂不同於常人處。人生在世的種種經歷，無非是重演我們累世因果所結的種種機緣，盼望大家多多珍惜身邊的「有緣人」。

2013 年 9 月間，芮大使返臺參加錢復院長所主辦的「卸任使節聯誼餐會」，並分送三民書局剛出版的《外交生涯縱橫談──芮正皋回憶錄》，造成外交部上下一陣旋風，各方餐聚慶功自不在話下。

同年 10 月中旬芮大使返回僑居地雪梨，又接受僑界邀請舉辦「新書發表會」等文化活動。終因體力透支而病倒，急送醫院診治，臥床三個多月。芮大使住院期間，醫生為了探究病因，安排做了肝、腦、心、肺、腎、牙各器官的檢查，讓他受盡了苦頭。最後終於在肺部找到罪魁禍首的病原菌，經六週的強力抗生素治療，始脫離險境。

由於芮大使年事已高，一場重病留下了四肢軟弱無力、排尿不順暢等後遺症。按照澳洲醫療規定，老年病患出院返家之前，須先經歷「復健」一關，病患必須達到日

常生活能夠自理的程度，才能放行。「復健」期間尚須適應各式護理人員指揮，芮大使只能以他外交官一貫的本能與態度，用「謙恭自抑」的大度，以及「結善緣」的誠意去面對，終於轉逆境為順境，獲准提前出院返家休養。

芮大使最令人欽佩的地方，便是他在休養期間，雖處生命極度危急之際，尚能構思策劃、出版新書，這種「置死生於度外」、永不停止學習的態度，以及集中注意力「提升自我能量」(Raising One's Energy) 的方法，實在令人嘆服不已。

芮大使曾對我說過，他在七十年前拜師學書法，順便抄錄格言以自勉，其中有關立志「量大」方面，有句云：「量大要如滄海，任百川灌而不滿。」他說在看了很多有關宇宙、天文等書籍後，這句話應該改為「量大要如宇宙，任億萬星辰馳騁其間而猶有空間」才合適呢，芮大使胸襟之寬廣，由此可見一斑。

張守煌

澳洲龍蝦世界前董事長

劫後餘生──外交官漫談「結緣人生」

我常說，人生遭遇因人而異，但大伙兒終生碌碌，無非兩個字：「結緣」而已。當然「緣」有善惡久暫之別，自身的行善積德、進修，或能使善緣延長，惡緣變善或縮短，進而消失。反之，善緣也可能變質甚或提前終結。

所謂「結緣」，亦即人際交往。簡言之，也就是交朋友。我們辦外交，其實就是國際上交朋友。不過，如果交往希望產生善果，也希望這個交往是一個「善緣」，那麼彼此必須秉著「相處以誠」，而且「信守不渝」的原則。人與人之間如此，國與國之間亦復如此。

南懷瑾先生有一篇與「緣社」同仁談「緣」的短文。他是和學佛的人談的，深入淺出，很透澈。他說中國有一句俗語「家家有一本難念的經」，其實應該說「人人有本難念的經」。

他說，難念的經都是從因緣來。佛學講因緣，有三項內涵、四種關係。三項內涵即是善緣、惡緣、無記緣。所謂無記緣，便是不善不惡的緣，不發生什麼影響或後果，過後也忘了，如蘇東坡的詩所說：「事如春夢了無痕。」一

切事情都等於一個夢，夢醒便忘。

　　南懷瑾先生說，從佛學來研究緣的關係很深奧，相當複雜，有四種關係：因緣、增上緣、所緣緣、無間緣，牽涉到三世因果及六道輪迴等問題，要深究不容易。作者對佛學知識淺薄，不敢深入。僅能引南懷瑾先生下面一段相當有趣的談話作為我的論點依據。

　　南懷瑾先生說，如果把因緣的範圍縮小，談談大家切身經驗，也就是男女、夫婦間的問題，也許簡單些。他覺得他幼時在杭州城隍山城隍廟門口一副對聯說得很透澈簡潔，對人生遭遇一針見血。這對子上聯描寫夫婦關係：「夫婦本是前緣，善緣，惡緣，無緣不合。」夫妻不一定是好

杭州城隍山城隍廟對聯照。

因緣，有時吵鬧一輩子，痛苦一輩子。

下聯說的是兒女問題：「兒女原是宿債，欠債，還債，有債方來。」有債務關係，才有父母兒女。

杭州城隍山城隍廟這副對聯對人生複雜浩繁的因緣問題，用簡單明瞭的字句，對仗工整地一語道破，包括了佛家、儒家、道家的人生哲學，真是絕妙對聯。我不禁驚嘆中國文化、文字的美妙。

為了好奇，我特地託我澳洲雪梨寓所的緊鄰，他女兒在雪梨工作，自己留在中國的王春漢兄，輾轉託他在杭州的朋友前赴杭州城隍山城隍廟，實地察看這副對聯是否還存在。結果王君的朋友不負所託，回報對聯確仍存在並附照片為證。可惜照片上看不出哪個朝代及撰寫對聯人的姓名。

我的一生，生活在一個動盪時代，國際大環境與中國政治大變化，稱得上「翻天覆地」和紛雜多變的一個歷史片斷。我一生的交往，或人際關係，就是本文前面我所說的「結緣」兩字，包括上文所述的善緣、惡緣及無記緣，也體驗到俗語所說「天有不測風雲，人有旦夕禍福」的說詞，下面是我自己切身體驗的經歷。

我在這本新書出版與讀者見面之前，忽然經歷了一場大病，住院三個多月，幾乎不起、走上不歸路。可是，自問多年來修養、修煉尚未得到什麼「道」，卻蒙上蒼惠我「得道多助」，在病中，各方鼓勵、祝福、協助，紛至沓

來，終於脫離險境「轉危為安」，居然「大難不死」。真是感激、感恩不盡。

事情的經過，可以簡單說明一下，報告讀者諸君。

經過多年來的構思、籌備、策劃、試探和親友們的協助，包括我的貴人錢君復先生等的感召及鼓勵，我的拙著《外交生涯縱橫談──芮正皋回憶錄》一書，終於在 2013 年 9 月由臺北三民書局趕工配合出版發行，使我能於同年 9 月 27 日，趕上在錢院長召開的卸任使節聯誼餐會上分送與會人士，並能及時參加國史館為我的恩人──沈昌煥先生「日記發表會」同時紀念其百歲冥誕等活動。

2013 年 10 月 19 日，我拖著疲累的身子，從臺北返回僑居地雪梨後，再應友好及僑界之請，舉辦一連串的文化交流僑社活動，包括「新書發表會」、答詢問題、接受媒體訪問，接洽臺北《旺報》及澳洲《星島日報》轉載事宜，從事籌劃出版第二本新書等事務，以致積勞成疾，終以精神體力透支過多，新陳代謝失常，免疫力消失，造成健康全面崩潰，體能「虛脫」的後果，於 2013 年 11 月下旬急送新南威爾斯省立北雪梨皇家醫院診治，臥床三個多月，幾至不治。

在治療期間，由於我的年齡為九十四歲，院方初步診斷認為與一般老年病患身體老化及心臟衰竭有關，嗣後，醫院其他部門認為也可能為感染某種細菌所引起。由於該省立醫院直接隸屬新南威爾斯大學 (University of New

South Wales) 醫學院，該醫院自然形成紐省大學的醫學學術研究機構（相當於臺大醫院之於臺灣大學），從而我的病歷病況也成為醫學學術研究的科目及對象。院方內部不同科目間的學術討論如有不同意見時，也成為爭議的「議題」。

在這種情況下，我這個病患可能獲得額外的「照顧」，但也可能成為一個被拋來拋去的「研究議題」。我就在後者成分較多的情形下，獲得了「利弊得失難於分辨」的「特殊待遇」（談不上「照顧」），也因此而延長了我的住院時間，因為院方必須找到我致病的真正原因或「元凶」，以便對「學術研究有所交代」。

結果，我遭遇了全身各器官使用現代最新的各式各樣的儀器檢查，包括腦、心、肝、肺、腎，甚至「心律調節器」連接心臟的夾層管道，以及牙床骨。因為以上各器官都可能蘊藏或滋生細菌，或潛伏多年的細菌因免疫力衰退而乘機「東山再起」。

最後，「皇天不負苦心人」，新南威爾斯省立醫院終於在我肺部找到一種特殊的頑固細菌，院方的細菌感染派醫師當然大為高興，額手稱慶，認為這是學術研究上的新成就、新發現。

「元凶」一經找到，跟著便是治療——用一種相當強烈的「抗生素」由點滴直接注入靜脈管。由於我們東方人一般靜脈管不太明顯，不易注入，造成找不到適當靜脈管而隨便扎針的不必要痛苦，而且也徒然浪費時間。院方乾

脆在右肩腋下找到一條較粗的靜脈管,設置一個「常設注入點」(Injection point) 來接受點滴。每天早晨換裝新點滴瓶時,必須由一位辛巴威籍護士長到場驗明藥品本身無誤,然後啟封、開始點滴並查看或調整流量,手續相當慎重。這個抗生素點滴持續了六個星期。在我獲准出院移遷到「燕園復健醫院」期間改用口服抗生素,始行結束。

也就因為我這個病患成為院方的特殊研究對象,受到若干意外的特殊待遇。譬如我食慾不振,體重劇減,日益消瘦,牙齒不好不能咬合咀嚼,院方便關照廚房把肉類打成碎泥,另並配給營養食品或飲料,以維持我的生命,以便他們能繼續研究。

醫院對付一般病患當然「一視同仁」,沒有什麼「特權」可言。病患,對護士們而言,僅是一個號碼、一個數字,有限的護士們一天要完成幾個病患洗澡,永遠是件「趕場」的事兒。一大早,五點多鐘便登堂入室,燈火通明,一個或兩個護士闖進門來不管你是否睡醒,「起來!」「讓我先上個廁所(大便)可以嗎?」「不行,我們沒時間!」「等會再說」……病患只好乖乖的聽任擺佈。我的病情是四肢無力,自己不能起床下床,都須仰仗護士扶持,也不准自行下床,下床了還須使用備有輪子的 「助行器」(Walker),遑論自行步出房門了。洗完澡,不是繼續躺在床上便是在床邊椅子上端坐。這「一坐」或「一躺」便是論鐘點計算。如果按鈴呼叫護士,便是「久候不來」。這需

要耐心，是一個絕佳的修煉機會。

外交官唯一本領就是「交朋友」，建立良好「人際關係」。慢慢地，我讓周遭的護士們逐漸了解我這個病患是一位善意、彬彬有禮的長者，受過高等教育，能夠配合對方、尊重對方，通曉多國語言，同情對方的辛勞、了解他們的菲薄待遇，能記得對方姓名，是一位極好相處的忠厚君子……就這樣逐漸「化敵為友」，改善環境，彼此成為朋友。這對我復原過程中是一個極為有利及重要的因素。對我能提前出院並獲准轉往「燕園復健醫院」有著決定性的作用。

私立「燕園復健醫院」原為一座私人豪宅別墅擴建而成。環境幽雅，有庭院之勝，園內燕子築巢，群雛學飛，頗有詩意，使我心情為之一振。復健醫院內舉凡應因各種不同原因之行動不便病患的儀器設備，一應俱全。依病患病情狀況或個別、或團體、或三三兩兩，由多位導師，同時或分別帶領病患實施各項體能活動。高齡九十四歲之病患僅我一人，但不輕易透露，以免引起不必要的注意或好奇。我默默地、很低調地、隨著大伙兒操練各種動作，倒也能用功專注，應付裕如。每天活動約一小時，如有時間，則在自己房內，在護士監護下，再複習上課所學各種動作，因此進步較一般病患為快。在復健醫院約三星期後，風聞院方當局在會議上表示，我在「符合條件情形下」，可以考慮簽發「出院書」讓我出院回家。

所謂「符合條件」，即病患家內設備及病患自身病情狀

況許可的各種條件。經過一連串的訪問（包括到府視察設備及審核病患住院時的經過等複雜的填表手續），終於與一家經政府核定並補助津貼的「上門照顧服務公司」簽訂了為期十二週（三個月）的合約，作為出院後的「過渡時期醫護照顧」。由「服務公司」安排每天不同的「上門」服務（包括洗澡、醫療、看護、健身活動、換洗尿袋及導管、處理家務、陪看醫生等）。

我自己則盡量保持樂觀、積極、進取、感激、感恩的心情，放下一切（當然包括沈昌煥先生的「八放論點」）。

同時，我經常縈懷我此生由於我的職業性質，而能與各類典型風雲人物「結緣」，獲得他們直接、間接的各種感召：

包括葉公超的奮發有為精神、陳立夫的復興中華文化貢獻、胡宗南將軍的戰鬥哲學、沈昌煥的臨終禪偈和他在「外交人類學」方面對「人性解剖」的獨到心得（19 世紀的人類學家以實地「解剖人體」所獲經驗自炫）、開拓靈性人生的李模、芮沐的好學不倦精神、錢復的貴人哲學、戴瑞明的「一以貫之」作風，以及徐煥廷醫師的醫學成就等等。

以上各項在在使我雖在病中仍能源源不絕，受到上述各種善緣的鼓舞、互動，始終採取正面積極的心態，不令我的血液變成酸性（不煩惱不憂慮），各類細胞維持正常的新陳代謝運作功能。

　　另外，我在休養期間，訂定了一個工作計畫與目標，在體力精神許可情況下，開始構思我出版第二本新書的計畫，也就是如何把原著《回憶錄》內第六章「人物雜憶」十餘萬字改寫，另行出版「新書」。在網上陸續作業，各篇人物的描述或予修正、或重寫、或添加新資料、或削減多餘篇幅，使這個「理想」逐漸成型，真有若「浴火重生」，改頭換面，點點滴滴地，也整理了二十來萬字，以嶄新姿態出現。由於三民書局編輯部門的全力協助配合，這本「新書」才能和各位讀者相見。

　　「醫護照顧合約」十二週服務已於上月底期滿，也達成它的使命。就我個人而言，從自己不能行動、一切須依賴他人扶持協助，逐漸轉變進步到一切自行操作，放棄「助行器」、恢復使用手杖，獲得「重生」或「再生」的感受，不能不說是一種「奇蹟」，至少也可解釋為各種「善緣」大結合的成果。或許也可符合《易經》所稱「天行健，君子以自強不息」的意旨了吧。我誠懇地把這份從「廣結善緣」所獲的心得和快樂與讀者諸君共享。

芮正皋
時年九十五歲於澳洲雪梨

劫後餘生
——外交官漫談「結緣人生」 目次

序／錢復

前言／戴瑞明

引言／張守煌

代自序

第一章　外交鬥士葉公超　　　　　　　1

　率真豁達，忠言直諫　　　　2

　葉公超與外蒙入聯案　　　　7

　壯心不已　　　　10

第二章　外交元勛沈昌煥是我的「大恩人」　　13

　我為什麼對沈公以父執輩禮數待之？　　15

　施恩人與受恩人在巴黎結緣　　17

　好學不倦　　　19

　求賢若渴　　　22

　推舉楊西崑　　　24

　「不為五斗米折腰」　　　29

　機智詼諧，人性佛心　　　31

　煥公胞弟亦成莫逆　　　32

　人品教育，愛護有加　　　34

領悟禪機，與人共享　38

臨別贈言，偈語交代　39

偈語效應，立竿見影　41

參加煥公百年冥誕及《沈昌煥日記》

新書發表會有感　44

沈大川的靈感爆出火花　46

第三章　青年楷模錢復　49

讀其書，知其人　50

「尊師重道」的錢復　56

具有「杭鐵頭」精神的錢復　61

錢復喜當別人的「貴人」和他的「貴人哲學」　70

一張全家福照片使我想起錢復的另一項美德　76

第四章　儒將胡宗南　79

國防研究院同期受訓　80

主任授課，將軍聽訓　81

談天說地，擺「龍門陣」　84

胡宗南品德有口皆碑　86

大陸失守誰負敗退責任？　90

獨創一格的「戰鬥哲學」　93

大將軍，二三事　97

「三分之一」開花結果　99

第五章　陳立夫談養生、「撞球外交」
　　　　　與「兩岸和平」　103

顧全大局，引咎下野　104
首次返臺，為父奔喪　107
二次返臺，葉落歸根　108
文章結緣，初識賢長　110
追根究柢，意外收穫　113
養身在動，養心在靜　117
推介「細胞療法」　119
說撞球，談外交　123
兩岸和平構想　126
致力孔學，不忘和平　129

第六章　君子學者李模　133

心儀已久，原來不是外人　134
「每況愈下」還是「每下愈況」？　140
「法律人」壯志未酬　142
重印老師「舊作」，道盡人間滄桑　143

第七章　法學泰斗芮沐　147

開場白　148
芮沐的少年時代　149
啃書成狂　150

學富五車　*151*

經濟法推動經濟發展　*153*

法學與立法的交互運用　*154*

有情人終成眷屬　*155*

長壽有道　*156*

百歲祝壽瑣記　*159*

百歲祝整壽，秀才紙半張　*161*

學弟子們心目中的「芮沐先生」　*163*

兩岸法學交流　*170*

家書值萬金　*176*

第八章　「細胞療法」、尼漢博士與徐煥廷醫師　*185*

開場白　*186*

屏東青年苦學，成為瑞士名醫　*189*

徐煥廷的恩師尼漢博士　*191*

卡雷爾的雞心切片存活實驗　*192*

「防止衰老」研發醫術的功臣們　*193*

細胞主宰我們的生命　*194*

什麼是「細胞注射療法」？　*195*

俄國細胞專家的貢獻　*197*

尼漢博士集細胞研究之大成　*198*

一位「不信邪」的訪客　*200*

如何保持細胞的新鮮度　*202*

細胞注入人體內的行蹤及見效速度　203

世界名人深受其益　204

細胞療法不止「返老還童」　208

「細胞療法」能治療的疾病　209

細胞注射人體內後被「接受」及「輸配」過程　213

第九章　當代權謀家李登輝　217

李登輝率籃球隊遠征非洲　218

乘時而起，大展身手　221

戲作命書　223

好謀善斷，野心勃勃　225

理念相悖，大失所望　226

第十章　大人物、小掌故　231

一、身先士卒──孫運璿　232

二、剛正不阿──丁懋時　237

三、瀟灑樂觀──蔣緯國　240

四、工作成狂──楊西崑　245

芮正皋遺著──結語　251

一個「善善相互感應」的真實故事發生在外交部　252

遲來的發現──有關化石樹的故事　253

寄情於文，託意於詩　255

第一章
外交鬥士葉公超

率真豁達，忠言直諫

　　1953 年，我從法國結束留學生涯到達了臺灣，進入外交部工作。那時外交部的部長是葉公超，政務次長是沈昌煥，常務次長為時昭瀛。葉公超（英文名 George K.C. Yeh）祖籍浙江餘姚，廣東番禺人，出生於江西九江。其父葉道繩曾任九江知府，1913 年離世，葉公超遂赴北京在其叔父葉恭綽的監護下長大。1931 年 6 月葉公超與燕京大學物理系畢業的袁永熹結婚。

　　葉公超的天分極高，敏而好學。他的興趣是多方面的，學識也是多方面的。舉凡射擊、狩獵、針灸、佛學、調製印泥、品酒等，無一不精，書畫更是他的專長，可以說做一樣，像一樣，可稱是文學家兼藝術家。他的英文造詣超高，一口「王者英語」(King's English)，是有名的莎士比亞學專家。梁實秋曾讚其「英文造詣特深，說寫都很出色」。胡適也讚美過他：「葉公超的英文是第一等的英文，他說的更好」「他在我們一班人之中，他說的最好。」至於其中文根基，則更是紮實。葉在天津南開中學讀書時，即以「自振」為題，以美妙文字發抒他的奮發有為的人生壯志，茲錄其要點如下，可見葉公超少年時代即有這種挑戰精神：「余幼失怙恃，人聞者恆憐吾，而言吾命之薄，緣之慳，而餘則否焉。蓋人之成偉大者，非安逸慎然而成之也，非恃他勢而成之也。是必出於萬難之中，而拔於愴痛之海，琢磨切磋，而後有此成之也。」

　　葉公超頗具名士風範，為人光明磊落，毫無矯揉造作之態，喜怒哀樂，俱見真情，他素以脾氣很大出名。前外交部政務次長胡慶育說

葉公超的脾氣「陰晴不定」,「他的脾氣一天有如春夏秋冬四季,你拿不准去見他時遇上哪一季,大家憑運氣,可能上午去看時還好好的,下午就被罵出來」。

有關葉公超先生的名士作風,有件小事可以一提:1958 年 4 月,葉部長率領一個龐大的代表團訪問「印度支那」(Indo-China) 越南、柬埔寨、寮國三邦。代表團成員除我之外,還有僑務委員會副委員長黃天爵、空軍副總司令賴名湯、陳清文、樂彬漢、羅明元等人。抵達目的地後,眾人都在旅館裡換裝、休息,我則因有件公事待請示部長,於是前赴他的房間,敲門求見。只聽得葉部長在裡面朗聲說道:「請進!」我於是推門而入,令我大吃一驚:葉部長居然全身赤裸,正拿著一條毛巾,泰然自若地在擦身,顯然是一付剛從浴室出來的樣子!由於我毫無心理準備,一時有些尷尬,但是面對著十分善意而坦然地招呼我進入室內的部長,我馬上也就坦然「視若無睹」了。還好我在留學法國期間,曾經參與過所謂的「天體運動」,也遊歷過位於法國地中海邊的 「裸體島」 (Ile Du Levant)──居住島上的居民或訪客均須「一絲不掛」,所以對此現象相當理解。此外,出於禮貌,我也更不能展現出「見怪」之色來。葉部長則若無其事,我也只好神態自若、故作鎮靜。我們就在這樣的「自然」的氣氛下商討公事,順利地處理完了一件公事。這雖是一件生活小事,卻從中可以看出葉公超先生的率直、純真、豁達和放浪形骸的名士風格。

我還記得,我到法國裸體島參觀時,當然一同遵守「島規」規定,全身裸露,大家袒裼相見。我碰到一對比利時夫婦,交談之下,發現他們竟然是當時比利時國王利奧波德 (Leopold) 三世的「皇親國戚」。他們見到我一個東方人會講法語,而且談吐不俗,雙方都不免好奇並彼此產生好感,遂展開下列一段有趣的談話。

雷堡先生問，你們中國也有裸體運動嗎？我激發靈感，略一思考，便回說：「有。」他顯得有些訝異。我再補充一句：「幾千年前就有了。」這使他更為吃驚，面露驚訝之色。我繼續說：「我們老子創導『清靜無為』哲學，便是『精神上的裸體運動』，比你們有形裸體更為深入、更為超脫、澈底。」他緩緩的點點頭，但仍表示有些「半信不疑」的樣子。這是六、七十年前我在巴黎當留學生時代的遭遇。

六、七十年後的今日，2012 年，我有機緣和來自社會各階層的三百餘位同修人士，參加財團法人白陽大道教育基金會創辦人吳忠信博士，在南投中寮大明山舉辦的「身心靈進修秋季研習會」。大明山薄霧瀰漫，類似「人間仙境」，我們在刻有「無為」兩個大字的大理石碑旁的講堂內進修，的確有一種「回歸自然」的感受，體驗到「精神裸體」的超然境界。

「天體運動」者，大多不屑名牌衣著，不屑用「身外之物」來裝飾自己，因此遂有「坦然」面對天地，與「大自然」融合一體的風格習慣，從而待人接物也往往十分坦白、率直。古代號稱「竹林七賢」的西晉名士劉伶有一則著名的逸事：「劉伶恆縱酒放達，或脫衣裸形在屋中。人見，譏之。伶曰：我以天地為棟宇，屋室為褌衣。諸君為何入我褌中？」❶由此足見葉公之舉，既具西方「天體運動」之風格，精神上也兼備中華文化超然、曠達的特色。

今天時代變遷，到處有「裸體營」。目前在雪梨，甚至有九家夠水準的「裸體餐館」連鎖經營，公開刊登廣告招攬生意，呼籲「邁步光臨 Mervivale（餐館名稱）」，套餐每客澳幣 33 元並附菜單、訂位電話及網址以吸引顧客，廣告宣傳詞中有一句很醒目的詞句：「請稱呼我們為『裸露狂者吧』！」蔚然成為風氣。世界真是無奇不有。

---

❶ 語見南朝宋劉義慶《世說新語‧任誕》。

當然，葉部長在處理公務方面的能力更是令人欽佩。例如，在外交方面，他成功地完成了簽訂中美共同防禦條約 (1954) 及中日和平條約 (1952) 的重大任務。這充分顯示了他的才華、外交家的傑出機智、應變能力和指揮若定的大將風度。而在折衝樽俎，運籌帷幄，成功地完成國家所賦予的使命和外交任務的過程中，也展示了他的名士風度和率直的風格。

在國共內戰時期，李彌將軍部隊撤退到滇緬邊區，從而與緬軍發生了軍事衝突。因此，緬甸政府在聯合國對中國政府提出了控訴。外交部權衡利弊之後，遂向蔣介石總統呈遞簽呈，建議最高當局下令撤退李彌部隊，前來臺灣。當時，蔣總統頗為不悅，便召見葉公超，要他對此建議作出解釋。葉部長則仍然堅持原有觀點，並不認同總統不擬撤退的看法。這一態度導致蔣總統大怒，竟然將簽呈擲地，拂袖而起，轉身離開了辦公室。這時，總統府祕書長王雪艇（世杰）撿起文書，交給葉部長，對他說道：「你就按總統的意見辦理吧。」但是，葉部長卻不接文書，說是要等總統回來後再當面說清楚。兩人正在相持間，蔣總統回到了辦公室，問葉部長道：「你為何還不走？」葉公超清楚地答道：「此時此地，確實沒人願意這樣做。但是，目前國家的處境困難，除了撤離部隊外，別無其他良策。我是文人，士可殺，不可辱，所以請允許我辭職，另請高明者出任外交部長。」蔣總統歉然道：「正因處境困難，大家心情都不好。同志們都知道我性急，請你不必動意氣。」葉公超默然半晌後，說道：「那麼，請總統正式批示。」蔣總統無奈地說道：「好吧，那我就批。」於是，當即拿起桌上的毛筆，寫了「照辦」二字，並簽上自己的名字，此事足見葉公超的耿直性格。

葉公超訪問東埔寨，接受政府代表歡迎，左起：葉公超、我國駐金邊許總理事、作者。

葉公超抵達越南機場，左起：葉公超、作者、僑委會黃天爵、蔣緯國將軍、陳清文顧問、樂彬漢武官、外交部羅明元、魏光道祕書。

葉公超與外蒙入聯案

1958 年 8 月，大陸開始炮擊金門。8 月 20 日，美國國務卿杜勒斯由主管亞東和太平洋事務的助理國務卿勞勃生陪同，第二次訪問臺北，商討中美兩國共同應付之策。中美舉行了三天會談，最後發表了聯合公報。時任駐美大使的葉公超專程返國，參加了會談和聯合公報的撰擬。那天，在士林總統官邸商談，最初在樓下客廳，參與人士除了蔣總統伉儷、葉大使外，還有陳誠副總統、張羣祕書長以及外交部長黃少谷，時任外交部情報司司長沈劍虹擔任傳譯。

稍後，雙方改在二樓蔣總統的書房內繼續商談。美方仍是杜勒斯和勞勃生兩人，中方則僅是蔣總統、夫人宋美齡和葉公超三人，由葉大使擔任傳譯。陳副總統、張羣祕書長、黃部長及沈司長則都在樓下待命。中美聯合公報的初稿逐頁傳下來，讓大家過目，公報的最後一段十分重要：「中華民國政府認為，恢復大陸人民之自由乃其神聖使命，並相信此一使命之基礎，建立在中國人民之人心，而達成此一使命之主要途徑，為實行孫中山先生之三民主義，而非憑藉武力。」

黃少谷他們覺得「而非憑藉武力」六個字有欠妥適，就遞條子給葉大使，請其注意酌改。結果雙方簽字時，這個被黃少谷部長等認為不妥的關鍵性字句「而非憑藉武力」仍原封不動，一字未改。第二天各報議論紛紜，大家以為政府武力光復大陸的決心已經改變了。蔣總統看了中文公報，見措辭與原意有出入，立即找張羣祕書長質詢，張祕書長便要葉公超親自向蔣總統解釋。葉大使匆匆地趕到蔣總統的辦公室，他是如何解釋此事而說服蔣總統的，我不得而知。但據當時在

外面接待室等候的沈劍虹司長在《傳記文學》中的回憶文章中透露：「葉公超在裡面談得很久，出來時面色凝重，可能是因為公報中措辭發生歧見，這是蔣公日後對葉公超信心動搖的前奏。」

有人說，葉公超被罷黜一事與外蒙古進入聯合國有關。當時，蔣總統與沈昌煥部長都主張動用否決權，阻撓外蒙入聯，以防止美國製造「兩個中國」的計謀。美國方面，則為了對付蘇聯，意欲協助茅利塔尼亞等七個非洲國家進入聯合國，以壯大親美集團的聲勢，當然不能讓中華民國因否決「外蒙入聯」而連帶阻撓非洲七國入會。蘇聯則是「借刀殺人」，利用美國來向臺北政府施壓，要我國放棄使用否決權。這種美、蘇較勁的情勢，當時稱之謂「整批交易」或「包裹交易」(Package Deal)，就是當時蘇聯技巧地把外蒙和非洲七國綁在一起申請加入聯合國，希望外蒙被夾帶進去的計謀。

葉公超就在這種國內外複雜的國際鬥爭環境中，折衝於各方之間。可能是他在轉達美方立場和表達自己觀點的電報裡，措詞太過率直或語氣火爆，冒犯了元首的尊嚴。依據趙世洵在《傳記文學》中轉引葉氏自己的話道：「蔣先生是反對外蒙入會的，我是主張外蒙入會；蔣先生表示要向今後歷史負責，責備我同魯斯克一個鼻孔出氣，問我『是做美國的大使還是做中華民國的大使？』。」可見蔣、葉之間已埋下不睦的因素。雖然最後蔣總統還是密令常任代表蔣廷黻，以「缺席」方式來解決「外蒙入聯」這一公案，但蔣、葉之間的磨擦，應是葉公超日後被謫的基本原因之一。

有人甚至懷疑葉公超被免職是由於沈昌煥的「進讒」，是沈昌煥打了「小報告」，這其實是不瞭解蔣總統和沈昌煥之為人而作的臆測。王紹堉（前財政部次長）曾在《傳記文學》上撰文道：「作者（王自稱）與沈先生相識逾五十年……從無一人提到沈先生是『內藏奸詐，有害

人之心』的人，更非『巧言令色，鮮矣仁』之輩」等語。我和沈昌煥先生也結識了五十多年，除了長官、僚屬關係外，同時另有一種「亦師亦友」的特殊友誼關係，達到「彼此相知甚深」的程度。沈昌煥縱使聽到葉公超對元首有所不敬或批評之詞，導致不快甚至氣憤，也絕不會在背後向蔣總統「奏」葉公超「一本」的。因此，我認為王紹塏的說法和論點是正確的。我也可以斷定，處世光明正大、有原則、為人本分、絕頂聰明的沈昌煥，絕不會在總統面前「進讒」，從而自貶身分，自甘降格為「小人」，來讓世人和同仁鄙視的。不過，葉公超自己也向人透露過，確實也懷疑有人進讒，但進讒的人並非沈昌煥而另有其人。事實上，從下面的一則報導看來，應當可以澄清事實的真相了。

香港《亞洲週刊》二十三卷 (2009) 二期，刊載了一篇由王丰撰寫的報導，題為「葉公超被蔣介石罷黜內幕」。在臺灣大溪檔案中，有一份解密的蔣介石極機密檔案，揭示了葉公超悄然去職的部分內幕。

當年，臺北駐美文化參事曹文彥曾有一份密報給蔣介石，指責葉公超在美的各種「反動言行」，內容包括：葉氏曾示意當時在美撰寫回憶錄的陳立夫，把蔣介石青年時代在上海經商炒股票失敗等醜聞列入其回憶錄；在雙橡園官邸宴客時，經常於席間模仿蔣公寧波口音講話的神情以娛嘉賓；用英文以大不敬字句如 "nobody"、"dog" 等辱罵元首；葉氏每日上班時間僅四小時，並經常約經濟參事王蓬等在雙橡園官邸「豪賭」等事件。這篇報導還聲稱，「這份密報是曹文彥和駐美公使朱撫松兩人在芝加哥密商後，躲藏於波士頓一家旅館中完成寫作的」。

葉公超在外交部長任內時，在會晤趙世洵時確曾發過牢騷，表示當局不信任他，說道：「派朱某到外交部，骨子裡是陳辭修（陳誠）來監視我。」嗣後，葉公超出使美國，朱某亦如影隨形，隨來華府當公

使，前後似乎不無蛛絲馬跡可循，滲雜了「宮廷暗鬥」的複雜與微妙因素。

《亞洲週刊》的報導認為，蔣介石總統應該早在「外蒙入聯案」發生前便看過曹文彥的密報，為了顧全大局，或為了避免在查證密報真相結果出爐前打草驚蛇，蔣總統一直隱忍未發，直到外蒙入聯案大抵塵埃落定後，才命令陳誠副總統以兩通急電突召葉公超返臺述職，並以「留在總統身邊以備顧問」為理由，不讓他返任。不久之後，葉公超被改聘為行政院政務委員，從此遭到長期監視，並被禁止出境長達十六年。葉公超從此淡出仕途，寄情於書畫，過著「怒而寫竹，喜而繪蘭，閒而狩獵，感而賦詩」的生活。由此觀之，曹文彥的密報才是葉公超去職的主因，「外蒙入聯案」不過是一條導火線跟冠冕堂皇的藉口。

1961 年 10 月，葉公超突然奉調返國述職，再未返回任所。他被免去了駐美大使職務，改任行政院政務委員。他從此鬱鬱寡歡，後則疾病纏身，最終在 1981 年 11 月 20 日因心臟病復發，逝世於臺北榮民總醫院。

壯心不已

1976 年 10 月，我返臺述職，曾專程到葉公超在行政院與新聞局中間的一個辦公室去拜會這位老長官。我還是叫他「部長」，卻見他蒼老了許多。他很高興見到我，問了些我在非洲的情形。我約略地告訴他，如今，非洲情勢是越來越不妙，任務也越來越艱鉅了，他聽了也不勝感慨。談話中他忽然問我道：「有沒有 Sheldon 的消息？」我知道

他在想念他的愛將程時敦（號天任，Sheldon 是他的英文名字），我們歐洲司的老同事。我答道：「好久沒聯繫了。他是個才子，記得還是通過您部長的爭取，他才進了外交部的。他能吟詩作詞，對對聯，能學人家家鄉話，寫得一手好書法，又會替人算命排八字，是個多才多藝的人。」葉公超不時點頭，表示我對程天任兄的評價正確，顯然對於我的這番話頗表同感。

我問葉公超：「你最近還經常繪畫寫字嗎？」他答道：「少了，沒從前多，現在連幫我磨墨的人也不多了。」我說：「不知部長能否再賜我一幅墨寶？」他說：「可以啊。你要字還是畫？」我說：「聽人說，您曾說過『怒寫竹，喜寫蘭』，您現在無怒無喜的情況下，懇求賜我一幅『褚體』條幅。」他笑說：「好吧，也好久沒寫字了。」不久之後，他就著人送來一幅杜少陵的〈聞官軍收河南河北〉的七律詩。我深表感謝，妥為珍藏。

杜甫的這首記事抒情詩，全詩毫無半點掩飾，情真意切，忠實地表達了他懷念妻兒，渴念回鄉以及高歌縱酒的情景與心態，這與葉公超當時的環境和心情頗相類似。這首詩和他的親筆墨寶附列於後：

> 劍外忽傳收薊北，初聞涕淚滿衣裳。
> 卻看妻子愁何在，漫卷詩書喜欲狂。
> 白日放歌須縱酒，青春作伴好還鄉。
> 即從巴峽穿巫峽，便下襄陽向洛陽。

落款是「正皋吾兄雅屬　丙辰冬書少陵句　葉公超」。葉公超的字寫來蒼勁有力，字裡行間反映他剛正不阿的性格，一點也看不出出自一個帶病的老者之手。

我 1947 年赴法國留學時，與前妻潘詠馥女士所生的老么芮傳明尚未出生。1949 年大陸政權更迭，我再也沒機會回中國，因此六、七十年來，父子從未見過面，更遑論他的兒子了。

2006 年，好不容易我與么兒彼此建立了書信關係，「葉公超墨寶」就在那時候轉送給傳明保管，建立一個「結緣」環的據點，希望能在我有生之年，據以實踐遲來的「團圓美夢」。（有關情形參見本人所著《外交生涯縱橫談──芮正皋回憶錄》「書外餘言」章）。

劍外忽傳收薊北，初聞涕淚滿衣裳。卻看妻子愁何在，漫卷詩書喜欲狂。白日放歌須縱酒，青春作伴好還鄉。即從巴峽穿巫峽，便下襄陽向洛陽。

正皋吾兄雅屬　丙辰夕書少陵句　葉公超

葉公超親贈作者墨寶，現由居住在上海的三子芮傳明教授珍藏。

第二章

外交元勳沈昌煥
是我的「大恩人」

我這一生，如果沒有碰到沈昌煥，也就沒有這個名叫「芮正皋」的外交官，也不可能在高齡九十多歲出版什麼「回憶錄」，更遑論出版什麼《外交生涯縱橫談》，以及本書《劫後餘生——外交官漫談「結緣人生」》了。沈昌煥先生澈底改變了我的整個人生。

那時候，二次大戰結束沒幾年，一個新型的維繫世界和平的國際組織——「聯合國」剛成立不久，設在紐約的東河 (East River) 畔的聯合國總部尚在興建中。聯合國每年召開一次的例行大會，不得不臨時尋覓美國以外的國際都市的適當場地舉行。有「花都」美譽的法國首都巴黎，便被選擇為聯合國第三屆 (1948) 和第六屆 (1951) 常會的理想集會的場地了。

事情的經過是這樣的。我於 1947 年考取全國公費留學考試後，從上海搭輪船遠渡重洋，赴法國深造、專攻國際關係及國際公法，於 1950 年獲得巴黎大學法學博士學位。那時大陸正發生極具震撼性的政治大變動，經過多年的國共內戰，國民黨政府節節敗退，中共終於在 1949 年 10 月，在北京成立了「中華人民共和國」。在國共內戰期間，蔣介石領導的國民黨政府不得不一再播遷，經由廣東、重慶而立足於臺灣。

這時候，我在巴黎彷徨失措，學業雖完成卻不知何去何從。在這個國際大環境與政治大形勢「翻天覆地」的動盪時代，我居然還有機會發揮「學以致用」之旨（我的博士論文與新成立的聯合國問題有關），先後兩度被邀請參與中華民國代表團，出席聯合國在巴黎召開的第三屆及第六屆大會常任代表團為期三個月的臨時工作。也因此先後結識了楊西崑及沈昌煥兩位先生。尤其後者昌煥公，他對我的人生指引影響了我整個的人生，沈昌煥先生可稱為我的「大恩人」。

我為什麼對沈公以父執輩禮數待之？

　　就年齡而論，沈昌煥先生與我僅相差六歲（他 1913 年生、我 1919 年生），屬於同一個年齡群，但是我尊稱他為「煥公」，除了我謹守長官下屬身分外，我另外再以小輩對父執輩的禮數待他。箇中原因是一則少為人知的小掌故，在此作一交代如下。

　　在 20 世紀 50 年代初的臺灣國民黨政權與海峽對岸共產黨政權，正處於雙方意識形態水火不容、你死我活的惡性鬥爭中。那時我年歲尚輕，對與家人再度團聚的前景澈底絕望。遂在處於兩岸敵對情勢猶如陰陽兩界，及無法徵得妻子潘詠馥同意的情勢下，經由曾經與我同時出席全球僑務會議的澳洲僑務代表劉渭平的撮合介紹，於 1954 年 3 月在臺北市「裝甲之家」，和他的胞妹劉嶼梅女士有了第二次婚姻，建立了另一個家庭。

　　當時我的父親已經亡故，母親因病不能來臺，事實上無病也無法來臺。結婚儀式按照臺灣當時一般禮俗，必須有證婚人、介紹人、代表男女雙方家長的主婚人，及當事人兩位結婚人在場，並在結婚證書上共同簽名蓋章，才算完成手續。

　　女方家長劉伯襄先生當時健在，證婚人為震旦大學老學長前輩司法院院長謝冠生，介紹人為上一年在臺北召開全球僑務會議的僑務委員會委員長鄭彥棻，和曾經擔任駐巴黎新聞處處長，我的好友汪公紀，以及宋廷濱三位先生，人馬一應俱全，獨缺男方家長主婚人。

　　我那時已進入外交部工作，被派在歐洲司服務。我在法國留學時，於 1951 年在巴黎第二度參與中華民國出席聯合國第六屆大會代表團

工作時所結識的，時任新聞局長職務的沈昌煥先生，則已調升為外交部政務次長。

我心想，外交部是由駐外人員及部內人員所組成的一個機構，也是部內外人員的一個大家庭，部次長就是部內外工作人員的「大家長」。我既是外交部成員之一，值此舉行婚姻大事而男方缺乏家長主婚的情形下，不知道可否懇請曾經在巴黎指引我去臺灣參加外交部工作，現任外交部政務次長的沈昌煥先生，代表男方家長擔任「男方主婚人」呢？

想不到，當我囁嚅地向煥公啟齒婉轉表達我這個請求時，他還沒等我講完，就哈哈一笑，滿口答應。我趕緊遞上事先準備好的喜柬送呈給他，並告訴他參加婚禮儀式的證婚人、介紹人等人士名單及若干重要貴賓姓名，他連聲說：「好，好。」不過，他反應很快。即此一端，便可見他為人處世的分寸拿捏得非常精準。他說：「我僅是代表你們男方家長出席典禮，在放在禮桌上的結婚證書上用印蓋章，這個印章還是你們的，不是我沈昌煥的名字和印章。」我就問：「那我去刻一個我母親『芮方氏』的圖章可以嗎？」他說：「那是你們的事，不須由我來決定。」

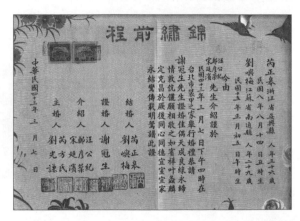

結婚證書照片，上面男方家長芮方氏的印章便是煥公在典禮上代蓋的。

一件法律上欠缺「形式要件」的人生大事，就在煥公習慣性的「成人之美」的日常行為中輕易地解決了。可是對我而言，這是一件大德大恩。

施恩人與受恩人在巴黎結緣

我和沈昌煥結緣前後五十年，他對我人生的影響卻不止五十年，因為他雖已仙逝十餘年，我卻始終感覺到，他還是常在我身邊。如今，我自己也已年逾九十，可謂終生深受煥公的感召。

我是在巴黎認識煥公的，時值 1951 年秋天。那年，聯合國第六屆大會在巴黎的夏佑宮 (Palais de Chaillot) 召開。煥公以中華民國政府發言人兼新聞局長，及中華民國出席聯合國大會代表團顧問的名義出席會議。我當時在法國留學，已獲巴黎大學法學博士學位，第二度應聘參與聯大中華民國代表團工作 （第一次應聘參與代表團工作是 1948 年聯合國在巴黎召開第三屆大會期間），因此有緣認識煥公，在大會期間多次會面，獲益匪淺，這當是我人生的轉捩點。

那年在所謂「中國代表權」案在聯合國大會順利通過後，大家心情比較輕鬆。那一天，煥公興致也很好，我們談起法國的美食，如巴黎最著名的幾家餐廳。我如數家珍地列舉了數家，特別推介了在歌劇院附近的 「美心」 (Maxime) 餐館，並表示願意做一小東，請煥公賞光，煥公欣然接受了邀請。

法國的一流餐廳確是不同凡響。無論室內氣氛、燈光、陳設、餐具以及服務，無一不臻上乘。另有三人樂隊到桌邊為顧客演奏，接受點唱。我替煥公點了幾支估計他會喜歡的樂曲以助雅興。我記得煥公

選點的前菜是半熟鵝肝醬，主菜是橘子鴨，配合名牌白酒、紅酒。主菜後的甜品是棗子布丁再加上咖啡、橙味甜酒 (Cointreau)。那晚煥公很是盡興，吃得非常滿意。他同意我的看法：一個優秀的外交官，應當對美食 (gastronomy) 和品酒也具有相當程度的修養。

在法國餐廳用餐，須好整以暇，儘量放鬆自己，侍者也不慌不忙，慢慢上菜，隨時注意貴賓們進食的速度，吃完了才來收盤。國際餐桌上的禮儀，有一個不成文法，彼此有默契：客人如果吃完了，一定會把刀叉平排擱在碟子右邊，侍者一看便知道，不必再問客人是否吃完，就會主動走來把盤子收去。如果客人把刀叉分擱在碟子左右兩邊，則表示暫時休息、尚未吃完，有待繼續。侍者收盤後，換上新盤，這才通知廚房烹煮下一道菜。所以在高級餐廳吃飯，由於收盤換盤有板有眼的節奏，及其所造成的時間空檔，一餐下來，的確耗時很久。但對煥公來說，這剛好是他談話的最好時機。他往往淺嘗了一口美酒後，便打開話匣子，滔滔不絕，口若懸河，暢談對時局的看法、人生的規劃、處世為人之道等。我非常欽佩他的口才，出口成章，其間夾雜一些成語或箴言。有的我知道，有的是我第一次聽到。

歸納那天晚餐時煥公談話的要點，在時局方面，他堅信兩岸炎黃子孫，有朝一日必將統一，他說：「統一是歷史的必然，這是不可避免的。」他還用了一個英文字 "inevitable" 來強調兩岸統一的「必然性」。但他也認為，「不可操之過急，要聽其自然，須加強兩岸交流，促進相互瞭解，到適當時候自會瓜熟蒂落，水到渠成」。（上述這段話也同樣出現於悼念沈昌煥的紀念文集裡，被煥公的光華大學老同學張華聯、張芝聯兩位昆仲（校長張壽鏞之子）所聯名引述（參見《寧靜致遠、美麗人生──沈昌煥先生紀念文集》110–112 頁）。煥公在 1951 年時，竟然能以如此平和的心態看待「兩岸關係」，可見他過人的睿智和遠見

與寬大的胸襟，實非一般人所能想像的。

在處世為人方面，煥公發表他的「八放論」：⑴放手施捨。⑵放心自在，「忍一時風平浪靜，退一步海闊天空」。⑶放身極樂：知足常樂，能忍自安。⑷放生濟世，「悲天憫人之心，饒恕他人之念」，適時給人一條生路。⑸放眼天下：高瞻遠矚，不計一時得失。⑹放開心懷：達觀進取，器度恢宏。⑺放下身段：能屈能伸，隨遇而安。⑻放聲大笑：一笑治百病，再笑解千愁。其他如「親者疏不得，疏者親不得」，至於如何「親」，如何「疏」，則要恰到好處。過「疏」則顯得「拒人於千里之外」，或給人以「搭官架子」和「官僚」的印象。談到「施捨」，煥公強調有捨才有得的道理，要懂得施捨，才能廣結善緣，得道多助，左右逢源。關於「放聲大笑」，他發揮了對於「笑」的理論和保健之道：笑可以減低血的酸性度，轉趨鹼性，笑成為有益身體的「良藥」，如此等等。說著說著，他自己不由自主地放聲大笑起來，引起鄰桌客人的注意，以及有禮貌的微笑回應。

好學不倦

我追隨煥公五十餘年，發現他的求知欲極強，真可謂「好學不倦」，同時又「不恥下問」，充分顯示了「虛懷若谷」的謙遜美德，也發揮了孔老夫子「三人行，必有吾師」的精神。以下是我親身經歷的事例，可以充作佐證。

在我進入外交部到 1960 年外放土耳其的這幾年中，我能有機緣親聆他的教誨，煥公等於是我的「人品教育」導師。煥公與我雖是長官與部屬的關係，卻另有一種友情的存在。這種情誼的存在，似乎只能

由雙方「意會」，而無法「言傳」。這種行為模式，使雙方的公私關係能並行不悖，互不相擾。譬如，我在禮賓司兼任護照科長期間，煥公公餘勤習法文，請我擔任他的法文導師，他每天中午十二時半下樓到我辦公室接我去他家。我還記得他的司機名叫翁伯良，剃個水手頭。我們同車到位於臺北火車站前公園路他的官舍上課，這是一棟很樸實的日式舊屋。兩人先用餐，後上課。用餐時，就地取材，採用餐具、菜肴的法文名字用來造句運用，作為對話（那是日常生活有關餐飲應用會話的練習課程）。飯後進咖啡的時候，才是正式課程，取材於法文報章雜誌或名人書札選讀。有時湊巧的話，煥公的獨子大川也參加我們的午餐。那時候，大川大概在念初中，剃了個平頭，兩個大大的眼睛，非常聰敏慧點的樣子。想不到數十年後，大川兄與我也成了莫逆的忘年之交了。

在沈府上法文課，左起：沈昌煥、沈大川（時念初中）、作者。

　　上課時間不能太久，因為煥公每天晚上下班很遲，晚上八、九點鐘下班是家常便飯，所以必須在午餐後休息片刻，我也須返部上班。離別時煥公一定在車門旁「恭送如儀」，禮貌周到，加上深深一鞠躬，仍由司機翁伯良駕車返回外交部。

　　外交部公務如此繁忙，煥公卻能利用中午用餐的短促時間來研習一項外國語言，這種好學的精神令人非常欽佩。由於他已精通英文，加上他超等的智商，其學習進展的神速程度令人吃驚。尤其他具有音樂家的耳朵，並通曉各種方言，法語發音的精準幾乎不亞於地道的法國人。我並非「名師」，他卻真是「高徒」，使我這位「導師」不敢怠慢，必須事先準備充分，才能滿足他的強烈求知慾。

　　煥公這種以政務次長之尊及長官身分向部屬「移樽就教」的作法，可能也是他實踐他「人生八放」中第七「放」──「放下身段」的具體表現吧。但對我而言，這卻是一項使我「受寵若驚」，但又不得不戰戰兢兢去接受，小小心心來執行的任務。雖是一項榮譽和愉快，但我必須嚴守分際，對外保密，絕不炫耀。在工作上，我反而要格外謹慎，唯恐有失，更需處處強調我做部屬的身分。

　　這種亦師亦友、亦長官亦部屬的微妙關係，一定要拿捏分寸，這也是一種人際關係的挑戰與考驗。如善為運用並能應付裕如，融會貫通，神而化之，便成為生活藝術了。煥公是最懂得生活藝術的大師，他常說：「保持距離，以策安全。」又說：「親者疏不得，疏者親不得。」也就是「該疏的不能親，親了就黏住了」。其中實含有至理，回味無窮，親、疏要恰到好處，這是一門處世大學問。受煥公這種處世哲學影響，而也能運用裕如的後來幾位外交首長和政壇名人，如丁懋時、錢復等人，都相當成功。但當事人必須都具備相當程度的「君子」水準，才可使這種特殊關係運用得如「水乳交融」，即所謂「君子之交淡

如水」。煥公常說的「保持距離」，便體現了這一道理。煥公與我這種不太尋常的交往有八個字可以形容，那就是「公私分明，各守分際」。

　　或許正是由於這種公私分明兼具情誼、亦師亦友的特殊關係，我在無私及純客觀的立場上，有時也會大膽自告奮勇，但很婉轉地向煥公提一些建言，包括對某種情勢的看法或推薦一些人才。煥公如認為有見地，他會從善如流，予以採納。

求賢若渴

　　煥公另外一個令人欽佩的地方，便是他具有將將之才和恢宏的氣度，他會欣賞人家的長處，他愛才、惜才，可稱「求賢若渴」，並能知人善任。1949 年，中華民國政局風雨飄搖，蔣總統引退。1949 年 6 月 13 日，閻錫山組戰時內閣，任命胡適為外交部長，但胡未到任。當時代理外長的政務次長葉公超已萌去意，擬擺脫政治重執教鞭。那時候，煥公慧眼識英雄，已經發現葉公超是個外交領導人才，遂於 1949 年 6 月 14 日密電人在高雄的蔣經國，轉呈蔣中正，推舉葉公超代理外交部長，並稱此舉對大局有利，對外交前途也可有所發展等。煥公自 1941 年底進外交部出任專員，歷任駐印度專員公署二等祕書、國民政府主席辦公室簡任祕書、外交部禮賓司司長及新聞局局長等職。煥公當時雖非外交首長，但就他在外交部的經歷而言，他的推舉當然也具有相當分量，所以沒有幾個月，最高當局便把政務次長葉公超擢升為外交部長。

　　煥公除了能「慧眼識英雄」外，也有知人善任的能耐。他擔任蔣介石總統英文祕書多年，在 1951 年秋間赴法國出席聯合國第六屆大會

前，他是新聞局長兼政府發言人。由於須在巴黎逗留幾個月，蔣總統請他介紹一個「替工」，煥公便推介時任新聞局專門委員兼外事科科長沈錡（春丞）擔任「代理發言人」。替國家元首介紹貼身的祕書，是要負相當責任的，如果沒有「知人」的本領，是不敢隨便推薦的。後來沈錡果然相當勝任此職，沒有辜負煥公的期望。又，1961 年，煥公出任外交部長的第二年，又派沈錡為駐剛果（布市）大使，1964 年為駐美大使館公使，1965 年召回臺北，出任外交部政務次長。煥公充分發揮了他「知人善任」的長才。果然，沈錡也沒有使煥公失望。

煥公曾經兩度出任外交部長，後來調升國家安全會議祕書長、總統府祕書長，前後數十年來，所拔擢的人才當然不止沈錡一人。由他拔擢的外交首長有丁懋時、錢復、邱進益、劉達人、邱榮男、金書記、王飛等人，較年輕的俊才有吳子丹、胡為真等，沈錡只不過是一個範例而已。我之所以提到沈錡，因為他是我國防研究院第一期同期學長。1961 年，我們兩人曾一搭一檔，一起訪問了非洲十幾個國家，後來沈春丞兄又特別向層峰推薦我，替代陳雄飛大使繼續負責接洽中、象建交事宜，終於在煥公 1963 年 7 月訪問象牙海岸時達到目標。我提起他，無非是順便表達對老友的欽佩之意與懷念之忱。

有一次，剛從西班牙馬德里外交學院畢業歸國的青年曾憲揆，有意獻身外交。我曾在西班牙旅遊見過他，知道他是由震旦大學老學長，天主教南京教區于斌總主教保送而赴西班牙留學的。我報告了外交部常務次長周書楷，周次長請西班牙文專家，人事處處長毛起�考核曾憲揆的西班牙語文程度。毛處長那時剛出版了一本相當權威性的新著《西班牙文法精義》，可能就用它來作為考驗曾憲揆的西班牙語文程度的工具。也許毛處長的標準太高，遂認定曾憲揆西班牙語文程度不夠格，未獲錄取。我聞訊後相當驚訝，默想這樣的外交人才，外交部不

予吸收，豈不可惜。遂自告奮勇、不揣冒昧，帶著曾憲揆一起面謁時任政務次長的煥公，並為介紹。煥公見他一表人才，談吐舉止相當穩重，經過長達一小時的交談、盤問後，煥公感到相當滿意。事後，周書楷次長打電話告知我說：「你推薦的曾憲揆，我們已經考慮錄用了。」可知煥公已有交代，也突顯了他的愛才之心。曾憲揆進部後，果然不負所望，證實了他自己確實是一名優秀的外交官，後來出任駐巴拿馬大使。遺憾的是，他不幸在任上罹患了癌症，從而過早地逝世了。

我和煥公交往時期，也曾有機會向他推薦我留學法國時所認識的幾位優秀同學，都承煥公拔擢先後錄用，使他們成為了優秀的外交官，後來都出任駐外大使，如廖仲琴、舒梅生、馮耀曾等。

推舉楊西崑

我要特別提及的另一位人物，也是我非常欽佩的人，便是後來被煥公賞識並倚重，獲有「非洲先生」美譽的楊西崑兄。煥公當時並不認識西崑兄，說起來，我還是他們的「牽線人」。其中有一段不為外人所知的故事，應回溯到 1948 年秋季，聯合國在巴黎召開第三屆常會事件。

1948 年，是我從上海赴法國留學的第二年，聯合國第三屆大會在巴黎召開。那時，我在修習巴黎大學博士班課程，尚未撰寫博士論文。我和巴黎政治學院同學劉虎（名畫家劉海粟的兒子），同時被聘請為中華民國出席聯合國代表團臨時祕書。楊西崑隨著中華民國駐聯合國常任代表蔣廷黻一起從紐約來巴黎開會，因此相識。由於我與西崑兄在代表團共事，朝夕共處為期三個多月，彼此間公私交往頻繁，遂成為

很好的朋友。

由於我和煥公的友誼與默契，有時我會自告奮勇地向他提出一些看法和建議。但是，我所提的建議都是在經過深思熟慮後才形成的，因為我不願被人誤解為「假公濟私」，更不想成為煥公所謂的「來說是非者，便是是非人」。所謂的「建言」，也就是用比較婉轉的口吻，向煥公反映一些看法和觀點而已。

這次，我向煥公反映的，便是我對當時國際局勢，尤其是對非洲新形勢的剖析與看法，簡述如下：

二次世界大戰後，英、法、葡、比等國在非洲的領地紛紛醞釀獨立，形成眾多新興國家參加聯合國的新形勢，全球的政治生態也隨之變化，戰後世界政治兩極化，這一個素為人忽視的「黑暗大陸」遂也成為冷戰的標誌。在這種新形勢之下，我們外交當局似應有所因應，設立專責機構，培養對非外交人才，物色適當人選來負責應付這個新形勢、來推行這個新政策。

接著，我告訴煥公，我於 1948 年，亦即認識煥公前四年，聯合國在巴黎召開第三屆常會期間，便與楊西崑結交。我說，西崑兄在美國哥倫比亞大學研究院深造，中、英文根底都很紮實，有文學修養，先後以「諮議」及「專門委員」名義，參加中華民國駐聯合國常任代表團工作，擔任常任代表蔣廷黻的特別助理，同時兼任聯合國託管理事會副代表，處理英法等國在非洲各託管地的事務。1952 年至 1955 年間，他又擔任聯合國託管理事會西非訪問團委員，也建立了與非洲各託管地政治領袖們的良好友誼關係。所以，如有機會的話，似可將他羅致到外交部，充任對非事務的開拓工作。煥公聽後，當時雖未有任何表示，但據我觀察，他對我這番基於客觀立場的話，應當已留下印象。事實上，楊西崑根本不知道我向煥公提及過這件事。此舉完全出

於我自己的主動想法，談論了對當時國際局勢發展趨勢及聯合國投票新形勢的看法（我在陽明山國防研究院受訓的結業論文題目便是「黑非洲的新形勢」），並順便推介了楊西崑。

我和西崑兄經常有魚雁往來。事後，我向西崑兄也談到了我對非洲新形勢的觀點，他表示完全贊同。當然，對於返臺服務一節，他也表示很有興趣。我遂又穿針引線為他聯繫，並告訴他，外交部亞西司司長目前出缺，司長一職暫由幫辦（副司長）蔡以典暫行代理。這顯然是一個機會，如蒙層峰同意他接掌亞西司司長，則不失為一個很理想的安排。

之前我的好友，留法同學舒梅生兄，已經於 1957 年秋間帶了太太陳穎琅和一男一女兩個小孩從法國來臺北，加入外交陣營，被派在條約司工作。梅生兄國學根底很好，在條約司主管聯合國事務，表現傑出，非常稱職，甚獲司長王之珍（席儒）的賞識（王之珍後來升任外交部常務次長）。1959 年秋，梅生兄奉派參加聯合國在紐約召開的第十四屆大會，那時煥公已於同年 6 月間出任駐西班牙大使。9 月間，煥公偕同沈夫人也自馬德里前往紐約，參加聯合國會議，親自督導有關事宜。那時我的好友舒梅生被調派在聯合國代表團服務。

下面是一段梅生兄的追憶，可以具體展示煥公的超強記憶力，以及求賢若渴、為國舉才的風格和美德。

梅生兄在〈懷念〉沈公一文中寫道：

> 或許因為我在條約司主管聯合國事務，煥公好幾次找我去談話，有時，要我權充他的臨時祕書，在他口述意授之下，草擬一些函件。在這些函件中，記得有一封信是向外交部長（作者按：係黃少谷）推薦楊西崑先生。當時楊先生是常駐聯合國代表團

的專門委員，有意回部效力。煥公欣賞楊先生的才能，信中說了許多推崇楊先生的好話。❷

　　可見煥公還記得我向他提起過的人才，他自己雖已離開外交部，就任駐西班牙大使，但仍不忘選賢與能，為國舉才，替外交部增添生力軍。後來西崑兄果然返國出任外交部亞西司司長。等到西崑兄返臺向外交部報到時，煥公已從駐西班牙大使調升，再度被任命為外交部長了。

　　1960 年 3 月，我外放駐土耳其大使館參事（另一位參事為保俊廸兄），在貝魯特機場轉機時，巧遇西崑兄自美返臺就任亞西司長新職，順道訪問中東各國，也在同一機場換機，相晤甚歡。他告訴我說，亞西司主管中東各國，順道訪問，可以瞭解他們國情，同時節省另行安排專程往訪的公帑，由此可見他的敬業精神。當時外交部並無專門處理非洲事務的單位，先在亞西司添設一個「非洲科」，後來正式成立非洲司，西崑兄專任非洲司長，積極展開對非外交，非洲司成為外交部的一個熱門司。西崑兄後來升任常務次長，非洲司長由丁懋時兄繼任。西崑兄後來更上層樓，再晉升為政務次長。前後數十年追隨煥公，展開了沈、楊雙方密切合作無間的公私關係，也為國家做出了莫大的貢獻。

---

❷　見舒梅生〈煥公風範的回憶與懷念〉，載《寧靜致遠，美麗人生──沈昌煥先生紀念文集》，213 頁。

作者任上伏塔（今名布吉納法索）大使時，隨同沈昌煥部長訪問非洲。
道經駐在國時特在官邸舉行歡迎酒會、在官邸大門口迎賓。左起：隨團
醫藥顧問曹時英醫師、芮正皋夫人、沈昌煥、作者。

沈昌煥擔任外交部長期間出使西非，與達荷美（今名貝南）總統合影。
左起：曹時英醫師、作者、駐達荷美馮耀曾大使、沈昌煥、達荷美總統
Hubert Maga、隨員陳雄飛大使、李善中祕書、駐盧安達丁懋時大使。

「不為五斗米折腰」

　　煥公令人敬佩的另一個品德，便是凡事講原則、講忠誠，可以「從善如流」，但也「擇善固執」，有執著、不應循，不與邪惡妥協。也就是做事有擔當，具有責任感。

　　煥公宦海浮沉四十年，前後請辭五次之多。其中除有一次是由於操勞過度心臟病發作外，其他四次大都是為了對政策負責，如中美斷交他請辭外交部長，或者是因為與長官理念不合所致。如 1949 年 1 月，蔣總統下野，職權由李宗仁總統代行，那時煥公任新聞局局長兼政府發言人，但李宗仁不按體制辦事，有關事務都交由自己的親信甘介侯發言，煥公鑑於責任攸關，深怕萬一發言不當，勢將影響蔣總統威望。為了對政策負責及對理念堅持，遂於 1 月 23 日向行政院孫科院長懇辭，並於次日離開南京以示堅決。另外再電報時在奉化的蔣總統報備。蔣總統曾復電慰勉，告以「應以更大努力克服艱難，望勿為現狀所困」等語。

　　煥公的另外一次請辭也是為了貫徹他的政策，那是 1961 年為了「外蒙入聯案」。當時，中華民國在聯合國的會籍每年都遭到蘇聯集團國家的挑戰。我國政府和國民黨的政策是反對外蒙入會。煥公當然全力配合政府政策，忠誠執行，並與立法院多次溝通，同時發動群眾簽名支持。不料到最後關頭，最高當局的蔣總統急轉彎，為了換取美國支持中華民國，改變原來以使用否決權阻止外蒙入會的立場，放棄杯葛外蒙入會（美國甘迺迪總統並於 10 月 18 日發表強力支持中華民國在聯合國地位的公開聲明）。煥公本人那時還以外長身分在紐約坐鎮指

揮，獲得政策倒轉消息後，立即拍電回國引咎辭職，以示對原先政策負責，做一個替罪羔羊，好讓政府可以對民眾有個交代。這份密函後來被誤認為是打葉公超的小報告，那是不知道煥公的為人，他經常告誡友好及部屬不要做「是非人」，他自己又怎麼會搬弄是非呢？

煥公一生追隨兩位蔣總統，出任公職數十年。最後一次辭職，是在蔣經國 1988 年 1 月逝世後提出。李登輝依照憲法規定繼任總統，當時並未接受煥公的辭職，但也沒有退回辭呈。這也可見李登輝是很有心機的人，把辭呈收在抽屜中，留待後用。

九個月以後，李登輝的機會來了。1988 年 10 月 12 日，煥公在中國國民黨中央常務委員會第十二次會議上發表諤諤之言，充分發揮士大夫克盡言責的精神。他在常會上針對當時朝野興起的一股「蘇俄熱」，工商界紛紛組團訪問蘇俄的一窩蜂現象，批評政府對蘇聯政策的決策程式，他祭出蔣中正所著的《蘇俄在中國》一書摔在中常會面前，嚴詞質問大家是否拋棄了老蔣總統的政策？是誰制定了對蘇俄的新政策？黨主席李登輝及外交部長連戰等都噤若寒蟬，不知如何回答，中常委等面面相覷無以為對。煥公中常會的「質問」引起黨內一陣震撼和媒體的熱烈討論。李登輝正在設法擺脫「一個中國」政策，代之以「一中一臺」政策，遂把九個月前收在抽屜中煥公原先所提的辭呈拿出來批准了，巧妙地乘機淘汰了一個老誠謀國，堅持「漢賊不兩立」原則的保守派元老及外交教父，引起政壇一陣驚愕。

煥公最後一次提出請辭，雖是一項基於蔣經國去世的行政措施，但辭呈於九個月後由繼任總統李登輝運用政治手段予以批准，事實上仍是煥公基於政策乖離、理念不合，為政策負責而下臺，保全了煥公執著、堅持原則、不妥協的士大夫精神。

機智詼諧，人性佛心

　　煥公器宇軒昂，兩目炯炯有神，很有威嚴。他常說：「君子不重則不威，學則不固。」這也是他對他的獨子沈大川在赴美深造前經常耳提面命的話。煥公生前曾歷任蔣中正、蔣經國父子及嚴家淦三位元首的祕書長，並獲得他們的倚重及信賴，一般人都認為他是一人之下，萬人之上，權勢炙手可熱，真是望之儼儼，高不可攀。但等到接近他時，卻又覺得他「即之也溫」，和藹可親，如沐春風平易近人。他對任何人都是禮貌有加，他私人生活更是平淡簡樸，對部屬從未聲色俱厲，有機會常和老同事、老朋友在小餐館約會餐敘。舊日僚屬中有生活困難者，常受其接濟，自有一種少見的溫暖人情味。

　　在公務上，他是「老成謀國」、「處理危機能手」、「幕後英雄」、「外交元勛」，是守口如瓶的保密專家，是一位謹言慎行的君子；在私人的日常生活中，他卻是一位具有愛心、灑脫、幽默、詼諧、愛聽笑話、喜講笑話、非常人性化及風趣的人物。我有幸，能有機緣和煥公在公私各方面的接觸與交往，使我能發現煥公眾多方面的長才。

　　由於我和煥公彼此之間守住「公私分明，各守分際」的原則，同時具備一種「君子協定」式的默契，自然滋生了一種無私的友誼。這種友誼擴展到他的家人，包括沈夫人沈黎蘭、他的哲嗣沈大川、他的胞弟沈昌瑞。我與煥公的友誼，很自然地從「與煥公的友誼」演變為「與沈府的友誼」。

煥公胞弟亦成莫逆

煥公的胞弟沈昌瑞，長期在聯合國祕書處主持中文組業務，甚有貢獻。我們已相識很久，數十年來音訊時通。他身材沒有煥公高，但聲音笑貌簡直與煥公一模一樣，如果隔了一間房，真不知是誰在講話、談笑。但是，他在朱撫松部長訪問紐約期間，不慎折斷了頸骨，行動頗受限制，必須戴上頸套，故自嘲地稱自己為「半殘」。我每次去紐約，他總是在家裡熱忱接待，盛宴款待。

昌瑞兄由於行動不便，曾有多年未見到他的胞兄煥公，十分思念。有一年，外交部長錢復派我去紐約，在聯大開會期間進行遊說。昌瑞兄認為，如能在我返臺時同機返國，我在沿途就可以照應他了。我當然樂於接受，便透過中華航空公司的安排，兩人同坐頭等艙第二排兩個貼鄰座位。那是夜航班機，須在機上過夜。有好幾次昌瑞兄需起身赴洗手間，我就協助抱他起身、扶持他往返廁所。當時我的體力尚能勝任，我認為這是朋友應盡的義務，但是昌瑞兄卻稱之為「義舉」，竟以我為「恩人」，實在愧不敢當。那一段時間裡，我們幾乎每年都可以見面一次，有時也有書函往來，我常寄些替英文《中國郵報》(China Post) 寫的專欄給他。下面是昌瑞兄眾多來函中的一封親筆手寫函，照錄如下：

> 正皋大使我兄道右：
> 手示捧讀三四，巨著拜誦多篇，益增敬慕，思念愈深！
> 閣下自稱年近八十，但看來不到五十，而身強體壯，猶如三十。

去年回臺途中，多次抱起半殘，舉重若輕，令人難以置信！

近年有緣接近多次，面聆教益，並承屢寄宏文，細讀之餘，深感思維之細密，法學之深厚，說理之動人，文字之強勁，我國外交界五十年來當以　閣下為魁首！唯以精通法文，反受其限，生龍活虎困守非洲，難展長才，未居首位！是乃國家之損失，是乃國家有負於　閣下焉！！

「搜尋正義，臺灣史實」乃經世之作，應為海峽兩岸外交及統一問題負責人暨重要人員必讀之經典。從而可望雙方聽從理性，互相尊重，各知限度，容讓謀和，進而攜手同求合法合理合情之解決，使雙方同受利惠，從此國泰民安。

何時偕夫人前來美東探望兒孫，千祈　惠示行程，以便在彼得古堡或臨溪齋敬備菲酌，恭侯　闔府諸位　移玉光臨，既可暢談國事，又可再聆教言，樂如之何？不勝翹盼！

專此敬覆，並請　儷安

弟　半殘　　
　　美生　鞠躬

民國八十六年 (1997) 十月二十日

沈昌瑞來函手跡。

　　昌瑞兄為人風趣、幽默、詼諧、樂觀，頗有「兄」風，跟他談話，猶如同他胞兄煥公在一起。而由他照顧完成美國公立高中學業，後來繼續在哥倫比亞大學研究院深造的胞姪大川兄，則寫得與煥公一模一樣的鋼筆字和毛筆字。乍一看，大川兄的字跡，還以為是他尊嚴煥公的手跡呢！

　　大川兄的兩個小孩，長女沈一美，次子沈一真，也承繼了沈家開朗聰穎的傳統美德。偶爾在沈府遇到從美國返臺探親的他們，隨便和他們交談，覺得他們不愧為將門之後，知書達禮應對有節，很為投緣樂於相處。忝為沈府之友，對這種無私無我的純正友誼，深感欣幸。

　　2010 年，適逢煥公胞弟沈昌瑞兄九十華誕，叨在老友，特撰擬打油詩兩首寄去祝賀如下，以代禮金，就是俗稱的「秀才人情」是也。

　　其一：

　　人生七十古來稀，於今七十不稀奇；

　　九十耄耆始稱壽，六十甲子小弟弟。

　　其二：

　　雖稱半殘愛心全，既昌且瑞人中傑；

　　談笑風生勝常人，遊戲人間活神仙。

人品教育，愛護有加

　　煥公在和我談話時，經常喜歡講些處世為人的大道理或養生之道，有時則勖勉有加，但大都言簡意賅，以幽默的方式表達。有一次在總統府，他說，多說話會傷氣，若不和你有交情，不會談這麼久；又一次，他鄭重其事地對我說，老總統（指蔣中正）曾告訴他養生的四字

訣，現在轉授給你，那就是「隨時休息」，真是言淺意深。他還擺了一個閉目養神的姿態示範；另一次，在他家談起前蔣經國祕書長馬紀壯過世的事件，他很惋惜。他說馬伯公（別號伯聰）就是半夜起床上廁所，不小心摔了一跤而故世的，而這本來是可以避免的事情。他問我有沒有晚間起床的習慣？我說有。過了幾天，他即著司機送了兩個原裝的新便壺給我，可見他愛護老部屬及關注老年人安全的問題，令人銘感肺腑。

另外，我聽說煥公在總統府時，第一局考取公費留美的胡君向煥公辭行時正值冬天，煥公獲知他尚未購置大衣，見胡君與他身材相同，隨即以自己一件新購僅穿過一兩次的大衣相贈。此事成為佳話，也是煥公常講的「八放」中的一「放」：「放手施捨」的具體實踐。

我在非洲駐紮了二十三年後，於 1983 年 3 月從象牙海岸結束館務，返國回部。長期駐留國外，現在能定居臺北，又可重沐煥公春風，深感榮幸。那時煥公已不掌外交，先後任職國家安全會議及總統府祕書長，但我仍不時向老長官請安請益，並隨時把有關活動面陳或以書面向其報告。我去介壽館（總統府）面謁煥公時，經常遇到時任外交部長的朱撫松從裡面出來，可見朱部長仍以煥公馬首是瞻，也可見煥公當時繼續主導著外交大計。

我兼任隸屬於國家安全會議的國家建設研究委員會研究委員一事，也是煥公的安排。這使我有機會提出對國事及突破外交困境等一些學術性的意見與看法，供層峰參考。也就在這個時期，我為英文《中國郵報》連續撰寫了數百篇專欄。每次，大川兄總選擇值得煥公閱讀的文章影印放大後送他參考。有了這樣一位高級的「讀者」，我寫稿時就必須考慮到布局、內容各方面都要經得起考驗，至於文字方面，更當多作錘鍊了。

　　1988 年秋，煥公與新上任不久的李登輝總統因理念不合，卸下總統府祕書長的職務，但仍受聘為資政。卸下重任後，煥公的生活較前輕鬆得多了，這使得我與他的見面和餐敘的機會也增多了。我們餐敘的餐館大概不出這幾家：中泰賓館、圓山飯店、老爺飯店及庫克餐廳（後來搬遷至同址二樓，改名「京翅坊」）等。

　　由於我和煥公彼此守住「公私分明，各守分際」的原則，同時具備一種「君子協定」式的默契，我們見面時總是很輕鬆、很瀟灑。煥公生性幽默，很喜歡聽笑話，剛好我算是一個會講笑話的人，常常設法記住些笑話、故事，備而不用，到適當時刻或機會，便可巧妙的運用，引起煥公「放聲大笑」，而營造一種歡樂氣氛，與眾同樂皆大歡喜，順便調劑一下大家的身心，袪除一些疲勞。

沈昌煥與友人餐敘合影，前排左起：沈昌煥、陳立夫、楊西崑與作者，後排站立者為陳立夫資政哲嗣陳澤寵伉儷。

　　1963 年，我隨同煥公以外交部長身分、訪問非洲各國時，也貢獻了好幾個笑話，減輕煥公的旅途勞頓。這些笑話都是發生在非洲的自身經驗。舉幾個例子：

　　在駐上伏塔（今名布吉納法索）大使官邸，我們雇用的園丁很老實，忠於職守。當地旱季很長，官邸院子花草需要天天澆水，故訓令他每天下午四時灌澆，他遵辦不誤。但是，雨季來臨後，經常天降甘霖，這位園丁卻照常於每天下午四時在雨中灌澆！

　　另外一個笑話也是我親身經歷的：有一天，我應邀赴美國大使館參事家的晚宴，菜單中有一道菜是「小牛頭」。為了裝飾菜色，參事還特別關照廚師兼侍者在牛鼻孔內要插些香芹 (Parsley)。結果，當穿著白色制服的侍者端著盛於大銀盤內的小牛頭，大模大樣地走出來時，賓主幾乎都傻了眼，只見原應插在牛鼻孔的香菜，侍者卻插在自己的鼻子內。或許這位侍者有他自己的一套非洲邏輯，可能他認為人比動物高貴，所以應點綴的是人的鼻子而不是牛鼻子吧。煥公聽了這個故事，當然也是放聲大笑，但隨即反應很快地提出詰問：如果主人當時叫他在牛頭上插把刀，不知他會把刀插在哪裡？由此可見煥公的敏捷反應和幽默機智。

　　另外一則有關煥公的機智和幽默的軼聞，是從我所欽佩的總統府劉垕兄那裡傳出來的。據說，有一位早年曾任上海警備司令部軍法處處長的某君，曾是對付激進學生的「剋星」，來臺後一度任中央民意代表，後來成為自由派政論家。某日，他碰到煥公，笑問：「你現在怎麼還是靠右走呢？」煥公也笑著答道：「我只能借用傳說是韓復榘的一句話答覆你：『大家都靠左走了，那右邊該讓誰走？』」

領悟禪機，與人共享

　　煥公在操心國事之餘，也曾探究人生哲理，對於「如過眼雲煙」的人生頗有所感。尤其是在晚年，對禪宗六祖惠能的名言，領悟甚深。有一次，我去介壽館，煥公忽然談起禪宗六祖惠能的事蹟。他問我是否知道禪宗六祖惠能的「開悟偈」？當時我很惶恐，就坦率地答稱：不甚了了。我說，好像只記得有四句偈語與菩提樹有關，大意是，以身比菩提樹，把心作明鏡臺，常加拂拭，不使蒙塵。不知對否？煥公聞後笑道：「有點兒意思，但不完全正確，待我來說明並更正一下。你所提起的四句偈語應該是：『身是菩提樹，心如明鏡臺，時時勤拂拭，莫使惹塵埃』，含有高度禪機，但這不是六祖惠能說的，是另一位資深的上座和尚，名叫神秀說的。當時惠能在打雜工，還沒有資格參加禪宗五祖弘忍大師物色繼任人的測試。但惠能聞聲，請求五祖弘忍大師准他也作一偈。惠能獲准後就高聲朗誦四句有名的「開悟偈」曰：『菩提本無樹，明鏡亦非臺，本來無一物，何處惹塵埃。』意境更高，禪機更深。弘忍大師第二天就祕密召見惠能，把世代相傳的法衣給他，正式傳他為禪宗六祖，囑他小心謹慎，好自為之。後來惠能隱居了十五年，始公開傳教說法，達三十七年，發揚禪宗。他在唐玄宗先天二年(713)圓寂於家鄉新興縣國恩寺。」

　　煥公還解釋道，惠能主張一切眾生皆有佛性，人人都可以成佛，與儒家所主張的「人皆可為堯舜」的「性善論」不謀而合。惠能同時也宣揚「頓悟成佛」的道理，促使禪宗的平民化與世俗化。使禪宗教義在中國流傳甚廣，盛極一時。我聽了煥公對禪宗深入淺出的一番解

釋，領悟不少，對我晚年的思想、生活方式產生了深遠的影響。

臨別贈言，偈語交代

　　煥公到了晚年，更是將六祖惠能的名言融會貫通。在去世前不久，煥公撰寫了四首含有高度哲理和禪機的偈語，親筆繕寫，送給當時中風的陳建中先生。陳先生還來不及請煥公解釋其中奧祕，煥公便已乘鶴西去。茲恭錄其文如下：

> 紅塵萬事本無常，生老病死一瞬間；
> 色即是空空即色，夢幻泡影如電露。
> 無相無法毋執著，凡事有果必有因；
> 樂見隨緣順自然，明心見性是真諦。
> 戒瞋戒貪又戒癡，名利毀譽非所計；
> 時刻愛人如愛己，解脫煩惱活神仙。
> 悟得菩提本無樹，施財施法更捨身；
> 師度自度願普度，人人立地成佛陀。

　　煥公的四首偈語，把他早期的「人生八放」論的精神也包涵在其中，不啻是其一生處世為人的寫照，也替自己的人生劃上了一個圓滿的句點，真是畫龍點睛，一切盡在不言中。煥公平時守口如瓶，一生不立傳，不寫回憶錄。乘鶴西去前留下四首禪機偈語，作為他一生對國家親友的一個交代，真是乾淨俐落，何等瀟灑！何等超脫！

（一）
紅塵萬事本無常
生老病死一瞬間
色即是空空即色
夢幻泡影如電露

（二）
無相無瑕丹執著
凡事有果必有因
樂見隨緣順自然
明心見性是真諦

（三）
戒頭戒尾貪又癡
時刻警惕非所計
解脫煩惱如愛仙
悟得菩提更超脫身

（四）
財施法施身
度自度願普
人人之地成
佛度

沈昌煥臨別偈語手跡。

正皋大使 年禧：

憶兄賀臨道山一行偉大時代
出隨風飄零，偎維英偎維英！
以筆之日，見吉凶我兄跪拜致
唁，石萬失措，及殘石萬，志紳道
礼畢喪，伏地跪拜，悵然多多憶
何以堪？！以三道義其才華輝映
文輝今此等慰！！
殘青年者
沈昌瑞 鞠躬

沈昌瑞短束。

沈昌煥公祭日，芮正皋跪祭。

偈語效應，立竿見影

我正在結束本文時，卻忽然發生下面一件事故，使我認為應該在本文之末再加一節的必要，俾能前後呼應，作為對煥公偈語的驗證，同時也可證實我在本文開端所寫的看法：煥公經過時間蕩滌出來的精神風格，並未因他逝世多年而消失，讓我始終感受到他常在我身邊。下面的故事肇因於一次按摩指壓。

我雖年逾九十，或許由於旅居澳洲，空氣清新氣候適宜，身體尚稱健朗。有時也去按摩（中國式）一下，作為保健措施，也是求心之所安。後經朋友好意介紹，有一位來自臺灣的 K 君，與一般按摩師慣常不痛不癢的按摩不同，據稱是「經絡指壓專家」，能深入經絡，疏通奇經八脈，使人體內氣血通暢，有病治病無病保健。

我試了幾次，感覺還不錯，遂約定每週去一次。初期一切正常，數週後，正逢 4 月 1 日，亦即西俗「愚人節」(April Fool Day)。K 君說：「您身體狀況已無需每週按摩，可改為每兩週一次，作為『保養』按摩。」或許 K 君為了使他的按摩療效能維持二週，下手較前幾次為重，到快結束時，他在我右大腿某處按摩，我感到他指壓特別深入，忽然一陣劇痛，我算是很堅強，很能忍痛的人，也忍不住哼出聲來。當時倒也沒感到什麼，但內部可能已經受創。其時已接近中午，用了午餐後小眠片刻，午睡醒來卻發現整個右大腿腫脹僵硬不能觸碰，如稍有彎曲轉動，即奇痛無比，可能大腿裡面微血管破裂，逐漸氾濫充血所致，而且疼痛日益加劇。數天後，只能讓人扶持著去看家庭醫師，因為澳洲的醫療制度規定，找專科治病，必須先經過家庭醫師介紹。

家庭醫師建議我快去超音波掃描，以瞭解大腿內部受創程度及血腫情況。安排掃描又耽擱了幾天，使我的痛苦又多延長了幾天。

好不容易等到了掃描日期，又折騰了半天趕到了檢查中心，他們用高密度超音波掃描器在我右大腿上下左右仔細掃描，歷時四十餘分鐘。第二天，4 月 8 日，收到主治醫師簽名的報告，主要指出兩點：一、右大腿股外側肌末端顯示裂開長 1.5 公分。二、血腫（即大量淤血積聚區）範圍廣達 8.0 × 5.8 × 3.0 公分。

另外，因為我正在服用一種抗凝血劑叫 Warfarin，除了上述大量瘀血積聚的血腫範圍外，凝固緩慢的稀釋血液繼續泛流到小腿及腳部，這也是為什麼整個右大腿從上到下劇痛及全部腫脹的原因。

這真是無妄之災。家人當然非常憤慨，群情激昂，七張八嘴，要報警、到法院告他，要撤銷他的營業牌照，要調查他是否持有合法按摩師執照等等。

我自己則雖然奇疼難熬，甚為沮喪，卻不禁啞然失笑（苦笑），因為我記起煥公偈語中的「凡事有果必有因」一語來：這次的腿傷事件，雖然形式上是 K 君施術不當造成，但源頭卻是我「自討苦吃」——是我自己送上門去，要 K 君按摩的，而不是他硬要我接受按摩的！所以，恐怕不能埋怨 K 君什麼。這是我自己種的「因」，自然應該由我自己來食其「果」了。我本來的健康狀況還不錯，卻不知足，生出了「貪」心，遂導致這一惡果。可以說，這次「醫療事故」是對我「不知足」的懲罰。

我又記起煥公偈語裡的另外一句話：「戒瞋戒貪又戒癡。」顯然，是我犯了「貪戒」，才出了這一事故。再替 K 君想想，他是靠這個按摩技術謀生的，要靠它來養活一家四口。那麼，我若追究他的無心失誤，豈非就是敲掉他全家的「飯碗」？而這個「孽」可造得大了！念及

此，我又想起煥公的偈語還有「時刻愛人如愛己」、「解脫煩惱活神仙」等語。於是，我就向家人耐心解釋這些道理，要他們配合我，一起化解這個「結」，放棄對 K 君以怨相報，而代之以寬容恕人。於是，一場本來可能會導致不少人受損的風波，就這樣被我消弭了，而代價只是我個人的一點肉體痛苦。現在想來，也不無「欣慰」之感呢。

提起疼痛，我想起一個英雄式的「忍痛」故事，那是我在西非上伏塔當大使時聽說的：上伏塔的傳統土皇帝莫洛納巴 (Moro Naba) 有一次輕裝簡從出巡。他的司機兼隨從不小心猛烈關車門時，把土皇帝的手指夾斷而不自知，逕自登上駕駛座疾馳上路，也不知道後座發生的事故。而斷指的痛楚非同小可，是可以想見的。但是，土皇帝居然不動聲色，忍著劇痛，按著流血的手指，一直到抵達目的地。當司機打開車門，他這才發現闖下了大禍但只見土皇帝臉上直冒著冷汗，卻鎮定地步下車門，並未嚴詞責備他，而在交代了公事後，才到附近醫療診所包紮傷口。土皇帝若無其事，究竟不愧王者，維持著堅忍和大度，令人欽佩。

當我大腿疼痛時，想到這位非洲王者的故事，似乎自己的肉體痛苦也減輕了不少呢！至少，我的心靈很快樂，因為我化解了怨恨，平和了心態，諒解了他人，實際上也幫助了自己。

參加煥公百年冥誕及《沈昌煥日記》 新書發表會有感

　　2013 年 9、10 月在臺北，對我而言，是我一生的「里程碑」，是我一生的關鍵年。這個論點，基於兩個因素：其一，我的拙作《外交生涯縱橫談——芮正皋回憶錄》由臺北三民書局出版發行；其二，我參加了煥公《沈昌煥日記》新書發表會。有「外交教父」之稱，一生從不立傳，守口如瓶、保密到家，我的「大恩人」煥公留下攸關第二次大戰史實，涉及中美、中日關係的珍貴史料：《沈昌煥日記——戰後第一年 1946》。

　　誠如馬英九總統於 2013 年
10 月 17 日致我的謝函中所稱：

　　國史館為緬懷外交者宿沈
　　昌煥先生畢生為國靖獻，
　　特舉辦「沈昌煥日記——
　　戰後第一年一九四六」新
　　書發表會，用資紀念其百
　　歲冥誕，吾公遠從澳洲專
　　程返國出席盛會，至情至
　　性，真摯可感……

馬英九總統致作者謝函。

　　這樣一個「盛會」，以我與煥公以及沈府數十年特殊的「結緣」關係，豈能不參加。雖然我年過九十四，以此高齡精神體力恐怕無法支撐，但是，在強烈意志力及「使命感」驅使下，我還是抱著疲累的身心，全程完成了預期的，以煥公為「中心」的「階段性」行程。

　　返回澳洲後不久，果然發生了一如馬英九總統在致我函中所關注表達的事故：「惟舟車勞頓之際，懇祈多方珍攝為禱。」由於歸返僑居地雪梨後未獲休息，繼續舉辦新書發表會及文化交流各種活動，導致精神體力過度透支，健康全面崩潰住進醫院，險些走上不歸路。

　　從臺灣返回澳洲前夕，我還擠出時間，於 10 月 17 日午間，安排與煥公哲嗣，沈教授大川兄單獨在新光三越餐敘。席間大川兄忽發奇想，說我一生注重人際關係、廣結善緣，作風行事符合人類學者條件，應可成為一位「人類學家」。我聽後頗感突然、愕然深感惶恐。我對「人類學」可稱一無所知。大川兄自己在美國哥倫比亞大學專攻「人類學」，學成返國在臺灣數十年來，以所學付諸實際行動，可稱為「人類學」的「實踐者」。

　　我從臺灣回到僑居地澳洲雪梨栗碌不停，應友好之請舉辦所著《外交生涯縱橫談——芮正皋回憶錄》新書發表會，接受訪問、解答問題等酬應、文化交流活動，以致心力交瘁，積勞成疾。大川兄適於此時來函，檢同國史館新書發表會上就《沈昌煥日記》提出專題報告的蕭明禮先生來函，詢及能否聯絡芮大使再請提供其尊翁若干史蹟，俾供其繼續擴充研究沈公生平事蹟之範疇。

沈大川的靈感爆出火花

接到沈大川來函時，我已感身心疲勞，已臨健康全面崩潰前夕。這時，忽然想起大川兄在我離開臺北前兩天（2013 年 10 月 17 日）在新光三越單獨餐敘時所提到我也可成為「人類學家」的事，給了我一個「靈感」，使我想到煥公。

我們歌功頌德讚揚煥公一生對國家及中華民族的貢獻，以及在他百年冥誕時發表他一生唯一的「日記」：「戰後第一年 1946」，由國史館舉辦「新書發表會」等事蹟，我們似乎可尊稱煥公為：「外交人類學家」。

談到人類學家 (Anthropologist) 一詞，依我有限的認知，係來自希臘語 Anthropos（人類）和 Logia（研究），從 19 世紀初開始成為一門學科。最早出現「人類學」一詞時，指的是對人類生理的構造進行研究的「解剖學」。當時的人類學家以高超的解剖技術為主。由於大量屍體解剖，這些人類學家對醫學、人種學攸關的骨骼、大腦等結構具備不為人知的深度認識。

由於眾多專門學科及特殊領域與「人類學」有關，僅僅一個「人類學家」不能確切指出這位學者的專長或特殊地位，因此「人類學」一詞前，再冠以一個學科或專業名稱，俾資識別而便分類。於是出現眾多分科名稱，如結構人類學、政治人類學、文化人類學、教育人類學、應用人類學、醫學人類學、法醫人類學、社會文化人類學等名稱，真是五花八門，獨缺「外交人類學」。

上述各類人類學家包括世界各國有名望的人類學家，如英國的愛

德華·泰勒 (Edward Taylor)、美國的路易斯·摩根 (Lewis Henri Morgan)、法國的馬瑟·牟斯 (Marcel Mauss)、日本的田野、平井正五郎、石田英一郎等，中國大陸也有幾位如黃現璠、費孝通，連馬達加斯加也有學者兼政治家前總理尤金·曼加拉扎 (Eugene Regis Mangalaza)。中華民國臺灣地區似尚未有著名人類學家，更遑論「外交人類學家」(Diplomatic Anthropologist) 了。

煥公雖乏「人體解剖」經驗，卻具備過人的高度深入，而且更重要的「人性解剖」學識智慧。尤其身處抗日戰爭及第二次大戰期內，在堅苦卓絕的大環境下，在他二度出任外交部長期間所推展發揮的獨特外交政策與戰略及因應手腕等貢獻，我們似乎可以追認並尊稱煥公為「外交人類學家」也不為過。

故特在此創議，我們似乎可以呼籲學者們，尤其人類學者，像煥公哲嗣沈教授大川兄一起發起，敦請幾位教授，像在國史館舉辦《沈昌煥日記》新書發表會上，提出專題報告的蕭明禮，或對研究「沈昌煥學」有興趣的學者共同從事「沈學研究」，來彰顯近代中華民族發展史上具有重大貢獻的「外交人類學家」——沈昌煥先生。

作者雖有興趣從事此一劃時代的、具有正面意義的史學及「沈學」研究活動，但年事已高，且已屆「就木之年」，只好讓較為年輕的學者繼續來發揚光大此一具有意義，並與中華民族近代史、政治、文化、外交、學術等有關的活動吧。

第三章
青年楷模錢復

讀其書，知其人

在拙著內加列〈青年楷模錢復〉一文，這對我是一個莫大的挑戰。我不是「名報人」、「名記者」或「名作家」，僅是一個普通平凡的「外交官」，退休後投入學術界，教教書、寫寫文章，充其量，忽悠一下，或許勉強可以稱為一個「學者」而已。以這樣一個不夠格的「庸材」，居然大膽地想寫這樣一位具有政治家風範，並有「外交才子」之譽的人物，似乎有些「不自量力」。萬一「畫虎不成反類犬」，勢將影響錢復先生的聲譽與他的令名，不是反而弄巧成拙，害人害己嗎？

但我這個人就是不信邪，最喜歡接受挑戰。越是難事、越想挑戰。錢復雖然很謙遜地來信婉卻（「……頃示將撰「錢復」篇，實愧不敢當。弟乃菲材，無法與各賢者並列」），我還是毅然下筆，以一吐對他「衷心欽佩與敬仰」之忱。

就錢復所著《錢復回憶錄》一書（兩巨冊）而言，（以下簡稱《回憶錄》）它的內容姑且暫時不論。我先從著作的外表及皮相上考察這部巨著的編排及文字組織，就發現了下列幾個特點，這使我很為驚異。我看過了很多有關政壇名人的回憶錄、自傳或傳記。除少數人士外（如李模的《奇緣此生》及陸以正的《微臣無力可回天》），他們大都由旁人代為執筆，或彙集眾人所寫的文章，以「集錦」方式編輯成書，如《孫運璿傳》，《懷念孫運璿》，《葉公超其人其文其事》，郝柏村的《無愧》及《劉達人外交傳奇錄》等。但錢復的《回憶錄》，則是由他自己依據歷年來積聚的卡片資料，親筆一氣呵成撰寫的。

其次，我們在國內國外，有時須跑圖書館找資料，寫報告、專欄、

論文，大都會採用卡片制度來蒐集資料，把內容分門別類，然後據以整理。但寫作方面，所謂「戲法人人會變，各有巧妙不同」，各人有各人的寫法。我自己也使用「卡片制度」，但有一大部份的「卡片資料」是放在我腦中的「記憶體」裡，當然「記憶卡片」不及實質卡片的詳盡與可靠。

當我收到錢復送我的兩厚冊的《回憶錄》時，我略一翻閱，便發現作者是以撰寫學術論文方式，並用整套的卡片制度來寫作的，可能還受過圖書館作業的訓練。譬如，舉一個例。錢復在他的《回憶錄》卷一第五章提到，1960 年代美國甘迺迪總統，派遣具有兩棲作戰經驗的柯爾克 (Alan Kirk) 出任駐臺北大使，是為了監視臺北不致採取任何對付中共的軍事行動。為了詮釋這一段話的根據，他不厭求詳地列明採用王景弘所著《採訪歷史──從華府檔案看台灣》一書中所引述的《美國外交檔 1961–1963》第二十二冊，306–336 頁，交代得清清楚楚。這種用撰寫學術論著的方法來寫回憶錄者並不多見，不禁令人由衷欽佩。

後來再仔細閱讀他的《回憶錄》後，果然證實，錢復早年經常隨同他父母親去北京大學胡適校長家作客，並在胡府書房內暢閱各類書籍，並蒙胡適大師親自指點如何蒐集資料，他也一直遵奉胡適大師「謹記日記、保存資料、寫回憶錄」的教誨。以後他在臺大求學時代，以及在美國耶魯大學研究院進修期間，更接受了進一步的訓練，吸收了新穎的圖書整理作業及建立文件的優良習慣，才能如行雲流水般地達成所謂「常行於所當行，常止於不可不止」的寫作境界。

我雖不是一個科學者，但對撰寫科學實驗報告稍微知道一些皮毛。凡是寫科學實驗報告，必須將實驗的主持人、參與人、時間、地點、實驗的目標和所用的儀器材料一一陳明，然後再寫實驗本文。這表示

說話要負責、事實有根據,是可以經得起查證的。除了科學報告文字外,如法院的起訴書、判決書,或者律師的訴狀(我在上海也曾當過律師)、答辯書等也相當科學化。譬如一件兇殺案,起訴書上一定把主犯、被害者、時間、地點、見證人、告發人開列明白,不能有絲毫含糊。錢復《回憶錄》的撰寫也相當科學化,他對每一個事件的發生都有交代,每次重要的會晤或會議,一定把主持人、參與人、日期、時間、地點交代清楚,可以取信於人。他在《回憶錄》中所舉的史實非常周密細緻,包括他居處的街名牌號、打工收入的工資金額,甚至演講的次數、參加酒會的人數等都有詳細的數字與統計,簡直可以媲美佛經使用「六種證信序」的方式。

我看過幾部佛經(《金剛經》、《心經》、《法華經》、《楞嚴經》),佛經為取信於人,一般開頭,大都具備六個要素,所謂「六種證信序」,就是信、聞、時、主、處、眾,六個要素。例如「如是我聞,一時佛在舍衛國,祇樹給孤獨園,與大比丘眾千二百五十人具……」。這裡,「如是」是表示「信」,「我聞」是表示「聞」,「一時」是表示「時」,佛是「主」,在舍衛國是「處」,與大比丘眾是「眾」。這是相當嚴謹的交代,錢復不只以外交家身分寫《回憶錄》,且以史學家的立場把「外交」史實鉅細不遺,以佛經六種證信序的方式和盤托出。

科學家是注重分析的,有分析而後有歸納,有歸納而後有條例,有條例而後能推演,而後能以簡馭繁,而後能設計創造,演化成各種成果。錢復《回憶錄》中有很多史實是用科學寫法予以分析歸納,或許這由於他在替蔣總統當祕書的時候,受到蔣總統處事講求效率及注意科學方法、追求現代化知識的要求所致,另外也與他熟讀蔣總統所指示研讀的各類啟發性的書籍有關(包括原作與譯本,如《論李鴻章》、《戊戌政變記》、《李鴻章游俄紀事》、《勝海舟傳》、《蹇蹇錄》

等)。另一方面則受到蔣總統長期潛移默化和薰陶使他變化氣質,再加上自身的智慧與鑽研功夫予以融會貫通,遂自成一家,洋洋巨著於焉誕生。《錢復回憶錄》可稱為是一部「外交實驗報告」或一部「外交實驗指導書」,同時,也是一部「個人事業奮鬥成功實驗錄」。

《錢復回憶錄》全書分為「卷一」及「卷二」兩冊,「卷一」共514頁,「卷二」共680頁,每卷各有「專頁」分別說明本書奉獻的物件。卷一寫著:「謹以本書獻給我的祖父錢鴻業先生,他的為國犧牲是促成我獻身外交的原動力。」這是用「畫龍點睛法」,使用一句話來說明一生獻身外交的由來。卷二的專頁則寫著:「謹以本書獻給我的父親錢思亮先生。他的公正無私,敬業愛國的精神是我的最佳的明燈。」這也是只用幾句話表達了錢復個人處世為人的導向。同時,他提到祖父、父親及他們的名字時,都是換行、雙抬頭、空格。充分表達了錢復對先人的孝思和恭敬如儀的禮數。

錢復《回憶錄》兩冊,總頁數為1,194頁,全書共七篇四十三章。「卷一」列四篇二十四章,「卷二」列三篇十九章。每章下另分各節,但不以「節」名,而用粗黑字體作標題,相當醒目,以方便讀者閱讀。此外,兩卷都在書末篇後加列同樣的附錄一、二、三,分別為:錢復履歷、錢復英文著作及錢復所獲國內外授勛獎章。如此安排,可使讀者不論在閱讀卷一或卷二時,都可以隨時查考到所需資料,頗具匠心。

另外值得一提的是,附錄一「錢復履歷」分成上、下各半頁。上半頁為「個人紀事」,下半頁為「時代紀事」。上、下頁兩相對照,可以很清楚地看到錢復的個人遭遇與時代的風雲際會息息相關,顯示錢復與「時代」同步,是一位名副其實的「時代人物」。

至於卷一、卷二附錄四的「中英文人名索引」,則是就實際卷中所出現的頁次而有所不同。其中中文人名部分(包括日本人士姓名)以

筆劃多少依次排列，英文姓氏則依英文字母順序排列，井然有序。

《回憶錄》一書編排的另一特點，就是英文姓名及其中文譯名的嚴謹。英文姓名，依照英文字母順序排列，一律把「姓」放在前面，逗號之後才是「名」，緊隨著便是中文譯名。很多外國朋友，尤其是美國人，大都有自取的中文姓名或慣用的中文姓名，不能隨意音譯或前後不一致，造成混淆不清甚至誤導。錢復在這方面，謹守「名不正言不順」的傳統，把他仔細謹慎的好習慣，在兩卷卷末，表面上並不起眼的「人名索引」欄內，發揮得淋漓盡致。如果逢到日裔美籍人士同時使用日文姓名、英語發音的日本姓氏，再加上慣用英文名字的複雜組合，那更需「兼顧並列」依一定規則順序排列，依照英文字母順序列入「英文姓名欄」，俱見其苦心及設想周到。如：「Mineta, Norman Y, 峰田」及「Hayakawa, Sam 早川」等。

走筆至此，我想起錢復的外交長才，或許可與 18 世紀末迄 19 世紀 30 年代，活躍於歐洲政治舞臺，頗著聲譽的法國政治家及外交家塔利蘭德（Talleyrand，全名為 Charles Maurice de Talleyrand-Périgord）相提並論。塔利蘭德連續經歷過法國六個朝代，擔任了不同政府中的外交部長、外交大臣，甚至總理大臣的職務。他「伺候」的君王包括法王路易十六、拿破崙一世、法王路易十八及法王路易‧菲利普等。他為人機靈、老謀深算、權變多詐、雲譎波詭，品德操守也有瑕疵，因此史學家對他褒貶不一。但他在外交方面，縱橫捭闔、折衝樽俎、機動應變，常能轉危機為契機，乃其長處。所以也有人為此頌揚他，認為瑕不掩瑜，建議對塔利蘭德應有一個持平之論。

錢復也先後擔任副總統兼行政院院長陳辭修（陳誠），及蔣中正總統的傳譯及英文祕書，後來又連續在蔣經國、李登輝、陳水扁三位總統任內出任政府要職，也當過外交部長，有「三朝元老」之稱，並曾

一度被考慮為「行政院院長」人選，可以媲美上述法國歷史上的外交大臣塔利蘭德。錢復多方面的才華，尤其他的外交長才與機智及口才，應當和塔利蘭德旗鼓相當，甚或比他更為優越。所不同的是，塔利蘭德的私人操守有可疵議之處，而錢復則擁有完美高尚的品格，沒有任何像塔利蘭德為人所詬病的短處。

我舉一則掌故來說明塔利蘭德的外交機智。當普魯士、俄國聯軍占領巴黎的時候 (1815)，普魯士將軍伯呂赫 (Blücher) 揚言要摧毀一條為紀念普、法交戰，法軍在普魯士耶納（德文原名 Yena）一役（1806年 10 月 14 日）大勝普軍而興建的「耶納橋」(Pont d'Iéna)。巴黎市長雖想方設法打消這位普軍將領的企圖，但無從著手也無能為力。遂懇求塔利蘭德出面去函勸阻放棄他的企圖。塔利蘭德靈機一動，不寫信給伯呂赫將軍，卻寫信給正在巴黎訪問的俄國沙皇亞歷山大，函請沙皇親自主持 「耶納橋」 (Pont d'Iéna) 更名為 「軍事學校橋」 (Pont de l'École Militaire) 的更名揭幕典禮。沙皇欣表同意，典禮如期舉行。伯呂赫將軍只好被迫放棄他的「毀橋」計畫。因為普軍不能摧毀一座由同盟國元首所主持的「更名揭幕典禮」的「新橋」。我孤陋寡聞，對塔利蘭德這著「出奇制勝」的「奇招」無以為名，姑以「逆向思考」或「反思模式」 名之，英文似可譯為 "Reverse thinking" 或 "Reflective paradigm"，提供讀者或研究外交學的人士參考指正。後來這條「更名的新橋」在法王路易・菲利普時代又恢復了原名，沿用迄今。

這條橫跨塞納河 (Seine) 的耶納橋，連接左右兩岸相互對峙的巴黎地標：「艾菲爾鐵塔」(Tour Eiffel) 和「夏佑宮」。無論是遠望或近眺，隨著陽光照射的不同角度，或晚間燈光照明的變幻，所顯現多彩多姿的身影，總是會勾起人們對它所見證的歷史興衰而引起無窮的懷思。

聯合國在紐約總部未建成前，曾借用位於塞納河右岸耶納橋畔的「夏佑宮」召開大會。我於 1948 及 1951 年，先後兩度有幸在此參加聯合國第三屆及第六屆大會中華民國代表團工作，因此對這座具有歷史背景的名橋，留下特別深刻的印象。

「尊師重道」的錢復

錢復好學的態度和學習精神是值得欽佩的，同時他也是孔老夫子的信徒，忠實執行「三人行必有我師」的信條並實踐篤行。在他《回憶錄》卷二第二篇第三十二章裡，便有一節記載他履任駐美代表後所獲得的「三人行必有我師」的「第一堂課」。

駐美代表處的美國黑人駕駛羅賓遜 (Paul Robinson)，在回答錢復一連串的詢問時，告訴了錢復：有時候，尤其在晚間走黑暗巷道，用「迂迴曲折」路線前往反而可更快抵達目的地，很輕易便可以在黑暗巷道找到宴客的主人家。錢復不恥下問，移樽就教，向司機隨時提出問題，向他請教，使得羅賓遜很感動地說出了內心欽佩的話：「錢先生你真不像大使，我替不少大使開過車，多少年下來，我和他們說的話加起來也比不上這幾天和你說的多。」錢復把孔子「三人行」這句話的意義向他解釋，並告訴他要很快認識一個新地方，最好就是有不瞭解的時候就要問，所以羅賓遜就是他的老師，司機聽了非常高興。

另外，錢復也採納了《中國時報》派駐華盛頓特派員傅建中，刊於《美洲中國時報》以「迎錢復，談互信」為題的一篇專文的建議。在這篇文章裡，傅建中指出美國國務院若干官員，認定中華民國在美國所作所為都在破壞美國與中共關係，建議必須盡一切可能爭取美國

國務院對錢復個人及中華民國的信賴。錢復認為傅建中的見解和分析很有見地，認為這是他抵美後所上的第二堂課，應當作為他對美工作的未來導向，而且必須全力以赴、身體力行。果然時隔不久，錢復成功地建立了美國國務院對他個人，和他所代表的中華民國之間的信賴，並且廣泛地與美國國會締結了深厚的友誼。

其實，依我的觀察，錢復是終身在奉行孔子「三人行必有我師」的信條。他是隨時隨地在學習、吸收新知，本著「尊師重道」的精神，加以貫徹、實踐的。錢復以上所舉從「兩堂課」獲益的實例，僅是他一生不勝枚舉，眾多堂課中的少數例子而已。

我在本書「沈昌煥章」中提到，煥公把蔣總統養生之道的「隨時休息」四個字鄭重其事地轉授給我，我一直念念不忘並身體力行，在健康方面獲益不少。現在用聯想思考，如果借用他這個養生之道的「隨時休息」四個字，把其中「休息」兩字改為「學習」，變為「隨時學習」，不就成為「治學之道」或「治學祕訣」了嗎？而「隨時學習」正好可以描述錢復好學不倦的 "attitude"。我在這裡提起這個「聯想」，無非是借此提醒自己、勉勵自己：以「隨時休息」來養生，拿「隨時學習」來治學。二者併用，則既可養生又能治學。

錢復在《講義》雜誌裡曾刊載一篇以「談學習」為題的小品專文（2009 年 8 月號）。他很扼要，但非常精闢的指出，「品格教育」是每個人都要學習的第一堂課，如果沒有良好的品格，縱有高深的學識與技巧也是枉然。他建議父母們讓小孩子多接觸經典，因為以古人為師，可以見賢思齊，瞭解古聖先賢的人生觀，從中學習做人處世的道理。

錢復說，有了良好的倫理道德做基礎後，接下來該學的便是知識與技巧。他說，「學習」是不分年齡的，就算是職場退休的銀髮族，一樣可以透過學習新知識與新技巧來開啟人生第二春。他又說：「所謂

『生也有涯,知也無涯』,生命雖然有限,學習卻可以無盡,處處留心皆學問。一個人無論貧富長幼,只要有心,就能在學習之路上獲得許多意想不到的收穫與驚喜。」錢復在《講義》雜誌裡所寫的這段話,不是充分反映他是真正是在身體力行「隨時學習」的人嗎?

談起錢復「尊師重道」的精神,可以在錢復多年後仍然感念不忘他的老師這一事實充分反映出來。這位老師便是錢復在耶魯大學念博士學位的導師饒大衛教授 (David Nelson Rowe)。錢復還稱他是他一生中的「貴人」。

說起這位饒大衛教授,我在此順便一提。我有幸也可說「有緣」,在認識錢復之前,先聽到有人稱道並讚賞錢復。1960 年代,在我擔任駐上伏塔代辦時,饒大衛教授來非洲訪問(不確定哪一年),我曾接待他。他是為蒐集我們如何運用美援進行「先鋒案」,在非洲從事農技合作的成效資料而去非洲。

當我向他提起他的得意門生錢復時,他翹起大拇指連稱:「太棒了!成績特別傑出與優異。」 (Excellent! Lots of distinctions and honors.) 我們也談起彼此打獵的經驗,我對他肅然起敬。原來他是一個大獵人,在東非洲曾獵到一頭大雄獅。當他獲知我在西非洲也獵到一頭老雄獅,碰到了「獵獅同志」後大為高興,返美後還寄我一張簽名的獵獅照片給我留念。我對他印象很深刻,他留著一撮小鬍鬚,很莊嚴的樣子,會說幾句中國話。他隨身攜背了一個半新不舊的手提包,永遠不離手,或掛在肩上或放在手邊,不讓人碰。我們好意幫他提領或置放,都為他所拒,可見他處事謹慎小心,什麼事都不假手予人。他穿著很簡單樸素,做事很踏實,直來直往不喜客套,也沒有擺出耶魯「大牌教授」的架子。所問的問題也很仔細,有時鑽牛角尖,充分顯現出一個實事求是,要求嚴格追求完美的學者教授的風範。無怪「名

師出高徒」，造就了「青出於藍而勝於藍」的一位傑出人物——錢復。

　　《講義》雜誌 2010 年 5 月號刊載了錢復以「生命中的貴人」為題的一篇短文。他提起在耶魯大學求學時期遇到的這位貴人——饒大衛教授，當時若不是饒老師鼓勵並協助申請獎學金與工讀機會，他可能早就回臺灣，而不可能有機會完成博士學位，錢復說：「饒老師身教言教，不但影響我做學問的態度，也開啟我更寬度的人生視野。即使事隔多年，我仍忘不了我跟隨饒老師學習的時光。」

　　錢復所說的「事隔多年」，如果從他於 1959 年 9 月在耶魯大學研究院完成碩士學位後，再繼續攻讀博士學位、追隨饒大衛等教授算起，已是逾越半個世紀。事實上，如果從錢復念臺灣大學政治系三年級算起，那是十足的五十五年。因為那年臺大政治系新聘任一位美籍教授以英文授課，這位教授便是「美國亞洲基金會」駐華代表饒大衛老師。

　　事隔五十五年多，錢復還在懷念他的饒老師，這便是儒家尊師重道的精神。而事實上他們師生關係也的確非常密切。一邊是老師教學認真、對學生要求嚴格；一邊則是學生讀書用功、成績優異，成為班上成績最佳的學生。使得愛才心切的饒老師向錢復表達，希望他在結束臺大學業後設法安排去耶魯進修。由於饒老師的熱心協助、鼓勵而獲得獎學金，再加上錢復自己利用暑假打工所積聚的工資，才能支付昂貴的學費和生活費用，終於達成完成博士學位的預期目標。

　　他們師生關係也的確特別密切友好。在尼克森競選美國總統時，饒氏擔任「全美教授支持尼克森聯盟」的共同主席，他曾於 1968 年 12 月 24 日發一封長信給錢復（時任外交部北美司副司長），告知尼氏積極與共和黨的自由派——洛克斐勒接近，重用州長的親信季辛吉。饒氏並斷言，以尼氏「為達目的不擇手段」的政治作風，在外交上極有可能接受中共的無理要求，從而與中華民國斷絕關係。可見他們師

生之間的關係非比尋常。

　　這種師生密切友好關係的情景，使我聯想到我在本書有關芮沐及李模兩篇文章，所提到的北京大學法學教授芮沐，和臺灣政壇、學界、司法界名人李模間的師生關係，有異曲同工之妙。李模在對日抗戰期間在昆明西南聯大法律系研讀，師從當時任教的芮沐教授，兩人所建立的師誼與學誼也是維繫了五、六十年，歷久不衰。這種儒家文化的精湛表現，甚為難得，值得大家提倡把它發揚光大。

　　我在此順便再舉一則「尊師重道」的實例，來顯示這種儒家文化的精神之難能可貴。這件事故發生在臺灣，故事的兩位主角都是我們外交部的老同事，一位是我在本書「芮沐章」內提到的張大千大師贈送墨寶，加送一盤親炒四川回鍋肉的受贈對象程時敦兄；另一位則是資深外交官也是我的好友，早年在巴黎中華民國駐法大使館擔任參事、代辦，後來出任駐比利時、烏拉圭等國大使，曾任外交部次長的陳雄飛（雲階）。程時敦兄年齡比陳雄飛雖小二、三十歲，說起來還是陳雄飛的晚輩，但國學造詣極高，寫得一手好王體行草，並擅詩詞。後者當時雖已高齡九十餘歲，中、法文根底也很紮實，但仍要拜程時敦為師，學作律詩絕句。程見其好學，遂悉心傳授，從作詩起步開始，相偕吟哦唱和為樂，但堅拒「拜師」。卻不料陳雄飛非常認真，在人前人後、口口聲聲稱呼程為「老師」，並在書信中也誠意十足地自署為「生」，使程手足無措。程時敦無奈，只好在覆信中，也回稱陳雄飛為「師」，自稱「生」。陳雄飛大表反對，說程時敦做法毫無理由根據。程則答稱有根據，說古人有「一字師」之說，多年前陳雄飛曾改過程一句法文，因此陳也是他的老師。但陳責其固執，堅持不可。這段故事，一時在臺灣外交界傳為美談。

　　程時敦在給我的信中說：「雲老這樣認真，真是難得。他生平擇友

甚嚴，人家都以為他驕傲涯岸甚高，其實是一個書呆子，為人真純一絲不苟，今雲老下世多年，言之酸鼻！附奉 1997 年雲老所寄一封較短之信，請卓參。」等語。這封信顯示陳雄飛真是鄭重其事，親筆書寫，稱「師」道「生」，一點兒不含糊，而且字跡秀麗，本身就是一件墨寶，可以算得上是有關「尊師重道」的一段佳話，不也正符合錢復的「三人行必有我師」的學習哲學嗎？

　　陳雄飛自從跟隨程時敦學習作詩後詩境大進，常常拿他的作品分送給同仁友好。我八十歲時，他還特地作了一首祝壽詩贈我留念，我照錄如下，也可見這位老學生用功學詩的斐然成果：

　　　器先八十壽宴。憶當年完成與非洲上伏塔、象牙海岸建交設館，
　　　幸賴堅忍應付、殊為難得。詩云：
　　　轉瞬偕登耄耋年，君猶汲汲不休肩。
　　　身心俱健志行踐，筆舌仍勞道學宣。
　　　同役未遑橫逆險，齊聲共唱凱歌旋。
　　　盟壇與國今存幾，卜夜班荊兩喟然。

陳雄飛八十七年 (1998) 仲秋

具有「杭鐵頭」精神的錢復

　　每個人對自己所屬的省籍多少有一些偏好或自傲。但杭州人對自己的省籍另有一個「加分」的因素，那便是杭州人有「杭鐵頭」的外號，從而衍生出「杭鐵頭精神」的說法。錢復是浙江省杭縣人（今杭州市）。我們不妨來探討一下什麼是「杭鐵頭」精神？這是一個很有趣

的問題。一般人都認為「杭鐵頭精神」包括「剛正不阿」、「忠誠不渝」、「擇善固執」、「堅持原則」、「廉潔自持」、「直言不諱」、「實事求是」、「大公無私」等諸般美德。

但是，郁達夫有一篇題為「杭州」的散文，卻把杭州人描繪成「意志薄弱」、「外強中乾」、「小事機警，大事糊塗」、「只解歡娛，不知振作」等負面形象。

我認為郁達夫可能是文人遊戲文章，立場偏頗有失公正。因為我所知道歷史上的杭州籍人物，或近代的杭州籍知名之士，以及我所敬愛的杭州朋友們，包括錢復一家，他們或多或少、有形無形，都散發出一種令人感受到的杭州人獨特的，包括上述諸般美德的「杭鐵頭」精神或氣概。

相傳「杭鐵頭」典故出於清朝乾隆年間杭世駿的為人。杭世駿姓「杭」，又是地道的杭州人。乾隆元年 (1736)，杭世駿考取博學鴻詞科，授職翰林院編修，校修武英殿《十三經》、《二十四史》。乾隆八年 (1743) 皇帝殿試翰林院諸官，以取「直士」（誠直之士）為名，要求大家坦陳己見。杭世駿率直天真信以為真，遂振筆疾書，洋洋數千言「直言」，批判朝廷用人偏袒滿洲人，以滿洲人為心腹、排斥漢人，並列舉資料證實其說法，如諸多總督中居然沒有一個漢人等言詞。乾隆看了他的「直言」文章大為震怒，認為杭世駿「懷挾私心，竟敢藐視滿人若此，著移交吏部查辦」。使得言語耿直、說實話的杭世駿幾乎被處以極刑。

另外一位杭州人，國際間知名的科學家錢學森，他於 2009 年過世。《北京晚報》於 11 月 10 日刊出一篇蘇文祥的報導〈說說錢學森的「杭鐵頭」精神〉。蘇文祥提起錢學森被訪問時曾自稱「杭鐵頭」，言下頗為自傲。蘇文祥說，根據考證，錢學森是五代吳越王錢鏐的直系

後裔。這樣說來，錢學森和錢復家人源自同一個祖先，都是武肅王（錢鏐）的子孫。

錢學森在美國從事空氣動力學、固體力學和火箭、導彈領域研究，著有績效，獲得美國重視。1950 年間，錢學森想返回大陸，引起美國的猜忌、阻撓而予以軟禁。錢學森經過持續五年不斷的交涉抗爭，始獲美國政府於 1955 年 9 月放行。他離開美國時，發誓「美國政府如果不公開給我平反，今生今世絕不再踏上美國國土」。後來加州理工學院要頒授傑出校友獎，錢學森拒絕赴美接受，果然顯現了「杭鐵頭」的本色。

1960–70 年代，臺灣對外貿易及整體收支都是逆差，外匯存底嚴重短缺，需仰賴美國援助來挹注，政府必須緊縮預算嚴格控制國庫開支。我的好友杭州人錢龍韜是時出任中央銀行國庫局局長長達十一年。由於時任中央銀行副總裁及財政部長的錢復大哥錢純，和中央銀行外匯局賈新葆局長的配合與支持，使錢龍韜能充分發揮他的鐵面無私、六親不認的「硬漢」作風與「杭鐵頭」精神，才能順利達成被賦予的「替政府看緊荷包」的任務。

又如錢復本人一家，他們祖孫三代就有這種「擇善固執」的氣概，他的祖父錢鴻業先生獻身司法，供職司法界三十餘年。20 世紀 1940 年間，他在上海特區法院以該院刑事庭庭長身分代理院長時期，日寇一再表示要求接收特區法院，錢鴻業擇善固執拒不應命，充分表現「杭鐵頭」精神，不幸慘遭日寇指使「偽政府」特工組織的凶徒狙擊殞命。錢鴻業遭槍殺時年僅五十歲正值壯年，俱見日寇敵偽的凶暴殘忍。

錢復的父親錢思亮先生也有「擇善固執」、「堅持原則」的「杭鐵頭」精神。譬如 1961 年臺灣中央研究院第四屆評議舉行第二次會議時，錢思亮和梅貽琦同時被提名為第四屆院士人選。但是錢思亮考慮

到梅貽琦曾是他母校北京清華大學校長，認為學生對師長應當禮讓，堅持撤銷所受的提名。他這種堅持原則擇善固執的「杭鐵頭」精神，贏得眾人的讚賞，一時傳為美談。

1970 年錢思亮繼王世杰後，出任第五任中央研究院院長。1974 年中研院第十一次院士會議，提名錢思亮的次子錢煦為中研院第十屆院士候選人。錢思亮院長考慮到增補的新院士名額有限，另一次發揮謙讓寬厚大公無私的「杭鐵頭」精神，一再籲請與會者不要投錢煦的票，把錢煦的名額讓給他人。由於錢思亮的態度誠懇言辭懇切，使與會者終於接受了他的請求轉投他人。錢煦在學術界聲望很高，本可輕易當選，卻因他父親堅持謙讓而使他落選，但他心安理得不以為意。直至 1976 年錢煦實至名歸，還是當選為第十一屆院士（生物組），父子先後當選院士並在同一研究院服務。後來錢思亮兼任原子能委員會主任委員時，與時任新聞局長的錢復同時出席行政院院會，兩者先後輝映，成為科學界及政壇的佳話。

至於錢復本人，我們從未聽他自稱過「杭鐵頭」，或許他有此「鐵頭」精神而不自知。但是錢復在他服務公職期間，無論在臺灣或美國，在新聞局或外交部，或在華府北美事務協調委員會，他的一言一行、一舉一動，都可以讓我們隨時感受到他的「杭鐵頭」精神或氣概的存在。這類蘊藏「杭鐵頭」精神的大小事蹟，可說是「俯拾即是」，不勝枚舉。因為篇幅關係，無法一一列舉，我們隨意舉幾個實例，予以證實。

第一個實例，1972 年 5 月，新任行政院院長蔣經國召見錢復，要他繼魏景蒙擔任行政院新聞局局長。錢復到局沒幾天，局方主任祕書偕同會計室主任及總務科長連袂到局長辦公室，建議錢復找房子作宿舍，因為過去正副局長都由局內提供宿舍，或租或押，租押一段時期

後即可成為自有。錢復聽後正色告訴他們，他結婚後一直與父母親同住，而且父母親極喜愛孫兒，不需另找房子搬家，更不能考慮名義上租用後據為己有。錢復是本能地、直覺地反映他剛正不阿的「杭鐵頭」精神。這三位主管退出後就把錢復婉拒宿舍的事轉告同仁，群相走告，使大家對錢復都刮目相看，認為他是一個「清官」，樂與共事。錢復在他的《回憶錄》裡提到這件事時，認為這是「理所當然」。我們只能解釋為，他體內的「杭鐵頭」精神基因，可能便是以「剛正不阿」為導向的。

錢復不獨婉拒公家宿舍，而且還傚效他父親當首長數十年來，把自己的特支費交給公家支用的廉潔習慣，也同樣地把局長名下的特支費全數交給會計主任安排處理，並請副局長、主任祕書會同人事室主任經常瞭解局內同仁景況，以供同仁急需或其他福利開支之用。

第二個實例，1974 年 8 月 9 日，錢復還在新聞局局長任內，美國尼克森總統終因「水門事件」辭去總統職務。第二天，蔣夫人辦公室游建昭祕書送來一份四頁長的夫人批評尼克森的文章，要請新聞局譯為中文並分發各媒體刊登或播放。

錢復仔細閱讀後，發現蔣夫人就是針對尼氏自詡將四分之一世紀以來，把分隔美國與中共的大門打開一語，發揮她對美國電子媒體的主播和記者的嚴詞批評，認為他們報導有欠公正，同時引述索忍尼辛所著《古拉格群島》一書，說明蘇聯政權使數千萬人民成為奴工，使自由世界飽受威脅，都是二次大戰期間和戰後美國領袖的錯誤決策所致等語。

錢復認為如此評論打擊面太大，必將損害當前中美關係，遂將全文暨譯文呈給蔣經國院長。後者閱後也有同感，當即邀請葉公超、黃少谷、沈昌煥、周書楷四位到院長辦公室會商。他們看法一致，也都

認為如果全文照刊必將引起不良後果。為今之計，只有請求蔣夫人同意刪去錢復所指出不必要列入的幾段。幾位大老為了愛護蔣院長，不讓他親自去見夫人，提議委由錢復請見夫人面報。錢復「臨危受命」，周書楷私下對錢復表達同情，說他們老一輩的人委曲他了。但錢復不以為意說，他知道這事的敏感性，如果為了個人利益，他根本不需提供任何建議，只要遵辦奉行即可，但是事涉中華民國的整體利益，個人名位在所不計，他要負起言責，必須說老實話。

就在這種正氣凜然的氣勢下，錢復在臺北榮民總醫院晉見了蔣夫人。錢復恭敬婉轉地把他個人對文章的看法懇切面報，蔣夫人很慈祥地說：「你的顧慮是對的，就照你的意思，將原稿第七段和最後三段刪去。」錢復鞠躬如儀辭出，在套房門外見到夫人的姨甥孔令侃顧問，他很嚴峻地對錢復說：「打從什麼時候開始你可以改夫人的稿件？」錢復答說：「不敢，只是看到文字中有可能使夫人的令譽受到傷害的地方，所以特來請示可否斟酌刪減數段。」一面再將考慮的原因詳為解釋，但孔令侃仍然很不客氣地說：「你將稿子留下等我再看過。」傍晚，再去取回稿件，則見稿中爭議性的段落都已刪去。錢復這才向各長官報告所囑任務達成，並將修正稿發出，總算鬆了口氣，自認做對了一件事。但事後，孔令侃、孔令偉兄妹曾對錢復心存芥蒂，有一段時期未能釋懷。

事隔數年後，時過境遷，一方面可能由於錢復的職務異動關係，一方面錢復奉蔣經國指示經常前往探望蔣夫人，孔氏兄妹對錢復的誤會逐漸消退而終於冰釋。錢復在他的《回憶錄》追憶這件往事時，推想當時孔令侃對他不滿與憤怒，「可能是由於一個後生小子膽敢更動大師之作，時間久了，或許他瞭解我沒有敢改文章中的『字』，而是節刪了若干『意』。」（孔令侃英文造詣極高，上海聖約翰大學畢業，獲有

哈佛大學博士學位，主修英國文學。夫人的若干文稿及講詞都出自他手筆）。我則認為，在當年的時空環境下，即使更改若干「意」，也將被認為是「大逆不道」、「不容寬貸」的情事。錢復那時甘冒大不韙，能夠完全不顧私人利害名位而「直言不諱」，主要還是他杭州人的氣質，一股浩然之氣油然而生，充分發抒了「杭鐵頭」精神使然。日久，人家自然會明白錢復是對事不對人，完全基於「大公無私」的立場所作的單純「仗義執言」的行為。

　　第三個實例──「向元首說不」，1983 年 9 月 15 日錢復的父親去世。那時適值美方傳出中共總理趙紫陽，將於 1984 年元月訪美及雷根總統 4 月訪問中共的消息，使錢復在公務繁忙中只能安排 9 月 30 日回臺奔喪並述職，10 月 4 日下午即須返美的緊湊日程。蔣經國總統於 10 月 4 日錢復離臺返美當天上午召見，對他慰問有加，對錢思亮先生也備極推崇，對錢復在美國的工作表示嘉許與放心。我為存真起見，把有關蔣經國與錢復兩人談話的經過，照錄錢復《回憶錄》卷二，第三十三章，304–305 頁，兩段文字如下：

> 接著下來蔣經國總統說：「我已告訴孝勇轉告，令尊住的福州街 26 號房子已指示教育部辦手續給你居住。」我說：「孝勇兄三天前說了，但是這一德意我不能接受，主要原因這所房子是臺大的，父親到中研院後臺大聘他為名譽教授所以他可住。現在臺大宿舍缺乏，我如果占用這麼好的一幢房子，沒有宿舍的教授們一定會對父親不滿，父親在世時和教職員生都處得很好，他走了如果因為我而使人對他不滿，我實在是不孝至極，請總統原諒，我萬萬不能接受您的好意。我已和大哥錢純商量好，他在喪事辦好後馬上搬回原住地點，這幢房子要儘快歸還臺大。」

　　蔣總統看我十分堅持，歎了一口氣說：「我知道你替政府工作了二十多年，始終和父親住在一起，沒有自己的房子，現在房子很難找，價錢你也付不起，我怕有一天你回來會沒有住的地方。」我知道他是真的為我設想。但是我這樣做一定會使父親蒙羞，那將是我無法彌補的錯誤。

　　上列錢復回應蔣經國的一席話，可說是「擲地有聲」，他對元首之尊的蔣經國的一番好意，都「直言不諱」地擋了回去，敢說「不」字。這是了不起的大公無私，廉潔自持「擇善固執」的態度，真是又一個不折不扣的「杭鐵頭」精神的明證。

　　錢復的另一次「向元首說不」，這次不是向蔣經國，而是向李登輝總統「說不」。那時錢復已是外交部長，1995 年 6 月間，李登輝要去美國訪問他的母校康乃爾大學。錢復鑑於當時兩岸間關係已趨緩和，李登輝康乃爾大學之行可能引起不良後果，刺激中共導致兩岸情勢緊張，遂再度發揮他的「杭鐵頭」精神，表達不予贊成的觀點並設法勸阻。李不悅也不聽，執意要去，並要錢復隨行，又為錢復所婉拒，李登輝更為不快，使李、錢關係因而發生變化。錢復這次「對元首說不」的「杭鐵頭」模式，「擇善固執」的態度與作風，使他與本來可以到手的「行政院院長」的職位失之交臂。但「潔身自好」、「堅持原則」的錢復不是追逐名位的人，對此毫不介意。

　　事實上，錢復於 1995 年 5 月 21 日會見新聞界的時候，也是總統府副祕書長戴瑞明為了彰顯「士大夫」精神，及秉持「以道事君」的「大臣」原則而提出辭呈的同一天。錢復對新聞界很婉轉地，但很果敢地宣達了一句話，來表達他內心的立場：「國家認同很重要。」他同時透露「希望早點離開公職」的意願，可見是事出有因、有感而發。

　　傳聞有民眾寫信給錢復說，他父親錢思亮先生生前忠黨愛國，責其怎麼現在跟傾向「臺獨」的李登輝搞在一起，豈非不孝？這一說法尚有待證實，但錢復處事為人自有他的步驟與方針，不需他人提醒或干預。

　　另外，1995 年 12 月，錢復在外交部年終記者會上，有關大陸政策的說詞也加深了李、錢關係的裂痕。他說：「外交政策僅是當前政策的一個環節，而大陸政策則關係到臺灣的未來走向，其位階應高於外交政策。」錢復這種「直言不諱」的「杭鐵頭」作風，更使李登輝如坐針氈。

　　就在這種李、錢不協調的氣氛下，經由李元簇副總統及戴瑞明幕後的策劃，錢復終於卸下外交重擔，於 1996 年 7 月 8 日轉任國民大會議長。這段掌故的詳細內幕，恐怕要等他出版《回憶錄》續集時，由他自己交代前因後果了。

　　其實，錢復「擇善固執」的態度是其來有自，打從 1963 年當選「十大傑出青年」起，數十年來他便戰戰兢兢，在為人處世各方面更認真、更謹慎，不容走錯一步。往後他自己擔任「十傑」的評審委員或評審主任委員時，總是勉勵「十傑」當選人應負起責任，希望他們能「真正擇善固執」。

　　後來錢復自美返臺擔任經建會主委時，誠如蔣經國所預測，果然沒有房子住。他一生沒有置產，現在他住的臺北敦化南路的公寓，還是他公子錢國維替他安排的。

　　以上列舉的幾位杭州人，尤其錢復，他們處世為人都是光明磊落，充分顯示「杭鐵頭」精神，絲毫找不到前述郁達夫所描繪的「杭州人的負面形象」。

錢復喜當別人的「貴人」
和他的「貴人哲學」

前面「尊師重道」一節中曾提到錢復生命中的「貴人」──耶魯大學的饒大衛教授。

錢復有一套「貴人論」或「貴人哲學」。他在《講義》雜誌裡一篇小品散文裡透露了一些精義（《講義》雜誌 2010 年 5 月號）。這篇短文的大意是，很多人都希望「貴人相助」，能夠平步青雲飛黃騰達。但錢復說，在期待「生命中的貴人」出現時，得先「成為自己的貴人」。如果自己不先成為一個努力上進、腳踏實地的人，又如何能奢求別人來幫忙自己呢？他舉饒大衛老師助他獲得獎學金進修博士學位的經過為例說，當年如果不是饒老師看到他認真用功、勤奮向學的一面，饒老師也不會鼓勵他繼續攻讀博士的。錢復的話的確具有至理。我們不是常說「得道多助」或「凡事先求諸己」的道理嗎？

難能可貴的是，錢復把他的「貴人哲學」更推高一個層次，他鼓勵大家要昇華到能當「別人生命中的貴人」。這豈不就是「推己及人」、「人溺己溺」的胸襟？不也是「愛屋及烏」，所謂「愛人者，兼及屋上之烏」的「博愛」精神嗎？

綜觀錢復一生一帆風順的成功事蹟與過程，一般人也許認為他的家世背景可能是一大助力及主要原因，其實客觀而論，錢復的家世背景固然有助於錢復人格的陶冶，對他的性情以及求學與做事的方法有良好的薰陶和教養，但對他的工作和職位的升遷似並無直接關係，而

是完全靠他自己好學不倦、積極上進、敬業樂群、奮鬥不懈、謙沖為懷，不斷當別人「貴人」所累積起來的「自我成就」。所以我們認為錢復不是「時勢造英雄」的產品，而是「英雄造時勢」的人物。

由於他不斷自我鞭策、提升自己、精益求精，先「成為自己的貴人」，因此貴人自然陸續出現。錢復的貴人便是我們所熟知的人物，如蔣中正、陳辭修、蔣經國等輩。其中蔣經國於 1972 年冬邀約錢復同赴金門視察，並拉他一起照相，還親筆題簽上款「君復兄留念」下款自署「經國」字樣，俱見蔣經國對錢復的特別器重。鑑於蔣經國每遇發生重要事件時，經常召見錢復諮詢的事實（如應付「中、美斷交」的情勢，考慮駐華府代表的人選等），尤其當他病危時期還囑外交部召其返臺一見，俱徵蔣經國對錢復的關係，已臻「知遇」的境界。

錢復的作法，除了做事謹慎小心外，便是勤學苦讀。他在初中的年代便經常在北大校長胡適家裡的書房博覽群書，在中學、大學時代一直是一名品學兼優的好學生。前述饒大衛教授便是在臺大政治系用英文授課時發現錢復的長才，才鼓勵他、協助他獲得獎學金，進入耶魯大學研究所攻讀國際關係及外交史。錢復孜孜不倦地苦讀鑽研，我可以用「困讀」兩字來形容這段時間的「啃書」情況，他除了上課外，簡直像和尚「坐關」般地把自己困在圖書館裡，艱苦卓絕地埋首書堆，到了渾然無我的境界，使得校方破例讓他在尚未修完碩士學位前先行攻讀博士。在研究所不到兩年期間，錢復在十六門功課中，八門功課獲得 95 分到 100 分的「榮譽」成績，另八門功課獲得 85 分到 94 分的「優異」成績通過了博士資格考試。

錢復的博士論文口試也順利獲得考試官一致的激賞通過，主試官研究所所長夏普教授 (Walter Sharp)，代表其他兩位口試官特別向錢復讚美道賀說：「你比你想像的更好得多，你不但及格而且是優異及

格。」("You did better than you thought, you not only passed, you passed with distinction.") 錢復深深地體會了「功不唐捐」和「一分耕耘一分收穫」的古訓，也誠如胡適所常說的「要怎麼收穫，先那麼栽」的訓誨。

錢復勤學苦讀的努力和自我提升的作法，也就是他前面所揭示的「先成為自己的貴人」的「貴人哲學」。我們也許可以說是「因果」關係，先種善因旋得善果的邏輯，也就是「得道多助」的道理。

他在《講義》雜誌裡一篇〈生命中的貴人〉短文裡，只提饒大衛教授一位「貴人」。這是他為人謙沖之處，不願炫耀上面列舉的貴人，如蔣中正、陳辭修、蔣經國等輩人物。上列貴人之所以出現、他們之所以對錢復賞識、信賴，甚至知遇，就是由於錢復不斷在「自我製造貴人」，印證錢復「先須成為自己的貴人」的作法。這是一種「衝力」或「動量」(momentum) 的「良性循環」現象。

其實，所謂「貴人」，不一定是身居要職的達官貴人。如果用廣義來闡釋，凡是對錢復有幫助的人，都可以算是他的「貴人」。這麼說來，錢復的「貴人」可多了，無法一一列舉，也很難統計。但是有一位人物，我們確定絕對是錢復的「貴人」，而且是「大貴人」，那便是：錢復的賢內助——錢夫人田玲玲女士。

錢復夫人田玲玲女士對錢復成功的貢獻是有目共睹的。錢夫人畢業於臺灣政治大學西語系，並在美國攻讀圖書館學，容貌秀麗、儀態端莊。除了相夫教子，是典型的賢妻良母外，更難得的，她也是一位孝媳。錢復父親晚年每天須服用的藥品有四十餘種，都由田玲玲細心分裝三個小盒，供她的公公早中晚服用。她在家裡要使錢復能在他堆滿書籍，但又「亂中有序」的書房內安心寫作；錢復在外面時不讓他有內顧之憂，她又得經常陪伴他丈夫參加酬酢場合或出國訪問。在臺北社交場合，田玲玲不止一次對我輕聲說：「謝謝您幫 Fred（錢復英

文名）的忙。」田玲玲這種自動自發地幫著錢復營造同仁及朋友間的友誼與和諧氣氛的作法，說不定當事人還不知道呢。

在華府那段時期，田玲玲更是內外兼顧。收回雙橡園，部署官舍，舉辦茶會、酒會、宴會、購置新館舍等，各方面幫錢復廣結善緣，散布友誼種子，創建良好形象。

他們抵達華府僅僅一年，便已獲得中外人士良好的印象。借用《中國時報》駐華府特派員傅建中當年以「歲暮天寒訪錢復」為題的一篇專文的結語來表達：

> ……在過去一年，錢代表和他那美麗端莊的夫人田玲玲女士，已為中華民國在美國樹立了良好的新形象。這形象所代表的是中華民國和西方文化的結晶，他們所表現的智慧、理性、高度的文明與教養，象徵中華民國的新希望和優秀年輕一代的興起。

其次，錢復之難能可貴處，在於他喜歡「當別人的貴人」，事例也很多。所謂「助人一臂之力」或「拔刀相助」等的善舉或義舉，這就是錢復的「貴人論」及「貴人哲學」的理論與實踐。先成為自己的貴人，才有「貴人」出現，然後進一步再「當別人的貴人」。我們可以隨意舉幾個事例。

譬如，當錢復開始擔任新聞局長時，便把新聞局的國內處處長甘毓龍升為副局長，國際宣傳處科員黃肇松升為該處第一科科長。又如擔任蔣經國院長英文傳譯工作的葉昌桐將軍職務異動，蔣經國託錢復找人接替，錢復便推薦正在美國加州留學，他的國防研究院學長宋達之子宋楚瑜出任。就這樣，錢復便成為他們的「貴人」了。

另如錢復擔任駐華府代表時，發現行政組負責總務禮賓公關等一

切雜務的馮景江祕書，具有「凡事豫則立」的精神，辦事神速認真，而且交遊廣寬，一切總務方面的疑難雜症都可迎刃而解。錢復認為像這樣的奇才不能長期埋沒、委屈擔任雇員，就請人事處將他職銜改為專員，可以列名在華府的外交官名錄上。當然馮景江出乎意外地碰到了「貴人」，他的喜出望外自不在話下。

錢復如有機會，便實踐他的「貴人哲學」，以充當別人的「貴人」為樂，例如先後拔擢《中央社》駐華府特派員冷若水為外交部新聞文化司司長，後來出任駐匈牙利代表。《聯合報》特派員施克敏出任駐荷蘭代表，以及延攬《中國時報》的徐啟明，出任駐美代表處祕書組副組長、組長等。

1978 年的最後一天，12 月 31 日，那天是星期天，也就是「中、美斷交」的前一天下午四時，蔣經國在他的「七海」官邸召見錢復（時任外交部常務次長），指示他立即準備去華府展開和美國第二階段談判的工作。錢復還是本著他「謙沖為懷」及「直言不諱」的「杭鐵頭」精神，率直坦陳。他說，楊西崑次長在美，外交部首長只有新任蔣彥士部長和他兩人，如他再去美，只存蔣彥士部長一人，恐難應付繁忙的公務，而且楊西崑既已在美，如再派人去是否恰當。蔣經國表示這些都不是問題，楊西崑可請他早日回來，外交部也可增添一位次長，問錢復有什麼合適人選可以推薦。喜歡當別人「貴人」的錢復當即報告，新聞局丁懋時局長對部內外事務都很熟悉，而且在新聞局三年多，對全球各地情況亦甚瞭解，當可勝任愉快，至於新聞局長一職則可由副局長宋楚瑜升任。

雖然後來因為美國不接受現職官員赴美，錢復未去美國而改派夏功權出任，但那天蔣經國和錢復的一席談話，很有趣地發生漣漪效應，錢復自己的「貴人」蔣經國，和喜當別人「貴人」的「自己」，交織成

一種「貴人互動」現象。時隔不久，這種「貴人互動」現象即衍生出一系列，幅度相當大而錯綜複雜的人事波動：關鏞由南非調升外交部常務次長，楊西崑轉任駐南非大使，宋楚瑜升任新聞局長，丁懋時擔任外交部常務次長後又調任駐韓大使，錢復「本尊」升任外交部政務次長，朱撫松繼蔣彥士出任外交部長，蔣彥士轉任國民黨中央黨部祕書長。

但「貴人互動」現象仍繼續在運轉，猶如太陽系中地球自轉公轉永不止息。錢復最後還是出任北美事務協調委員會駐美代表，在任五年有半。返臺後，先後擔任行政院政務委員兼任經濟建設委員會主任委員、外交部長、國民大會議長、監察院院長等重要職務。

最後，由於我對像錢復這樣一位把「治學」與「為人」融合在一起的特殊「人物」發生興趣，也很好奇他如何從一個平凡的青少年，經過不斷的勤奮向學自我提升，而受到歷朝政府的領導階層賞識和倚重，遂產生研究探索錢復的動機。但限於才學，未能作進一步的深入研究，只好拉雜寫這篇短文，無非想借此「拋磚引玉」，希望引發人們，尤其青年讀者們也發生興趣，以錢復作為借鏡或楷模，興起研究錢復處世為人的實踐方法與哲學，而從中獲益甚或進一步蔚為風氣而成為一項研究錢復的學問，不妨稱為「錢復學」(Chienfuology)。同時，我們也迫切期待錢復繼續出版他的《回憶錄》卷三、卷四等集，使我們能早日享受更多啟發性、建設性的「精神食糧」。

一張全家福照片
使我想起錢復的另一項美德

第三章章名為「青年楷模錢復」，實際上，錢復能為人楷模的豈止限於青年族群。無論在處世、為人、治學、從政各方面，錢復都可為人表率。若把章名改為「為人楷模的錢復」也不為過，但以他「謙抑」的性格，他絕對不會接受。

剛好不久前，我接到他致贈的一張紀念他和夫人田玲玲女士五十年金婚的「全家福」照片，這使我有機會再對君復先生另一項少為人知的「美德」——「重視家庭生活」講幾句話。

事實上，錢復每年都寄給我一張「闔家歡」照片，並附一頁短信簡述一年來與家人共處、旅遊或應邀演講等概況。使收件人能分享他們家庭日益茁壯的愉快感受。這是人際關係中「獨樂不如與眾同樂」的「生活高度藝術化」的表現。

另外，維繫家庭生活和諧的兩個最重要的「軸心因素」——「孝道」與「夫婦關係」，錢復家都可「得滿分」。錢復事親至孝，這是眾所周知的事。難得的是，錢夫人田玲玲女士也是一位孝媳，她不獨是「賢內助」也是「賢外助」，內外照顧，有條不紊。他們的兒子錢國維也繼承父風，充分實踐孝道，負責承租敦化南路的一棟公寓給沒有官舍的父母居住。

至於錢復夫婦間的關係，更不是一句「伉儷情篤」所能描述的。因為篇幅關係，我只能借用幾句成語來勉強拼湊以表達於萬一，作為本文的結束，也為本章劃上一個圓滿的句點：他們是「天作之合」，彼

此「相敬如賓」，不光是「夫唱婦隨」，同時也是「婦唱夫隨」，雙方
「相輔相成」，一樣「重視家庭生活」，共同建立一個理想的美滿家庭。

錢復优儷紀念五十年金婚全家福。前排左起：孫女錢裕恩、媳胡家琪、錢復院
長、錢夫人田玲玲、女錢美端；後排左起：三孫錢裕恆、次孫錢裕亮、長孫錢裕
揚、子錢國維、婿孫至德、外孫孫聖連、長外孫女孫聖安、次外孫女孫聖霖。

第四章

儒將胡宗南

國防研究院同期受訓

胡宗南將軍是中華民國的名將,在抵抗日本侵華戰爭中,他曾做出過巨大的貢獻。他守衛大西北,牽制了中共部隊,使國民政府能騰出盡可能多的精力來對付日本侵略軍,為中國對日抗戰的勝利立下了汗馬功勞。對於胡將軍的英名,我在上海讀書的時候就已聽說,並十分敬仰了。想不到在數十年後,我有幸和這位大名鼎鼎的沙場名將,一起在 1958 年的國防研究院第一期培訓班同期受訓。

雖然我們同期受訓,一般學員都可互稱「學長」,但胡宗南將軍年齡比我大了許多,並且他功業彪炳,我這個晚輩豈敢僭越,所以,為表示尊敬起見,我稱呼他為「南公」。不過,南公卻是虛懷若谷,從不「倚老賣老」,在與我這個晚輩的交往中,相當客氣、關注與友好。我在國防研究院結業後的第二年(1960 年 3 月)外放到土耳其擔任駐土耳其大使館參事時,南公還親自赴機場送行話別。我抵任後彼此也時有魚雁往來,俱見南公很重視這份學誼。

國防研究院位於臺灣臺北郊區陽明山(本名草山,蔣總統認為名稱不雅,改名陽明山迄今),原為革命實踐研究院所在地,專供訓練黨政幹部之用,環境幽雅有庭園之勝。院區宿舍三棟,行政單位辦公室及課室多間,大禮堂一所,為舉行典禮及紀念週或集體教室場所,另有院長蔣介石的專用辦公室。研究院四周環山,園內有花叢、假山點綴其間。院長由蔣總統親自兼任,曾任國民黨中央黨部祕書長和教育部長的張曉峯先生則出任國防研究院主任,教育長為徐培根將軍,副教育長為李曜林立法委員(洛杉磯蒙屈里公園市市長李婉若的尊翁)。

主任授課，將軍聽訓

　　國防研究院第一期的同學共有五十六名。每人有一個學號，以期別和入學報到先後次序排列。第一名是最早報到的張寶樹（前中央黨部祕書長、立法委員）他的學號便是01001，前面兩個數字指期別，後面數字則指學員序號。我們每個學員獲得一本「國防研究院第一期同學錄」，內列教職員簡歷及參加學員照片、學號、出生年月日、學經歷等。胡上將的學號為01020，但他的學歷欄內，僅列「中央軍校一期及國防大學二期畢業」，而未列「黃埔一期」的學歷，亦可見南公的謙遜個性。我的報名時間也相當早，排名第五，學號是01005。國防研究院受訓學員名單，都是由蔣總統（即院長）親自挑選或核定的。國防研究院每年開辦一期，每期歷時八到十個月（第一期歷時八個月），前後舉辦十二期，受訓學員先後共七百多人。

　　院長很重視國防研究院，每星期一舉行國父紀念週，院長必親自參加主持。由教務處選派一位學員到臺上讀訓，就是讀蔣總統發表過的談話或訓詞。他則坐在旁邊，拿著自己的訓詞，隨著讀訓學員宣讀的快慢，一字一頁的聆聽翻閱。陽明山秋冬氣候溼冷，他老人家便像在家裡一樣，戴了一頂羊毛線打的黑色便帽禦寒。有時學員念

（國）01020
胡宗南

國防研究院第一期同學錄中胡宗南將軍的學員照片及親筆簽名。

錯了字，他還會加以糾正。我曾不止一次地被指派在紀念週讀訓，由於我是上海人，國語不夠標準，所以我在事先都作了充分準備，逐字逐句地練習，尤其注意四聲的正確發音，總算沒有出過錯。

張曉峯主任是南公相識三十餘年的老友，南公參加受訓，兩人的「老友關係」一下子變成了「師生」關係。但是南公卻能放下架子，適應「學生」身分用功聽課，這也可謂「大丈夫能屈能伸」了。逢到張主任上課時，南公還格外用功。當然，張曉峯也的確不同凡響，很有教學才能，故確能令包括南公在內的全體學員都心悅誠服。

有一天，張主任向我們講解「仰天自樂，畏天自修，事天自強，知天自足」的大道理。我見坐在我前排的南公聽得津津有味，不時還輕微頷首，表示欣賞和贊同，一面埋頭認真地作筆記。後來才知道他回家後還把聽課筆記交給他的夫人葉蘋（葉霞翟）博士整理參考，可見他的用功程度。

另一次，張主任對我們講解「領袖（蔣總統）的革命經驗」，也非常精彩，分析得有條有理。詳細內容我記不太清了，因為我偷懶，不作筆記。幸虧南公這位「好學生」的筆記，今天才能借助其妻葉蘋女士所著的《天地悠悠》一書，再溫舊時的「學生生涯」。南公雖已逝世將近五十年，但是由於他的好學和認真，使得今天的世人仍能重見當年張主任的授課片斷，真是令我感慨不已。在此，謹將經由南公夫人整理的，當年國防研究院的講課內容摘要抄錄如下：

張主任解釋領袖的革命精神為大無畏精神，並把它從消極和積極兩方面加以說明。他認為消極方面是：「不悲觀、不失望、不灰心、不動搖、不煩悶、不躁急、不苟安、不妥協、不懈怠、不退縮、不間斷、不推諉、不求近計、不急近功、不投機取巧、

不依賴僥倖、不屈不撓、堅韌不拔。」張主任又認為消極方面還包括「逆來順受」的道理，就是：「能忍耐方能持久、能持久方能成功，要知橫逆與憂患之來，正是增進德業智慧的機會。」而在積極方面，張主任認為是：「自愛、自重、自反、自立、自助、自勵、自信、自榮、自強不息。」以及「堅毅、堅忍、堅定站穩，和奮發、奮勉、奮鬥到底」。做事「只問耕耘，不問收穫，只有是非，絕無利害，要忠誠負責，樂觀進取，既不可有成見，又不可無定見，要居之無倦，行之有恆，正如總統所說的無畏由於無私，無私由於無我，既已獻身革命則為國犧牲在所不顧，一息尚存，此志不渝」。南兄認為他這段話非常精彩，每句都是至理名言。一個人能做到這些也就足夠了。

　　以上這段話是摘自南公夫人葉女士所著《天地悠悠》一書。其實，南公是一個「完美主義者」，他的一生就是朝「完人」的目標去做。

　　國防研究院第一期的全體學員都以能與南公一起參加受訓為榮。南公有身經百戰的功業，並且年齒最長，故我們一致推舉他為本期的學員長稱他「龍頭」。但是，南公哈哈大笑地說道：「我是帶兵的，你們都是將領，我何以敢當？」其實，南公非但會「帶兵」，更擅長「將將」。但他辦事踏實，不尚虛名，故不願當這「學員長」。於是，他託辭說，上峰特許他不住校，故無法全方位照顧大家，請大家原諒。後來我們遂推舉甘肅籍的陸軍中將李樹正為我們的隊長。

談天說地，擺「龍門陣」

國防研究院的課程與作息時間排得相當緊湊，但並不十分緊張。早起早睡，餐膳伙食並不精緻，但很衛生可口。白天上課，晚上自修。每天晚飯後與自修前有一段時間休息，同學們遂利用這段時間聚在一起，三五成群談天說笑。天氣晴好時，往往在陽明山莊的一角，假山石畔、柳樹蔭下擺起「龍門陣」。大家自由交談，或者輪流講些笑話、故事。於是，我和一代名將南公就有了較多的接觸交流機會。

我們省籍相同，都是浙江人。當他獲知我祖籍吳興（今屬湖州）時，他很高興地告訴我說，他對吳興很熟悉。我這才知道，南公是湖州公立吳興中學畢業的高材生。這是浙江著名的中學，擁有一流的老師，學校的畢業生中人才輩出，難怪南公的國學特別有造詣。他對湖州的事情遠比我知道得多，因為我出生在上海，吳興是我的祖籍地，我只是年幼時跟隨家長們去過幾次，祭祖上墳而已。

國防研究院的蔣介石院長和張曉峯主任顧念南公數十年在各地作戰，和家人聚少離多，尤其子女年齡尚幼，特許他不須住校，可以每天回家住宿與家人團聚。

可是南公總是喜歡和同學們一起共餐，好在晚餐時間很早，大家吃飯又很「軍事化」，速度相當快，花不了多少時間便吃完飯，南公就和大家一起聊天共擺「龍門陣」。南公是一位很好的聽眾，是捧場的常客，總是笑嘻嘻地傾聽，很少講話。有時候，他也摸出記事本，像上課那樣用功地作筆記。他懂得幽默，欣賞幽默，遇到很好笑的故事或笑話，他總是雙手熱烈鼓掌，爽朗地哈哈大笑，使講故事或笑話的人

頗受鼓舞。我就曾在這樣的鼓勵下，作過多次「貢獻」，講過好幾個故事和笑話。後來，有幾位有才華的同學居然把講過的故事和笑話編輯成書，限量出版，題為「龍門集」。此書的印數不到一百冊，每個學員人手一冊，其餘的就選送幾位講師。這本《龍門集》現在早已絕版了，但我還珍藏著一冊，恐怕是近乎「孤本」了。

後來，羅機學長（前國防部常務次長）的哲嗣羅啟在任職中華航空公司公關主任的期間，我與他還計畫添加新資料，重編增訂出版《龍門集》新版本。但是因為人事更迭，終於未能如願，不無遺憾。

南公是「龍門陣」的忠誠聽眾和熱烈的捧場者，另外一位常客則是連震東（國民黨榮譽主席連戰的尊翁）。他們兩位學長都會大笑，而且都是爽朗大笑，但笑法各異。他們不同風格的爽朗笑聲此起彼落，倒是「龍門陣」最好的「陪襯音樂」或「鑼鼓聲」，大大地增加了「龍門陣」的熱烈氣氛。在大部分時間裡，他們兩位僅是聽眾，只聽不講。但我記得有一天，南公卻破例講了一個非常精彩，發人深省的故事，很是難得。他首先問大家，《論語》裡有幾個「此」字，即「豈有此理」的「此」字。他見大家一時答不上來，就故作神祕狀，笑嘻嘻地說道：「讓我講個故事，來解答這個問題吧。」下面就是南公講的故事：

相傳乾隆有一天穿著便裝出遊，漫步到一個斷巷，巷內有一座大宅第，見一小男童正在門前遊戲，大約七八歲，衣履整潔，眉目清秀。乾隆見其活潑可愛，遂手撫他頭，問道：「你這麼大還不在家做功課讀書，卻在這裡嬉戲？」小孩答道：「讀書了，今天老師放假。」乾隆說：「既讀書了，那一定識字，那我來試問一下，看你識不識。」遂指牆上「此路不通」四字問他，先指「通」字，孩子答道：「通，天下之通喪也之通字。」次問

「不」字，男童說：「不亦樂乎的不字。」再指「路」字，小孩答道：「路，子路不悅之路字。」最後指「此」字，小孩回說：「不識，書上沒有的。」乾隆覺得奇怪，問他讀的什麼書，孩子說：「《論語》。」乾隆又問：「《論語》？已讀完了嗎？」答稱「剛讀完。」乾隆馬上回宮，拿出《論語》來全部前後翻檢，果然沒有「此」字。遂召集南書房眾多學士問他們：「你們想必熟讀《論語》，可知道全部《論語》共有多少『此』字？」大家倉皇雜陳，各言若干若干。乾隆笑曰：「你們自命博學，實則還不如一個孩童，著各罰俸三個月。」云云。

南公講完這個故事自己先哈哈大笑，頗有自得其樂的樣子，引得大家也跟著哄然大笑。大家帶著半信半疑的態度，自問難道全部《論語》真的沒有「此」字？還是南公精心編造的故事？由於南公國學精湛博學多才，說不定就是南公編造的故事呢。

胡宗南品德有口皆碑

南公對抗日戰爭的貢獻是有口皆碑的。國共內戰期間，雙方彼此攻擊互有勝負，胡宗南將軍的部隊在 1947 年曾攻占中共的核心根據地延安。但是，國共內戰的末期，國民政府軍隊屢屢失利，共軍部隊攻占了大陸的大部分地區。南公所率領的部隊一度陷入極為不利的情勢，他的戰略看法又未獲層峰同意。那時候，蔣總統重慶來電，再三命令南公的第一軍開往重慶。南公認為領袖身處危境，勤王之師義無反顧，遂不顧戰略所忌，毅然率第一軍千里徒步應援，在南溫泉、白市驛、

江津等地浴血奮戰三晝夜。後來重慶失守，南公又護衛蔣總統輾轉到成都。南公陪同蔣總統住宿軍校，每天密商繼續應戰之策。蔣總統日記中有一段話，對南公讚揚有加：「在如此危難時刻，宗南毫無頹唐之色，真將領中之麟角也。」

　　1962 年 2 月 14 日，南公因心臟病去世，蔣總統當天就在「國軍幹部會議」上，對參加會議的高級將領，用極沉痛的語氣說：「胡宗南同志已經在今天去世了。他是本黨一個忠貞自勵、尚氣節、負責任、能打仗、不避勞苦、不計毀譽的革命軍人模範。在大陸淪陷前後與在大陳調職時候，均曾寫信給我，說至今還沒有求得一個死所，其意若不勝遺憾者，實在令人追思不止！但他的死已附於正氣之列，自不失為正命，亦可瞑目於地下了。」蔣總統輓詞裡提到「正氣」，使我想起明末史可法的一副膾炙人口的對聯，上聯是「養天地正氣」，下聯是「法古今完人」。應該說，蔣總統很瞭解南公一生追求「完人」的願望，對他的評價很是確切。

　　時任國防會議副祕書長的蔣經國也曾親筆撰寫「痛失知己」四字作輓。他並推崇胡宗南將軍一生任勞任怨，絕對服從，臨危受命的美德，是為革命軍人的模範。多年之後，南公哲嗣胡為真世兄出國前向蔣經國辭行，請他訓誨時，他感慨地說：「你父親是我最好的朋友！」

　　時已九十多歲的何應欽上將訪問南非時，也一再向當時正在南非服務的南公長子胡為真誠懇地強調：「你父親是我最喜歡的學生。」

痛失知己蔣經國輓

蔣經國先生輓胡宗南「痛失知己」手跡。❸

❸　原載於《胡宗南先生逝世廿肆週年紀念文集》，115 頁。

在南公坐鎮西安時期，國際人士也同聲讚美南公的貢獻。1942 年10 月 7 日，美國副總統華萊士到西北訪問後，在他環遊世界所發表的〈世界一家〉一文中說：「沒想到中國西北一隅，竟發現了一個規模那麼大、人才那麼多的訓練基地，它的司令官胡主任，又是那麼有才能、有抱負的將領。」

有一位美國記者，在訪問西北後發表的一篇報導中說道：「中國的西北是『人才的倉庫』，支援西北、華北各戰場基地和幹部的『儲備所』，是拱衛國民政府陪都重慶的主要門戶。如西北有失，則大局將不保。幸而西北有一位超人的智慧和鐵一般意志的胡將軍。八年抗戰，日寇始終未敢越過潼關一步。」

南公三十餘年的老友，國防研究院主任張曉峯，也稱道南公的為人：南公雖然曾經率領千軍萬馬，卻又具有閒雲野鶴之風；他國學根底深厚，仍以出身師範的寒士自居，所談多半是史學、教育，真是儒將風度。他不多講話，但常做會心的微笑，真可謂「吉人之辭寡」。有關南公的軍事貢獻，張主任說道，抗日戰爭開始後，南公率領軍隊增援淞滬，死守六週，屢挫日軍的步、炮、海、空聯合攻擊，使世界人士對我國軍隊刮目相看。而他在軍事上所負的責任，也一天天加重，由軍團長而至集團軍總司令，再至第一戰區司令長官。他當時的主要任務是鎮守關中確保潼關。八年之間，日軍不敢以一兵一卒渡過黃河，關中盆地安然無恙。保衛陝西即所以保四川，他的功績之大，昭昭在人耳目。

一級上將，黃埔軍校三期的劉安祺將軍說，他在當學生的時候就很欽佩胡宗南將軍，後來曾有七年的時間追隨胡上將。他認為胡將軍是「領袖最忠實的信徒，主義最忠貞的鬥士，標準的革命軍人，一生無私無我」。他在鄭州附近醫院療傷時，胡將軍曾三次去探病，使他深

為感動。

　　前警政署署長孔令晟將軍也稱道胡將軍，是中國傳統精神典型的軍人，孔將軍說他曾在西北軍官訓練班聽過胡將軍的講話，主講「今日的戰士」，反覆闡釋他的軍事哲學思想，歸結於「生於理智，長於戰鬥，成於艱苦，終於道義」，以建立革命軍人的人生觀。這場演講使他獲益良多印象深刻。

　　其他不少將領也對胡將軍衷心欽敬，頗多讚譽之詞。如前中央軍校七分校第十五期的陸軍中將退役的周樂軍說，七分校主任胡將軍非常愛護學生。有一次，胡主任指揮河南信陽保衛戰獲得勝利後，連臉都沒洗，鬍子也沒刮，便直接趕到七分校去看學生，使學生們大為感動。

　　又如黃埔三期，中將退役的吳允周說，胡將軍在臺灣沒有為自己置產買房子，卻為部屬置屋，以使他們生居安定。他曾爭取了一筆經費，為三十四集團軍來臺的軍官眷屬在一江街附近購置一批房屋，分配給他們居住，使軍官們無後顧之憂，而胡將軍自己住的宿舍，只有幾張破舊的桌椅，但胡將軍夫婦都安然自得。黃埔八期的周士瀛說，胡將軍治軍甚嚴，不聽小人之言，軍官升遷憑戰功，廉潔公正。

　　名報人余紀忠也說：「以胡上將所受的知遇，他的地位功勛，至少可以無生活後顧之憂，但是，他由排連長升到司令長官，一生廉潔，除一襲軍衣外，終身不治恆產。來臺後生活刻苦，以致身後蕭條之情景，絕非外人所能想像的。」又說：「綜其一生，不遷怒，不諉過，不妄殺一人，絕不談政治是非，更不輕易批評時人……他以司令長官之尊，來臺後能無聲無息地在大陳、在澎湖，埋頭苦幹，從無一言表達其遭遇感受，也從無請辭請調的任何表示，放眼當前，能有幾人！」

　　以上僅舉數例，不足以表達「有口皆碑」的實際情況於萬一。此外，有一件事也值得一提，因為它反映出，不獨軍人，即使普通民眾

也對南公十分信任，讚賞南公的大公無私品格。

大陸失守誰負敗退責任？

　　1949 年，南公的部隊從西安撤退到漢中。當時，國共和談破裂，共軍已渡過長江，國軍節節敗退，局勢相當危急。南公考慮到，應該為他麾下的將領們在臺灣購置房舍，以安定軍心，免除他們的後顧之憂。孰料，時兼監察委員的陝西省議會副議長李夢彪希望比照南公部屬將領，也配領一棟房子。南公的幕僚人員則告訴他，房舍係供將領居住，而他的身分不能有此享受。李夢彪惱怒之下，便向監察院提出彈劾案，以丟失大陸為由，彈劾胡宗南將軍。但是，南公不替自己辯解，他非但不置一詞，且不准部下仗義辯解，也不同意第三者挺身為他在報章雜誌寫文章說公道話。南公婉拒他們的好意，表示他只求仰不愧於天，俯不怍於人，對任何毀謗或責備他既不生氣也不介懷。

　　彈劾案由行政院發交國防部審辦。當時立法委員有江一年、張鴻烈、劉真、許紹棣等一百零八人，聯名上書總統及行政院院長，請為國家愛惜人才免於議處。同時國防部軍法處傳訊胡宗南部在臺的將領，以及陝西、甘肅等地有關仕紳，證明李夢彪彈劾案所提各節，均與事實不符，遂予不起訴處分。其後，公務員懲戒委員會也經調查後申覆，胡將軍於 1949 年由西安撤退至西昌歷經戰鬥，並未有措置乖方的情事，應免議處。另外考試委員查良釗及好幾位監察委員也明白了事實真相，認為李夢彪並不代表多數監察委員的意見，不應該提出彈劾案。

　　這時，蔣總統也出面表達看法，說道：「當時如果沒有胡某人，我們怎麼從大陸出來？如果沒有胡某人，我怎麼出來？政府怎麼出來？

你們又怎麼出來？」於是，這個彈劾案就不再有人提起。

事後，蔣經國在他所著《風雨中的寧靜》一書中也提到：「這時，胡將軍部隊已翻越秦嶺，徒步長途跋涉，在六百公里和共軍對峙之正面轉進，到達距離一千公里外的目的地，全程竟能於短短十五天內迅速完成調動任務，實在是戰爭失敗中的一大奇蹟。」對南公當年如何臨危授命而完成職責大加讚賞。

事實上，有一位曾短期參與整編江浙游擊總部臨時指揮部，後來在「實踐學社」服務的將領姜漢卿，對於南公這段被人誣指為「應負失去大陸責任」的毀謗，曾有較為客觀和平實的評述。在他的「追述」中，他引述當時在南粵地區與共軍作戰略性作戰的劉安祺將軍的話：「失敗得轟轟烈烈，即是奠定另一局勢更成功的最大助力。」

姜漢卿說：「胡將軍身經百戰，衝鋒陷陣無堅不摧，奈何最後轉戰川康，千里奔馳，無從發揮戰力的運用。當時各地戰場失利，士缺鬥志，兵敗如山倒，但胡將軍最後仍能步步誘共軍西進而楔入西康，不然又將如何爭取時間 ， 以鞏固臺澎基地 ， 進而博得後來古寧頭之勝利。」姜漢卿又說：「當時如果沒有胡將軍步步誘共軍的主力西進，如將部隊主力集中直攻臺、澎，我們又將如何防守，而使中興基地能屹立而安全無恙！」

依據姜漢卿的描述，胡宗南將軍部隊開入四川的時候，正值劉安祺將軍帶著疲憊之師，和中共部隊在南粵地區展開「捉迷藏」式戰爭的時刻。當時，劉安祺將軍本來和胡璉將軍兵團相約協同作戰，但是，廈門棄守的時候，胡璉兵團忽然臨時爽約，依奉密令直趨金門。十八軍軍長高魁元將軍則親率精兵，馳赴古寧頭，一舉圍殲進犯的共軍，獲取勝果。准此觀之，蔣總統在此危急之際，憑其睿智放棄廈門，引誘共軍入侵金門；另一方面則運用內線運輸兵力的便捷，調度汕頭方

面的防守兵力，先一步趕到金門參加會戰，乃是決定勝機的關鍵。

　　回憶當時國軍散布於大陸各地的兵力，幾乎全部被共軍阻留，戍守金門的不過一團的兵力。因此中共才敢大膽以一個師的兵力，從廈門緊躡而來，滿以為攻占金門，將一如攻克平潭島，可以唾手而得。此一考慮不出蔣介石總統所料，所以胡璉兵團臨時逸出戰地，不但瞞過了共軍耳目，竟然也瞞過了友軍劉安祺將軍部隊，極盡虛實變化之能事。那時，中共部隊每戰必捷，平潭島、廈門都輕易獲勝，故以為金門彈丸之地也如囊中之物。豈知最終大出意外，敗於國軍之手。

　　繼古寧頭的勝仗，續有登步島的捷報，使得國民黨在海南島與舟山島方面孤懸之師，得以安全撤回，鞏固了臺、澎基地。因此，由於共軍進攻金門主將葉飛等的誤算與輕敵，古寧頭這一仗，便決定了兩岸分裂的命運。從此海峽兩岸互不來往各自為政，發展成分裂的局面，迄今六十餘年。

　　綜觀全局，可以說，由於胡宗南兵團在川、康地帶的徘徊活動，使得共軍誤以為國軍已無餘兵可馳援金門，以及國民黨中樞有意經營西陲根據地，從而牽制了林彪主力部隊，使之追躡而進。這也證明蔣總統對南公的倚重程度是多麼的大，幾乎使得整個黨國的生死存亡都取決於南公。事後，南公部隊陸續來臺的中堅幹部都被優先錄用，另外指派南公化名「秦東昌」，主持大陳島組織海上游擊部隊。後來，又派南公坐鎮澎湖，屏障臺灣。南公對黨國的貢獻至偉至巨，由此可見一斑。

獨創一格的「戰鬥哲學」

若要瞭解南公能使將士們個個為他效命的原因，就得先瞭解他的「戰鬥哲學」。

南公的國學基礎深厚思想周密，擅長演繹精於分析，無論講話或寫作，總是有條不紊條理分明。他在長期的戎馬生涯中形成了一套獨特的「戰鬥哲學」，使之能夠統御大軍，深得軍心，將士個個服膺，人人忠貞不二，願意為國犧牲。戰爭期間，在他的麾下，殺身成仁、捨生就義者就有好幾個。高級將領中，有第二兵團司令官，綽號「邱瘋子」的邱清泉將軍（曾任王曲第七分校副主任）、第五兵團司令官胡長青將軍（曾任入伍生團長、總隊長）等，他們都是壯烈犧牲的英雄。

南公有一篇訓詞，名為「今日的戰士」，也就是孔令晟將軍經常提起的，對之印象深刻，讀來鏗鏘有力的南公治軍文宣。現在把南公的這篇「今日的戰士」文宣要點摘錄如下，以饗讀者：

現代軍人必須以主義作靈魂，以領袖作燈塔，而為民眾的武力。

日行百餘里，背負三十斤，打水要茶，一切自己來。

精神生活向上流，以最忠實、最勇敢、最熱情、最廉潔的表現、永遠做榜樣給人家看，永遠以自己的模範，來影響群眾，領導群眾。

人格重於生命，生命可以犧牲，人格不可犧牲。

虛名可以讓人，財物可以讓人，只有當仁不讓，見義不讓。

什麼都可以滿足，知識不可滿足……知識不如人，才是羞恥。

總理遺教、領袖訓示，是我們生活的規範、行動的南針、生命的源泉。

工作精到、敏捷、積極、專一為主。

沒有錢，也能辦事，這就是革命精神。

每一個幹部都須養成作大人、無名為大，幹大事、下屬為大，成大勇、無我為大的工作精神。

像金人一樣三緘其口，不叫苦、不吹噓、不發牢騷。

我們的生活行動，必須自重自愛，處處靠人家監督鞭策，這是奴隸的心理，絕不是革命的戰士。

死字頂在頭上，成功握在手裡。受命不辱，輕傷不退，被圍不驚，撤退不亂。

今日的戰士，生於理智、長於戰鬥、成於艱苦、終於道義、擇善固執、貫徹始終，理智也。篤信死守，不計成敗利鈍，道義也。

今日的戰士！永遠要抓緊現實，站穩腳跟，與天爭，與物爭，與艱苦爭，與錯誤爭，與強權暴力爭。以熱心推動時代，以心火點燃文明。

今日的戰士，不是群眾的乞丐，不是時代的跟班，不是功名利祿的俘虜，不是風花雪月的奴才，不是咬文嚼字的紳士，不是養尊處優的懶漢，不是狼心狗肺的叛徒。

　　以上也可以說是南公自己身體力行，一生遵奉的守則，也是他在主持中央軍校王曲第七分校時對學生，在作戰時對將士的勉勵之語。

　　南公的訓詞可以說是：簡潔、精湛、有力、深入淺出，使人容易記住，而且朗朗上口，使聽者精神為之鼓舞，能深印腦海，自然而然

建立起一個革命軍人的人生觀了。

　　由於南公不時做精神講話，耳提面命、循循善誘、諄諄教導，反覆闡釋他的軍事哲學思想，他的學生、他的部隊遂也受其薰陶，從而成為一支精銳的部隊了。另外，由於他的國學造詣很高，而且思路非常清楚，他的「戰鬥人生觀」便非常合乎邏輯條理分明，講來頭頭是道娓娓動聽了。

　　南公說道：「宇宙是一個大戰場，人類是戰爭的主角，在戰場中生活，在戰場中發展。好山脈、好河流，都是戰爭的布景；好身手、好學問，都是戰爭的技術；一切計畫，都是戰爭的劇本；一切訓練，都是戰爭的排演；一切行動，都是戰爭的演出。世界既然是戰爭的舞臺，人類不能離開世界，就不能離開戰爭。要想做戰爭中的主人，就要做一個堅強的戰士。一切思想、生活、精神、技術，都必須與戰鬥相結合，戰鬥的思想，戰鬥的生活，戰鬥的精神。……惟戰鬥才能做勝利的事，惟戰士才能做勝利的人。」

　　南公這幾句看似簡單的話，卻把「起、承、轉、合」的章法與精神全部納入，而且運用了西方的演繹、邏輯方法。這代表了南公的才華和智慧，以及南公的革命戰士本色，真不愧是一代儒將。

　　南公進一步闡釋他的戰鬥哲學：「人生是戰鬥的，是積極的，是快樂的，故只許流血，不許流淚；只許大笑，不許大哭。」

　　他又說：「戰鬥的思想是主義的產兒，是責任的母胎。主義領導思想，思想推動責任，責任推動戰鬥。」「戰鬥的紀律是道義的信條，是無形的規範。要自覺，要自動，要自治，要自重，要自信。」「戰鬥的技術是血汗的結晶，是經驗的累積，以戰鬥鍛鍊技術，以技術加強戰鬥。」「戰鬥的精神是主義光輝，是人格的表現。用戰鬥磨練精神，用精神完成戰鬥。」

有關「戰鬥的精神」，胡將軍更有精闢的發揮，他說：

戰鬥的精神就是道義精神：

⑴不貪名利，不圖享受，澹泊明志，寧靜致遠。

⑵摩頂放踵，冒險犯難，捨己救人，捨身衛道。

⑶不背國家，不出賣伙伴，患難相扶，生死與共。

戰鬥的精神就是磅礴精神：

⑴像山嶽一樣的嵩高，蓬蓬勃勃，頂天立地，出類拔萃。

⑵像雷霆一樣的威武，有聲有色，威撼人類，震驚萬物。

⑶像江湖一樣的澎湃，不停止，不休息，乘風破浪，勇往直前。

⑷像日月一樣的光明，沒有隱瞞，沒有汙點，光明永在，浩氣
長存。

戰鬥的精神就是犧牲精神：

⑴無名為大，爭責任不爭權威。

⑵無我為大，爭道義不爭利害。

⑶下屬為大，爭貢獻不爭晉級。

南公的「戰鬥哲學」與「戰鬥精神」，絕對不是舞文弄墨的文字遊
戲，或者是紙上談兵，而是他自己身體力行的行為準則。所以，南公
確是做到了「言傳身教」，故具有無比的精神感召力，使聽過他訓誨的
學生和部下無不心悅誠服。

大將軍，二三事

1.良緣好事多磨

　　因杭州警官學校戴笠將軍的介紹，南公與葉蘋（葉霞翟）女士在1937年相識並訂婚，但是由於抗日戰爭的爆發，南公認為「匈奴未滅，何以為家」，遂請求推遲婚事。葉女士也深明大義，她利用婚前的時間到美國深造，先後獲得威斯康辛大學碩士、博士學位，後來返國任教。1947年3月，抗戰勝利後兩年，她接到南公的「五字電報」──「請即飛西安」。隨即匆匆啟程，趕到西安，在戰地烽火中，毫不鋪張地舉行婚禮，完成了終身大事。南公伉儷，始終互信互賴，熬過了漫長的十年時光，實現了南公「完美主義」的第一張藍圖，邁向真善美的佳境。此事當時傳為佳話，他們的長子胡為真，便是在那年年底出世。

2.勉子作「大丈夫」

　　抗戰時期，南公坐鎮西安。有一位陝西儒者送他一副對聯：「大將威如山鎮重，先生道與日光明。」南公看後說：「大將何足道者，道與日光明才是重要。」可見南公所追求的人生目標層次更高，他是朝「完人」的崇高目標邁進的。看他對四位子女的命名，就可見出他的意向，他是追求真、善、美的人生，要達到「道」與太陽一樣光明，不獨自己身體力行，還希望和他的子女一起實現它的人生觀。所以他的四個子女的名字叫胡為真、胡為善、胡為美和胡為明，也就不足為奇了。

也無怪乎，他澎湖任滿調回臺北後，就對年僅十歲的長子胡為真開始耳提面命，勉勵他將來要做「大丈夫」了。年幼的胡為真問他什麼是「大丈夫」？父親解釋道：「真正能對人們有貢獻的人就是大丈夫。」這讓年僅十歲的胡為真就立志要做一個對人類有貢獻的人了。

3.廉潔樸素拒贈冰箱

南公一生簡樸廉潔，軍旅數十年，生活非常簡單，不勞民力、不借民房，當了司令長官也不改本色，從澎湖調返臺灣時，亦然如此。臺灣夏天酷熱，但是在 20 世紀 50 年代，一般家庭中是沒有冰箱的，南公雖然身任高級長官，家中卻也沒有冰箱。南公的孩子們經常到南公的辦公室主任程叔叔家裡，吃他們存放在冰箱裡的西瓜，算是一大享受。有一天，新任的陸軍總司令羅列將軍（曾任南公參謀長）差人送來一臺舊冰箱，孩子們大為高興。但是，南公回家見有冰箱後，問明冰箱的來路，卻厲聲地喝道：「不可以！給退回去！」經過部屬的苦苦勸阻，才勉強接受下來。

4.出口成「詩」

南公國學精湛，軍中文宣獨創一格，出口成章朗朗上口。但他也能出口成「詩」。南公有一首表達真情，寫給葉女士的寄懷詩，讀來令人感動：「八年歲月艱難甚，錦繡韶華寂寞思。猶見天下奇女子，相逢依舊未婚時。縱無健翮飛雲漢，常有柔情越太華。我亦思君情不勝，為君居處尚無家。」但他的打油詩卻又是另一風格，輕鬆幽默：他的長子胡為真十三歲時穿了一件破汗衫，被南公發現，南公即景口吟一首打油詩：「行年一十三，常穿破布衫，縫補又縫補，難看真難看。」但他自己卻把戴笠將軍多年前送他，已經七穿八洞的毛背心一直穿在

身上，直到他 1962 年 2 月 14 日去世，連醫生都慨嘆不已。南公笑他兒子穿破汗衫是基於帶兵時要求軍隊儀容整潔的觀點；自己穿破毛衣，則是懷念故人，其精神與品格都令人敬佩。

「三分之一」開花結果

南公做善事，從來不故意宣揚，因此，有些善事從不為人所知，有些善事則數十年後始為世人所知。例如，有一件事，是他的兒子胡為真在父親逝世三十年後才發現的。

有一年，胡為真帶了家人去澎湖，瞻仰父親過去擔任防衛司令官的故居。當時，有一位專為歷任防衛司令官服務，業已退休的劉姓老士官長向他談及了南公生前高風亮節的故事，說道：「胡司令官生前生活很簡樸清苦，但是每月發餉時，卻還要求我把他的薪餉分成平均的三份。一份留在司令長官部做辦公開支，一份寄給臺灣胡夫人作為家用，第三份則是資助長官部的兩位部屬，做為他們的津貼，因為他們各有子女八九人，經濟拮据。」

胡為真聽了暗自吃驚，將信將疑。回到臺北後，在劉士官長的協助下，找到了業已退居在南部多年，當年受惠的當事人某老先生，證明確有其事，並非出自劉士官長的杜撰。

為真兄這才知道，當年，父親寧可自己家庭生活艱苦，也要儘量幫助比他們更艱苦的部屬，其品格之高尚實為罕見。當時，他們兄弟姐妹四人，年齒都尚幼小，母親為了照顧他們，無法外出工作，所以家庭的經濟很是緊張。她為了增加收入，就撰寫一些散文，希望賺點稿費貼補家用，在被退稿數次後始獲刊登。當母親拿到第一筆稿費後，

全家喜形於色，孩子們也享受到了額外的美味菜肴。嗣後，作為留美博士的母親繼續寫作，賺取稿費，幫助父親贍養子女。不過，她最終也因此成為享有盛名的散文作家了。

1999 年，胡為真應邀赴美國哈佛大學做學術訪問，曾與美國國會友人及企業界人士聚餐，席間談及「無私」美德的重要。為真兄便講述了南公當年把薪餉分成三份的故事，他們聽了都很感動。後來，他們再度見面時，第一句話便說：「『三分之一』！我們永遠忘不了你父親的『三分之一』！」

南公為了照顧他的部屬及辦公室的開支，竟然只用三分之一的薪俸作為家用，致使自己的家庭雖然享有崇高的社會地位，卻過著清苦的物質生活。但是，他的子女們卻因這樣的「清苦」而茁壯成長，成為傑出人才。

《三字經》云：「人遺子，金滿籯，我教子，惟一經。」南公留給其後人的遺產，便是「清白傳家」四個字。俗語說：「吃得苦中苦，方為人上人。」在清苦中長大的胡為真，今日已成為一位出類拔萃的人物，曾任國家安全會議祕書長，這是一個很重要的政府職位。胡為真之前的歷任國家安全會議祕書長，除蘇永昕（蘇起）是學者從政外，其他都是曾當過外交部長的前輩，如黃少谷、沈昌煥、丁懋時等。胡為真雖未當過外交部長，但他曾擔任沈昌煥的機要祕書，國家安全局副局長，德國、新加坡特派代表等重要職務，他已具備擔任外交部長的才華和資格。他為人穩重，處事謹慎、思慮周密，虛懷若谷、博學多才，是個典型的外交官。

南公故世的時候，長公子胡為真年齡僅十四歲，但已很懂事，驟遭大故他的悲痛心情可以想見。他不因年齡幼小而少不更事，反而志向遠大，發憤圖強。他經常在他父親遺像前「肅立默禱、深思，向他

立志，向他保證……」❹而愴然淚下。他數十年來，始終不忘父親的遺訓和自己的誓言。他被高峰賞識和倚重，出任政府要職，也可以說是他數十年來德業積聚所致，可謂實至名歸。

　　值茲國際情勢瞬息萬變的時代，兩岸和平合作發展的前景看好，海峽兩岸退役將領四十餘人四年前 （2010 年 5 月），首次一起登上392 級臺階，共同拜謁南京中山陵，並聲稱過去僅是「兩兄弟吵了一架」。此情此景發人深省。我相信，胡為真世兄將會適時地發揮他的長才，實現他父親生前所期盼，以及他自我期許要做一個「對人們有貢獻的大丈夫」的志願，這將使南公不獨含笑於泉下，並且還將放聲大笑了。

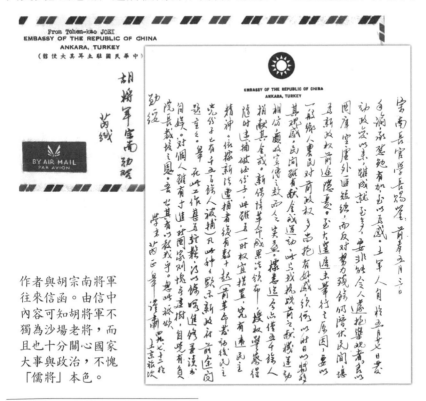

作者與胡宗南將軍往來信函。由信中內容可知胡將軍不獨為沙場老將，而且也十分關心國家大事與政治，不愧「儒將」本色。

---

❹　原載於 1992 年 2 月《遠見》雜誌，胡為真〈要作大丈夫〉。

器先大使賜鑒：承寄尊著，「胡宗南篇」，遵經認真拜讀。閣下材料蒐集甚為週延，而述及故友時情誼甚深，實至情至性之作。右內容尚榴為妥適，就胡氏父子而言，蓋蓋存歿必衷心感激。行文方面，倘有淺見均詳於原，謹隨函奉上，尚祈卓奪。吾公文采精麗，深值後輩效法，虛心下問更為敬佩，耑泐敬頌

撰綏

　　　錢復敬上　五月廿八日（二〇一〇年）

君復用箋

本文寫完後曾送請錢復院長核閱。想不到他居然認真地校閱並找出幾個錯誤。真是佩服他的作事謹慎負責。茲將原函列後，以饗讀者。

第五章
陳立夫談養生、「撞球外交」與「兩岸和平」

顧全大局，引咎下野

在 20 世紀上半葉的二十年裡，陳立夫先生稱得上是國民黨，乃至中華民國數一數二的一位重要人物。當初，他追隨蔣中正為黨為國效勞，幹了許多足以留名史書的大事。他在多年之中，始終是蔣先生甚為倚重的左右手，有關中國國民黨的黨務和組織方面的事情大都由他負責；他曾經身任中央黨部祕書長之職，因此對於黨國要務確實肩負重任，並且發揮了重要，有時乃至關鍵的作用。

1949 年 1 月 21 日，蔣中正先生第三次引退，由副總統李宗仁代行總統職權，中華民國的形勢急轉直下。眨眼之間，中國大陸的全部領土行將落入中共之手。國民政府被迫撤離大陸地區，從廣州、重慶輾轉而到臺灣。同年 10 月，中共在北京成立中華人民共和國，建立中國的另一個政權。

面對這樣的不利形勢，平時對陳果夫、陳立夫兄弟倆頗懷不滿的其他派系人士，便趁機發表一些負面論調，其意大抵是：國民黨在與中共抗爭中的失敗，應歸咎於國民黨自己的內部分裂，即派系活動過甚，而其中應負最大責任者即是陳氏兄弟。對於這些洶洶然的指責，陳立夫未作任何辯解，而只是逆來順受，表示願意對此負責，他毅然地決定引咎辭職，打算遠離政壇，到美國隱居。

赴美國之前，陳立夫曾在日月潭與蔣總裁會面，向他建言道：「從本黨歷史看，每次挫敗之後，都應該儘快有所改革，以期重振革命精神。」「如今，本黨顯然遭受了重大挫折，所以不妨將主要責任都算在我們兄弟身上，以便向全黨全國有個交代。此外，將來本黨改造完畢

之後，我們兄弟二人亦不擬再參加政治，以使作為黨的總裁的你可以毫無顧慮地放手使用新人，重振旗鼓，再建輝煌」。

　　總裁聽了陳立夫的這番話，覺得很有見地，於是指令陳立夫起草國民黨的改造方案，並指定一個十一人小組共同研討。嗣後，這一改造方案經多次討論之後，再經數度文字整理，最後呈遞最高層核准。蔣總裁批准之後，隨即召開了有關本黨改革事務的一系列會議。

　　在一次會議中，幾位年長的老同志如陳肇英（監委）、李宗黃等即席對總裁表示：「我們的意思，是認為本黨之改造，至為必須，但最好是由幹部作建議，請由總裁決定執行，免得總裁為難，而且也合乎民主之道。」本來，這番話似乎也並無惡意，倒可能真的只是善意地願意為領袖「分憂」。但是，蔣總裁顯然並未從這層意思上來理解此語，而是誤解成了另一種意思，於是陡然大怒，憤然地斥責道：「你們如果不要我來主導改造，那只有下面兩種辦法：第一，就讓本黨無聲無臭地因循沉淪下去。第二，你們要給我主導權，大家要相信我，用民主方式改造是不行的。如果你們不信任由我來改造，我就不管了，由你們去辦好了。」最後又加上一句話：「如果你們不相信我來改造，你們乾脆跟陳立夫去好了。」

　　蔣總裁的這一突然震怒，令在座者都驚得目瞪口呆大惑不解，所以一時之間全都沉默不語。多年之後，陳立夫在他所著的《成敗之鑑：陳立夫回憶錄》中談到了這段往事，作了如下的記述：

　　　　那次會我有病未出席，後來有人告訴我這番話。我心中十分納悶。總裁雖是在盛怒之下，但怎能講出此話呢？這不是認為我是在主張民主和他對立嗎？……當聽了總裁這番話後，知道另有原因，蓋總裁深知我不能得罪，一經得罪就會離去。這一暗

示，遂堅定了我退隱的意志，從速離開那時的黨政工作，出國赴美。❺

接著，蔣總裁便決定成立中國國民黨中央改造委員會，由陳誠、蔣經國、谷正綱、張其昀、張道藩、胡健中、陳雪屏等十六人擔任委員。中央評議會則由吳稚暉、居正、于右任等二十五人為委員。在十六人改造委員中，陳果夫、陳立夫兩兄弟沒有一人上榜，從前烜赫一時的所謂 CC 派中僅谷正綱、張道藩、胡健中三人；其他二十五位中央評議委員，也僅僅有業已病入膏肓的陳果夫一人作為象徵性的 CC 派代表而已。

當陳立夫正在積極準備離開臺灣之時，卻又有不少自認為是 CC 派的人士，和昔日的同事、部屬都勸他不要離開，並表示自己願意追隨他，繼續為黨國事業奮鬥下去云云。陳立夫雖然去意已決，但是面對這些人的熱情勸說，他又不忍當面過於拂了他們的好意，故言詞難免有些含糊。不料，他們這些人談話之「風」卻已經傳入了總裁的耳中。於是，陳立夫很快就收到了總裁派人送來的為數不菲的一筆「路費」。在連連「多謝總裁關心」的感謝聲的背後，陳立夫當然很清楚，自己是絕無繼續留在中華民國的「後路」了，總裁貌似熱情的「贈送盤費」之舉，分明是敦促他儘快離臺赴美，而自己也確實應了《孫子兵法》「三十六計」之「走為上策」了！

平心而論，陳立夫先生「並非聖賢，孰能無過」，在為黨為國的工作過程中確實難免會有缺點與失誤，但是最終能夠這樣挺身而出，勇敢地為國民黨政權退出大陸地區承擔主要責任，非有大仁大義、大智大勇不可的。這或許即是人們所說的「士大夫精神」之一吧？他最後

❺　陳立夫《成敗之鑑：陳立夫回憶錄》，381 頁。

能顧全大局而斷然犧牲個人的「小名小利」，恐怕不是一般的「官場人員」能夠做得到的。這也是我對陳立夫先生十分敬佩的重要原因。

陳先生帶著全家，包括其幼子陳澤寵，在美國東部的紐澤西州找了一塊地，開了一座養雞場，養了五千多隻雞。全家都在養雞場裡工作，一天到晚餵雞、拿蛋、裝盒、運輸，雖然不無勞累，卻也心安理得。那個時候的陳立夫五十開外，儘管貌似一個文弱書生，但是每包一百磅左右的飼料，輕而易舉地就能放在肩上。如果收蛋時，發現蛋破了，就自己做些蛋糕分送親友，既不「暴殄天物」，並還增強了親情友誼，一舉兩得「不亦樂乎」！我想，他在此期間的心態肯定異常恬淡、平靜，十分地享受著生活的樂趣，因為他再也不必「為五斗米折腰」了。

首次返臺，為父奔喪

1961 年 2 月 11 日，去國整整十一年的陳立夫，忽然接到蔣總統來電，告訴他道，已屆九十歲高齡的父親陳其業病危，要他立即返臺探望。陳立夫於是馬上偕同夫人孫祿卿，星夜由美啟程，次日抵達臺北松山國際機場。當時，聞訊趕來接機的黨國政要包括陳誠、蔣經國、朱家驊、李石曾、莫德惠、黃國書等人物，此外並有昔日 CC 派的人士和親朋故舊一千多人，其熱烈的場景確實為歷年來所少見，至為感人。

當時是蔣中正先生連任第三任總統的第二年，嚴家淦任行政院長，蔣經國則是中國國民黨中央常務委員，兼任國家安全會議副祕書長，權勢炙手可熱，在父親的培養下，正一步步地走向權力巔峰。從他們

熱烈迎接陳立夫返國的這一現象看，陳立夫當時在中華民國政壇上仍然有很大的影響力，這對他來說固然頗可欣慰，但是卻也難免引起某些當權者的忌諱。蔣總統父子當然不會不考慮到這一現象所涉及的問題，故而，蔣總統在接見陳立夫時，除了對他父親的病情表示關切外，政治方面的事情則一概不提。

政治十分現實，陳立夫當然深諳其道，所以，他對高層的這種作為也並非不能理解。因此他除了日夜在病榻之前侍奉父親之外，其他雜事一概不問不聞，甚至儘量做到「足不出戶」，乃至幾乎「閉門謝客」的地步。其父年事已高，終於未能拖延許久，一個多月後便駕鶴仙逝了。陳立夫先生一待喪事辦好，就立即偕同夫人，低調地返回了美國，繼續他的「養雞生涯」。這次回國，他僅在臺灣短暫地停留了四十二天。

二次返臺，葉落歸根

1966 年，年屆六十六歲的陳立夫在美國已經度過了整整十五年的時光。當時，臺灣政壇早已平靜，蔣經國的政治地位也已穩定。對於當年以「二陳」為首的所謂 CC 派系，一般人都認定它已經衰落、消解。這時候，已處暮年的蔣中正總統，感念於「二陳」早先為黨國效力二三十年的汗馬功勞，也想對陳立夫有所「補報」。所以，趁自己八十大壽國人熱烈祝壽的機會，電邀陳立夫返國敘舊。

1966 年 10 月 26 日，陳立夫第二次返回臺灣。此時，蔣總統對他的態度已經發生根本性的改變，除了對他客居美國十五年表示慰問和關心外，還誠懇地希望他出任駐外使節，或者回到臺灣定居。

　　陳立夫畢竟對黨對國還是深有感情的，十多年來寓居美國，雖然生活並不拮据，心情也很恬淡，但要真正地完全放棄對於故國的關心，是無論如何也做不到的。這次經總統的一番誠懇表態，不免也興起了「樹高千丈，葉落歸根」的念頭。於是他答應蔣總統，自當返美之後，逐步收拾養雞場事務，摒除其他干擾返國效力。終於，1970 年，陳立夫結束了在美二十年的養雞生涯整裝回國。那是他的第三次返臺，也是最後一次，因為他已決定回臺定居。但是，此時的他也已經年屆「古稀」，最好的「黃金時代」已經離去，他能為黨國再度效力的時日也不會更多了。

　　陳立夫本來是學礦學的，是美國匹茲堡大學礦冶工程碩士，所以他不僅在政治上，即使在科學方面也並非門外漢。1966 年，蔣總統請他回國時，曾有意請他出任駐外大使，故透過蔣經國先後探詢他對出任下列職務的興趣：駐聯合國代表、駐日本大使、考試院長、駐西班牙大使、駐希臘大使，或者巡迴大使。可是，這些職務都被陳立夫謝絕了。

　　我認為陳立夫先生的這種態度實際上不難理解：蓋因他在年僅二十七歲時，即以蔣中正的機要祕書身分出任中央黨部祕書長，不久後又調升中央組織部部長，掌管中國國民黨人事和組織發展的重要職權，成為蔣中正和國民黨權力核心中的核心，其權力可稱「一人之下，萬人之上」。嗣後，在抗日戰爭期間，他又出任教育部長達七年之久，主持並推行空前絕後的全國沿海沿江大專院校一律內遷的大工程，以保存抗戰期間延續發展高等教育的元氣和實力，同時安定了人心，增強了抗戰的信心與凝聚力。像這樣一位早就具有「大格局」，見過「大世面」的人物，自不必在垂暮之年，再去擔任外放某一國家的駐外使節了。在此同時，他則念念不忘地想從事他所喜愛的「中華文化復興」

的工作。基於這些想法，他最後僅是接受了「總統府資政」一職，也就完全合乎情理了。陳立夫的「總統府資政」職務一直擔任到最後。

1970 年，陳立夫返臺定居後，總統請他擔任中華文化復興運動推行會副會長（會長由總統自兼），並對他說：「這個職位，不是官啊，你不能再推辭了！」政府也撥款資助，讓他發揮他所喜愛的文化復興工作，並請他擔任孔孟學會的理事長（總統自任名譽理事長）。

陳立夫接受了這些職務並十分投入，編撰出版了好幾部書，如《國學研究叢書》一套八冊、《陳立夫儒學研究論集》一冊、《孔孟學說叢書》、《四書道貫》等。另外，黎明文化事業公司編審鄧海翔，被授權整理立夫先生過去在大陸及臺灣所寫的各類論著共一百五十萬字，連同墨跡二十四件、夫人孫祿卿國畫三十幅，輯成《弘毅齋藝文集》精裝三巨冊。其他尚有《維生論》、《生之原理》等三十冊。主編的著述則有《孔孟思想對世界的影響》、《易學運用之研究》、《中國文化基本教材》等五十冊。洋洋大觀，確實可稱「著作等身」了。當然，他在著書立說之外，還很關心兩岸關係，在將近百歲之際，還念念不忘兩岸的和平及全人類的和平。

陳立夫先生對醫藥學也有獨到見解，他曾擔任過中國醫藥學會會長，並在臺中市創辦了一家醫院。他不僅擔任臺中私立中國醫藥學院董事長，還集資籌辦中國醫藥學院北港分校附屬醫院，所以相當忙碌。儘管如此，他仍抽出時間不遺餘力地推行孔孟學說，樂此不疲。

文章結緣，初識賢長

我和陳立夫同是浙江省吳興（今屬湖州市）人，但是早先一直「無

緣識荊」。我之所以認識立夫先生，是出於一個偶然的機緣。20 世紀 90 年代，陳立夫主持的孔孟學會，需要瞭解一些有關越南孔學研究的情況。他獲知我創設了一個「中越文化經濟協會」，並擔任理事長，經常前往越南，因此就問我，能否順便替孔孟學會蒐集一些有關孔學的資料。我當然爽快地答應了。

　　在資料的蒐集過程中，我發現了一篇專文，由越南研究儒學的學者陳文朝用法文撰寫，題為「孔學在越南──過去與現在」，讓我甚為欣喜。初看文章題目及內容大綱，感覺值得推薦給孔孟學會，以拓展他們學術研究的國際視野。遂自告奮勇，找我的朋友，也是留法同學陳三井（時任中央研究院近代歷史研究所研究員），請他設法翻譯成中文。陳學長對此非常熱心，再加上中研院人才濟濟，因此沒多久，他便給我來信回報，對我所託做了具體交代，並寄來十頁中文譯文。來信內容如下：

　　芮大使學長道鑒：
　　承囑設法翻譯〈孔學在越南〉一文，已商得敝所同事許文堂君（法國巴黎第七大學博士，係 Bastid 教授高足，到任剛滿一年）完稿，有關越文拼音曾覓得專家悉心訂正，全稿亦經後學過目，大抵平實，具可讀性，即同封奉上。敬請　學長指正，並轉立夫先生卓裁。
　　另賜贈近作〈務實外交的理論基礎〉大文，拜讀之餘，至表欽佩，順此致敬。專此，敬頌
　　道安。
　　　　　　　　　　　　　　　後學陳三井敬上　80.12.10.

〈孔學在越南〉這篇文章尚具學術性，譯文也很流暢，讓我們瞭解了古代越南立國的背景和歷史，但通篇充滿了政治氣息和濃厚的民族主義色彩，並含有反中國立場，認為中國古代運用佛教及孔學，作為侵占統治越南的工具。基於學術研究，並為探討史實，站在學者或史學家的立場，我們當然有尊重歷史的精神和客觀看待事實的雅量。

我拿了陳三井研究員的信函，連同這篇長達五千字，由中央研究院近代歷史研究所許文堂君費神翻譯的〈孔學在越南——過去與現在〉的中譯本，前去拜訪陳立夫。立夫先生很高興地接過了文稿，讀了陳三井的來信，將譯本前後翻閱了幾頁，表示感激和欣賞，並囑我代為轉致謝忱。此後，他便把這篇文章交給了旁邊的助理，面囑他交由「孔孟學會」編輯部門審查，準備日後刊登於《孔孟學會月刊》或每年出版兩次的《孔孟學報》。

可是，出乎意外的是，幾個月之後，我收到一個印有孔孟學會通訊處的黃色公文信封。信封上沒有註明寄件人的姓氏，裡面也沒有信箋，卻裝了原來寄給他們審查的這份十頁的〈孔學在越南——過去與現在〉的中譯本。譯本上夾了一張便條，上面蓋了一個「審查意見」的戳記，列了五項手寫的審查意見，但沒有註明審查人姓名及年月日。這五項審查意見分列如下：一、本文略於過去而詳於現在。二、第一頁稱中國為入侵者，越南起而抗暴，站在越人立場固可，站在中國立場則有待斟酌。三、第八頁以下對胡志明頗頌揚，甚至言「本世紀各國革命領袖行列，胡志明是其中最道德的一位」，極不妥切。四、引用列寧之說，對馬克思思想、唯物思想之說解，皆有待商榷。五、不擬刊用。

值得一提的是，在「審查意見」的便條上，又另外夾了一張從孔孟學會方格稿紙上裁剪下來的長方形殘缺稿紙，上面顯然是陳立夫先

生的親筆批示（我認識陳先生的筆跡）。他寫道：「如能修改後，徵得其同意仍以發表為宜。」並在下面簽了一個「立」字。

陳立夫先生不愧為「大儒」，胸襟寬廣有包容之心，他有接受不同意見的雅量和尊重學者觀點的風格。他的指示很清楚，意思是編輯部門有不同意見，如能修改，則可酌於修改後，徵得原作者同意，仍以「發表為宜」。那麼，根據邏輯，「能否修改」「如能修改」和「如何酌於修改」的「斟酌權」，應該屬於孔孟學會的編輯部門。因此，孔孟學會把這個信封（內裝前述的原作譯本、「審查意見」和立夫先生的批示）寄給我這個「仲介人」，使我覺得有些「啼笑皆非」。

於是，我只能拿了這個「文書」再去見陳立夫先生，請他明示，究竟應該怎麼處理？他看了編輯部的「審查意見」和自己的批示，笑著對我說：「他們誤會了，原作者當然不是你，也不是中研院的譯稿先生；至於『能否修改』與『如何修改』的『酌定』，自應由本會的編輯部門來決定，請留下信封，待我再交代他們研辦。」可見立夫先生雖然年事已高，但思路卻清晰異常，辦事極有條理。

時光荏苒，後來我移居澳洲，一晃幾年，再也沒有接到進一步的「研辦」消息。這件〈孔學在越南──過去與現在〉文稿的「修改案」，遂因時空變遷，最終變成了一宗「胎死腹中」的「懸案」，不無遺憾。

追根究柢，意外收穫

此事雖然並非我的責任，但我總覺得我還是虧欠了中央研究院陳三井學長及翻譯者許文堂的一份人情。陳三井來信上曾說，許文堂是

巴黎第七大學的博士，而且是巴斯蒂 (Bastid) 教授的高足。巴黎第七大學又名巴黎狄德羅大學 (Université Paris Diderot-Paris VII)，該大學的國際關係教學相當出名，醫學院及理工學院在國際間聲望也很高，因為兩學院教授中出了幾位諾貝爾獎得主，如 Jean Dausset（醫學，1980）、George Fitzgerald Smoot（物理學，2006）。我不知許文堂的老師是否就是國際法權威，聯合國事務專家巴斯蒂夫人 (Suzanne Bastid)，海牙國際法庭首屆法官巴德望（Jules Basdevant，1877－1968）的獨生女兒？如果就是她本人，那麼，她也就是我 1950 年參與巴黎大學（當年的巴黎大學只有一個總校，尚未設立分校）國際法學博士學位考試時，三個口試委員中的一位。這樣說來，我和許文堂就是同一位老師的門生了，我們也可稱為前後「同年」了。同時，獲知我的老師巴斯蒂夫人雖屆高齡，卻還在執教，擔任博士生導師，我也非常高興。她年齡比我大些，如果目前還健在的話，算起來應當有一百多歲了。

　　如果許文堂的老師巴斯蒂教授另有其人，只是與我當年的老師巴斯蒂夫人同姓而已，那就只能算同一個姓氏的巧合了。這個問題應當不難找到答案，不致成為另一宗「懸案」。我只需聯繫到許文堂先生就可真相大白了，並可趁此機會，讓我把多年來積聚在心頭的感謝之意向他好好地表達一番呢！

　　我欠中央研究院陳三井和許文堂兩位研究員的這一份「人情債」始終放在心上，已有二十年了，始終希望有個機會「還債」。最近機緣來臨，我終於找到了一位和陳、許兩位也很熟識的好友——沈昌煥的公子沈大川兄，他向我提供了他們的電子信箱，終於使我與他們聯繫上了，同時也把這篇「陳立夫」文稿寄去請他們指教，表達了遲來的感激之情。另一方面，我也搞清楚了許文堂學弟在巴黎第七大學的博士論文導師，雖也同稱「巴斯蒂教授」，卻是另有其人，並非我當年博

士論文同姓名的口試委員。這兩位雖然是不同的「巴斯蒂教授」，但是享有同等崇高的學術地位。

我當年在巴黎大學的博士論文口試委員，「巴斯蒂夫人」的全名為蘇珊‧巴斯蒂（也是留法學長、外交部老同事、好友舒梅生兄的博士論文導師），她是聯合國國際法庭首屆國際法官巴德望的獨生女，家學淵源。她是國際間頗負盛譽的聯合國事務及國際法專家，她的先生Paul Bastid 和她本人都是法蘭西學院院士（相當於我國中央研究院院士）。至於許文堂的博士指導老師「巴斯蒂教授」，全名則為瑪莉安娜‧巴斯蒂（Marianne Bastid-Bruguière，後者為夫姓），她也是法蘭西學院的院士，是國際間聲望很高的漢學家和中國近代史權威，「文革」前曾在北京大學歷史系研究並教學，同樣是一位享譽國際學術界的名教授。當我獲知許文堂有這樣一位「名師」後，我為他身為她的「高徒」而高興。我後來拜讀許文堂的幾篇論文與著作，果然發現好多處頗有乃師之風，其寫作技巧有類似之處。

我六十多年前赴法留學，因此我的年齡要比許文堂學弟大了將近四十歲，但當我們談及各自的留法往事和老師時，都頗有同感，便似乎消除了這一巨大的時間差距。再說，我們的兩位老師又姓氏相同，同屬女性，也堪稱巧事，這又拉近了我倆的感情距離。許文堂曾撰〈1949 年中國變動之際外交官員的認同抉擇〉一文，對 1949 年中華民國駐法國巴黎大使館館員投機叛變的過程有詳細的描述。而這段故事恰好也是我當年留學法國時的親身經歷，因此和許文堂的共同話題又增加了不少。

我始終想要搞清楚的另一件事是：儘管已經知道我與許文堂認識的兩位「巴斯蒂教授」並非同一人，但是，她們兩人之間有否有「親屬」關係，卻令我總有一些懷疑，而陳三井學長也曾表達同樣的疑問，

可是，一時之間也很難「考證」。不過，我並未放棄，決定憑著我「打破砂鍋問到底」的本性，再下一番功夫，澈底「清查」一下這個問題。

我在網上搜索，找到法國本土網站，進入「法國名人錄」網站，查到了許文堂博士的導師瑪莉安娜‧巴斯蒂教授的簡歷，欣喜萬狀。再想看具體內容，電腦卻指出這是「收費專案」，須支付 6 歐元後才能閱讀內容。於是，又經過一番繁瑣的網上付費手續，總算下載了這份資料。其中的說明文字稱，當事人簡歷中的所有身分及學歷資訊均經相關戶政機構及學術單位查核無誤，可見這份資料十分嚴謹和可靠。

查看資料後，使我驚喜異常：原來，許文堂博士的論文導師瑪莉安娜‧巴斯蒂教授不是別人，就是當年我的論文口試委員蘇珊‧巴斯蒂教授的親生女兒！因此，她倆不僅僅是「親屬」，而根本就是關係最為密切的「母女」。故海牙國際法庭的首屆國際法官巴德望即是瑪莉安娜‧巴斯蒂的外公。這正是合了「家學淵源」、「源自名門」等世俗說法了。我不禁放聲大笑如獲至寶，這應了「無巧不成書」之說，也是我與許文堂博士的一段「緣分」與「佳話」吧！

我因二十多年前陳立夫先生想瞭解越南孔學研究情況的一個願望，替他找到了法文〈孔學在越南〉的文章，從而有了許文堂的中文翻譯，又因此一譯文出於「政治原因」而未能正式刊布，從而導致我的內疚，再使我最終聯繫到許文堂等人，申致遲到的謝意，最後，則查清了相隔六十年的兩位法國女教授的「母女關係」！這些零星的事件本來並無必然聯繫，各別單獨存在，卻最終自行串聯，形成了頗有意思的人、事關係。這都起源於陳立夫先生當時的一個「願望」，若依佛家的「因緣」之說，恐怕倒確有一些前後「因」、「果」因素在內呢。

養身在動，養心在靜

陳立夫先生對修身養心很有心得，在此則作簡單的介紹。他曾贈我一幅字，寫了關於養生的幾個簡單原則，相當確切，相當實用，因此供諸同好，所謂「共用」云耳：「養身在動，養心在靜；飲食有節，起居有時；物熟始食，水沸始飲；多食果菜，少食肉類；頭部宜冷，足部宜熱；知足常樂，無求常安。」這簡單的幾句話概括了養生、修心、養性的要訣，若認真遵循其說，必有良好效果。

陳立夫先生經常運動，做柔軟體操，洗冷水澡。同時，他還主張吃小魚。我到他天母的家中拜訪時，他特地帶我到廚房，打開冰箱給我看。我一看，這種小魚非常小，長度僅一二公分左右，銀白色的。他說，你稱牠白魚也好，小白魚也好，銀魚也好，都行。他告訴我說，吃牛肉不如吃羊肉；吃四條腿的，不如吃兩條腿的，即雞鴨之類；吃兩條腿的，不如吃沒有腿的，即魚蝦之類。因此，他強調吃小魚、小蝦，尤其要吃全魚，就是連頭帶尾吃下去。他認為活性物質在小魚、小蝦的頭部和腹部，所以要吃全魚，這就是養生之道。他說，你可以變著花樣吃，煎、炒、蒸、燉，統統都可以。關於養生，他談得津津有味頭頭是道。我很信服，因為他的確很長壽。他還問我，全世界最長壽的人居住在什麼地方？我說，日本。他問，日本哪裡？我答不出來。他說，在海邊，海邊有魚吃，是最長壽的日本人居住的地方。至今想來，此話確是很有說服力的。

談到醫學，立夫先生認為，中國的醫學都是從《易經》而來。而《易經》則貫穿著「天人合一」的思想，亦即是說，人類是個小天地，

宇宙是個大天地，宇宙大天地是完全可能影響人類小天地的。他說道，太極圖可以顯示這個道理。陰陽相輔相生，黑多的地方，陰多了，陽少了；反過來，白多的地方，陽多了，陰少了。如果畫一條直線，大小、高低、快慢，都是相對成立的。因此，中國古話稱「孤陰不生，獨陽不長」。太極圖中任何一條直徑經過的地方，或者陰多陽少，或者陽多陰少，陰陽總是共同存在的，只是比例多寡不同而已。假如陰陽失去了平衡，就會產生問題，所以，中醫的醫道就是設法「致中和」，這是中國醫學最高的指導原則。他還用太陽系九大行星的運行作譬喻來說明：每顆行星時時都在發生變化，一方面要平衡自身的變動，另一方面還要與其他行星的變化相協調，整體形成一種具有團隊精神的「動態平衡」(Dynamic Equilibrium)，各自在對應位置上運行不息，其實就是各司其職，各盡其分。

陳立夫先生認為，西方的自然科學是從數、理、化三方面研究「物」的道理，所以西醫看病從「化」字著手，愈研究愈細微，從細菌到病毒到更小的分子，都是在物質的層次上做工夫。雖然人也是物的一種，但人是萬物之靈，物性沒有辦法完全形容和概括人性。中國人講靈性，把整個宇宙看作一個有機體，不同於西方的自然科學，《易經》是以數、理、象三者來研究人的道理。人是小生命，宇宙是大生命，人生天地之間，所有的自然規律都被涵蓋在其中了。因此，中醫看病，是往大自然現象的方面去研究，在現象的層次上做工夫，這是與西洋醫學根本不同的地方。所以自然科學講的是數、理、化，《易經》則講數、理、象，一字之差，就發展成兩個不同的趨向。一個往大的方面去，一個往小的方面去。用古語講就是，一個「致廣大」，一個「盡精微」。

但是，中西醫都只研究了一半不齊全，所以，假如兩者的導向和

知識能夠結合起來互補互存，那就是中庸之道，就能產生最完善的醫學。他說，「中國醫藥學院」的創立宗旨，就是讓中醫也要學西醫，西醫也要學中醫。對於兩種截然不同的醫學，要同時去研究，達到很高明的地步時，才能融會貫通，才能給醫學界創造出一個新的中庸境界，即孔子所謂的「致廣大而盡精微，極高明而道中庸」的道理。

推介「細胞療法」

我在擔任駐象牙海岸大使時，曾經多次過境瑞士，從而認識了一位旅居瑞士，來自臺灣屏東的醫師徐煥廷博士（其西文名是 Francisco Hsu，其夫人是瑞士人）。他是一位外科醫生兼「細胞療法」專家，當年通過了公費留學考試，並獲得于斌總主教的「贊許」，而到西班牙留學。他先是在馬德里中央大學外交學院念外交，之後繼續攻讀法學，接著又念了醫學，在外科手術方面相當有成就，後來追隨尼漢博士(Dr. Paul Niehans) 專攻「細胞療法」。他學問淵博，通西班牙文、英文、法文、德文、日文和俄文。他的家裡到處堆滿了書籍，我到他瑞士寓所的時候，推門進去，書多到人已無立足之地，門背後就是書櫥，書房四壁都是書，飯廳、寢室、床的四周都是書，真可謂「書天書地」了。

他留學歐洲，由西班牙到瑞士，師從當年發明「細胞療法」的尼漢博士得到他的真傳。所謂「細胞療法」，就是將母羊胚胎裡面的細胞組織直接注射到人體內，達到以肝治肝、以心治心的效果。尼漢博士的研究認為，這種療法不僅沒有副作用，而且母羊胚胎細胞能夠被人體吸收。當年，教宗庇護十二世和許多電影明星，包括國際著名諧星

卓別林，都曾接受過尼漢博士這種「細胞療法」。卓別林後來索性搬到了瑞士，住在蒙特勒山 (Montreux) 一家細胞療養院旁邊，死後也葬在附近。卓別林接受「細胞療法」後，活得很健康也很長壽，七十多歲時還生了一個女兒（她後來也當了電影明星）。

徐博士在瑞士主持一家瑞士政府主辦的療養院，大概有六十多個床位，需要提前一年或更早進行預訂。這類療養院現在應該有好多家，我當年曾參觀過一兩家，設備很完善像大旅館一樣，病患在套房內躺在床上接受治療，休息幾天後出院，收費相當高。後來，「細胞療法」的診所越來越多，德國、瑞士也開了好幾家，甚至有些醫生帶著注射的藥品到臺灣、香港、新加坡等地去給富人家注射。

聽說德國前總理艾德諾 (Adenauer) 也接受過尼漢博士的「細胞療法」。在退休之前，這位前總理曾經在國會建議說，德國應當指定幾個大學專門研究「細胞療法」。之後，德國採用了科學方法，不再從羊胎上提取細胞後直接注射人身，而是以精密科技先將之提煉成乾粉。注射的時候，臨時將蒸餾水和乾粉混合調和後再行注射。這樣就更衛生，更沒有細菌感染的可能，也更科學化。

我雖然沒學醫，但對醫學特別感興趣，形成一種「癖好」(proclivity)。在上海震旦大學念書時，震旦有三個學院，即醫學院、理工學院和法學院。北宋名相范仲淹曾說：「不為良相，即為良醫。」所以我從震旦高中升震旦大學的時候，就想報考醫學院，但是在高中時代，我對醫科最需要的物理、化學、生物三項基本課程不感興趣，以致成績不佳而不符報考醫學院資格，從而未能達成我「即為良醫」的願望，和醫學院「無緣」。最後，選擇了法學院，不過數十年來對醫學始終心懷留戀並感強烈興趣。

由於我知道徐煥廷博士有關「細胞療法」的情形，因此在聽了立

夫先生對中西醫道相輔相成的高論後，我就與他談起「細胞療法」之事。告訴他，目前瑞士、德國等國家流行用母羊的胎盤細胞組織直接注射到人體內，以達到增進健康、延年益壽之目的。立夫先生聽了之後很感興趣，他說道，中國傳統方式是用婦女生產後留下的胎盤製成乾粉，稱為「紫河車」，作為養生補品，恐怕就是這個道理。他並問我，能不能設法商請徐博士到臺灣來，在他所主持的中國醫藥學院，作學術演講、介紹細胞療法，讓大家吸收一點醫學新知識。我欣然答應盡力而為。

過了一、二年，好不容易將徐博士請到臺灣，他在臺中市的中國醫藥學院發表演講，介紹了當前歐洲實施「細胞療法」的情況。徐博士還隨身帶了一些「細胞療法」的胚胎細胞乾粉劑，並說如果臺灣政要們對增進健康有興趣，他也可為他們義務注射，看看效果如何。我促成了徐博士訪臺講學，也總算達成了立夫先生的願望。立夫先生為了表達感謝之意，特地親筆寫了一副對聯贈送給徐煥廷博士：「創造為造福社會，求學在學道愛人。」上款為「煥廷先生雅屬」。而我也有幸獲得了立夫先生的一副親筆對聯：「事若可傳都合德，人非有品不能貧。」上款為「器先先生雅屬」。兩副對聯的落款都是「陳立夫時年九十二」，印鑑旁另用小字加註日期都是「80.8.21」(1991)，可見他是同一天揮毫寫就的，其盛意令人感動。

我之所以花了這麼長時間才請到徐博士赴臺講學，一方面是因為徐醫師很忙，出國期間必須請人代理；另一方面，他的請假需要得到瑞士官方各級機構的層層批准，因為瑞士政府認為，這項「細胞療法」的技術是瑞士的「國家科技機密」，為了不讓技術外流，所以對他的行蹤進行了適當的管制。徐博士停留臺北的期間，我曾諮詢了幾位政要，如總統府祕書長張羣、行政院長孫運璿、司法院長黃少谷，甚至還透

過總統府馬紀壯祕書長，探詢蔣經國總統有無興趣試試這種新穎的保健防老的「細胞療法」。可是政要們都不敢貿然嘗試，同時徐醫師也急著趕回去，因此他們錯失了免費享受「細胞療法」的機會。如果當時蔣經國總統、孫運璿院長等能接受這一療法，說不定他們的健康情況可以獲得改善。

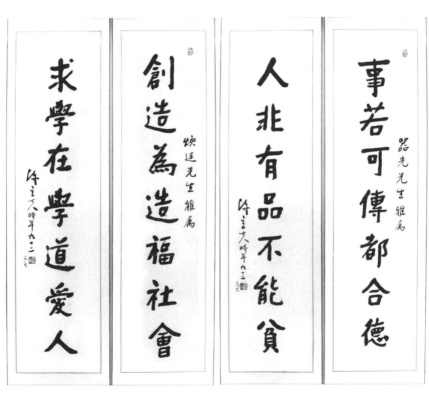

陳立夫親贈作者及徐煥廷醫師之對聯。

說撞球，談外交

　　我和陳立夫資政間，可稱是一種「忘年之交」的特殊友誼，他心理非常年輕，並無所謂「代溝」現象，而且他絕頂聰明，常識豐富、知識廣博什麼都懂，因此我們可以無所不談。他有興時，一張便條、一頁傳真，請我邀約數位外交部資深大使夫婦餐敘，彼此無所不談，聽他打開話盒，口若懸河、談古說今，對我們而言是一種享受，對他來講，箇中自有樂趣，或許這也是他所以能長壽的祕訣。頁末所附陳立夫資政「邀宴便條」手跡不獨是墨寶，而且充分反映我們的友誼和他積極樂觀的人生觀了。

　　雖然我和立夫先生的年齡相差很大，但是彼此談得卻很是投機。我們的話題十分廣泛，談養生，談醫學，談外交，談運動，談和平等等。他曾告訴我，他很會打撞球，剛好我那時也熱衷於撞球，於是我說，我曾有連續一百天風雨無阻，天天上課拜師學習撞球的各種擊球法，如今家中還收藏了大批有關「撞球」的外文經典書籍，和很多 CD、DVD 以及特技表演的記錄片。他也談了他早年打撞球的經歷，並出示了他擊球的照片，其中一張顯示他一手放在背後、反手擊球的英姿。我們兩人談得很投入，似乎彼此都感到年輕了好幾歲。

　　陳立夫先生的興趣是多方面的。他智慧極高，求知欲非常旺盛，除了精通四書

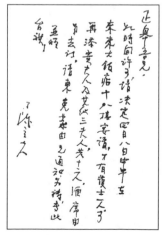

陳立夫邀宴便條。

五經、專研孔孟學說外，對外交也有興趣並有獨特看法，無怪乎蔣中正總統當年曾想請他出任駐外大使。他打得一手好撞球，於是同我談起了「撞球外交」的理論。

他說，打撞球其實跟搞外交差不多。外交官應

陳立夫反手擊球照，時年約七十餘，身手矯健。

當學習打撞球的技術、原理及其變化性，猶若以此部署一項外交任務的設計、發展跟達成。撞球是一種高度智慧性的運動，外交也需要高度的智慧。撞球是藝術，外交也是藝術。藝術要變化無窮，撞球也是變化無窮。撞球的道理跟外交一樣，都需要經過布局、構思、執行等階段，其過程可進可退，可以直接擊球，也可以間接擊球。假定不能直接撞球進洞的話，需要運用幾何學知識，借助球的一側的力量、擦桿的力量跟反彈的角度進行擊球。出桿的時候，要像下象棋一樣，計算出接下來的三個球要怎麼打，要預先設計布局。假如球的部署不理想，可以暫時做一個「安全球」，或者做成一個「吊球」，使對方很難擊球。他說這就相當於外交上「以退為進」、「以靜制動」的策略或手段。除了「安全球」外，還有「曲線球」，即撞球之後，球的路線會彎曲繞過阻礙球，去撞擊目標球，諸如此類。他娓娓道來，確是頭頭是道，我覺得甚為合理。

他繼續講到，「變數」和「藝術性」是撞球和外交的共同之處，雙方是可以相提並論的。他說，一個小小的球，直徑也不過 2.25 英吋。但是，假定在球面的中間劃個十字，那麼這個球至少有上、中、下、

左、右、上左、上右、下左、下右九個撞擊點。當然，還可以再進一步細分。擊球時，你可以借助不同的打法、強弱力道、角度來增強自己想要的效果。他還說，撞球有多種打法，有推桿、定桿（球撞擊後，可以停住不動）、拉桿（球撞擊後，球會倒退回來），還有跤桿（Massé，能使球越過阻礙球，拐著彎走）等。此外，還需要考慮室內的溫度和檯布的溼度，因為這跟球滾的快慢有關係。

他深為感慨地說道，撞球千變萬化值得推廣。外交方面不是有所謂「網球外交」、「高爾夫球外交」嗎？為什麼不再來個「撞球外交」呢？打撞球也不需要更換衣服，出去應酬之前，你可以穿著西裝，繫著領帶打一場撞球。打完後，還可以面不改色，也用不著洗澡、換衣服，可以直接去參加酒會或晚宴。外交部工作一般都很忙，需經常加班，如果工作太累，頭腦會發熱。如果有一個地方可以打打撞球，腦子馬上就會清醒起來。頭部需要經常保持冷靜，這難道不是養生之道？撞球的好處多著呢，無論是這項運動本身，還是它所引申的理論，對於多項工作來說，都是大有裨益的。

我曾根據立夫先生「撞球外交」的理論撰寫成一篇專文，題為「一項適合外交官的運動——撞球」，並把這篇專文寄給當時的外交部長田弘茂參考，同時建議在外交部退休人員聯誼室內，考慮擺設一個撞球檯以推展撞球活動。田弘茂部長也有覆函，照錄如下：

正皋大使吾兄勛鑒：

本（十）月三日　大函敬悉。所提倡本部撞球活動建議，經交主管司研復稱：一、本部成立撞球社，尚屬可行；二、退休人員聯誼室內增設撞球檯，由於無法騰出空間，暫有困難。大樓地下室溼氣較重，亦不適合放置撞球檯。惟刻正研究將本部二、

三、四樓前後棟之中央穿堂規劃為同仁休閒、飲茶、撞球等活動之用等云。承　惠賜寶貴意見，特函布聞，並頌　勛綏。

弟田弘茂　敬啟　　89.10.23.

此外，立夫先生還談到撞球對於社會文化薰陶的積極作用：以前在臺灣，撞球被認為是一種特殊行業，曾經遭到管制。當時，打球的青少年曾被列為「不良少年」，被人看不起。現在，撞球桌也可以擺到家裡隨便地玩，打了幾十年撞球的年輕人都變成企業家了。又撞球打得好的還可以在國際比賽中獲獎，為國爭取榮譽。實際上，打撞球還可以解決很多社會問題，青少年專致於打球後，對吸毒的興趣就會減弱，犯罪率就會相應降低。老年人多打撞球，也會調節身心，緩和家庭和鄰里糾紛，減少賭博、吵架等事件。由此看來，撞球真是「內外」有益啊！立夫先生所論各點確是妙論！

兩岸和平構想

有一天，陳立夫先生與我談及他對促進兩岸和平的看法。他說他曾和三十幾位評議委員在中央評議委員會提出一個議案，名為「以中國文化統一中國，建立共信，以共同投資實行國父實業計畫，建立互信，並以爭取大陸民心，以利和平統一案」，以供中央參考。

他說道，提出這個議案的理由很簡單：第一，大陸方面自「文化大革命」運動以來，社會道德普遍墮落，若不亟求補救，前途堪虞，所以要建議中共，從速基於傳統的中國道德提出中國式的四個堅持，即「四維」，以替代中共原來的，也就是外來的四個堅持（事實上，外

來的四個堅持早已變了質）。若再加上傳統的「八德」，則中華文化在兩岸同時復興而和平統一之精神基礎就可奠定。第二，國父孫中山創建的「實業計畫」遲早終須實行，但若能提前實現，則既可救濟大陸同胞的窮困，又可為 21 世紀中國人世紀提前奠定經濟基礎，而且可使大陸人民認識國父孫中山的偉大，而臺灣投資更足以證明臺灣實行三民主義的成果。這樣，有了和平統一的物質基礎，則進一步謀求政治整合的磋商自然容易推動和成功了。

　　陳立夫還說，他是負責協助中華文化復興的重大責任者之一，又是「國父實業計畫研究會」的創辦人，所以從來沒有忘記他的責任。他回憶道，當年毛澤東到重慶訪問期間，他曾告訴毛澤東，中國人民不會也不願意做蘇俄的殖民地之順民，所以共產主義在中國是絕對行不通的，而且蘇俄也絕不會讓人口比他們多了數倍的中國真正強大起來，必定想方設法來制服它，其結果是，你還得「反蘇」。

　　他對毛澤東講了這番話後，曾想再寫篇文章發揮一下這一看法，以規勸毛澤東回頭。於是，立夫先生在 1973 年寫了一篇文章，題為「假定我是毛澤東的話」。在該文發表之前，他先試探蔣總統的意思，問道：「如果毛澤東能悔悟的話，我們能否原諒他？」總統想了一想後回答道：「毛澤東不會悔改的。」因此，立夫先生的這篇文章就未用他的真實姓名發表，而是用了筆名「古尹明」（即「姑隱其名」之意）。結果，這篇文章雖然刊出了，卻沒有什麼反應，因為一個名不見經傳的小人物「古尹明」的建議是不會被重視的。

　　最後，立夫先生嘆息道，如今，毛澤東早已不在人世，而由鄧小平當權了。回想起來，這篇文章的內容仍然有其價值，文中若以「鄧小平」三字替代「毛澤東」也仍是適用的。我問他，這篇文章能否檢覓出來供我拜讀？他答應改日找出來寄給我看。後來我移居澳洲，他

也仙逝了。可是我對他所講的這番話一直記在心頭，他提及的這篇文章也始終想好好地拜讀一下。

幸運的是，好友鄭向恒教授非常熱心，為我輾轉地從淡江大學我的好友魏萼兄（淡大榮譽教授、北京大學客座教授）處獲得了這篇饒有興趣的文章。茲將全文摘記如下，以供兩岸有關領導和學者參考：

〈假定我是毛澤東的話〉一文於 1973 年 11 月刊載在香港《中華月報》第 695 期。作者筆名古尹明，即陳立夫。

立夫先生於文中列出三段設想，首段提出假若他是毛澤東，一定會以「真正的和平」為訴求，做一件驚天動地的事。其目標將放在：振興中華文化、提高中國人在世界的地位，令當時的蘇聯、日本乃至世界不敢小覷中國等。

第二段陳立夫以「如何達成首段提出之目標」為主題，歸納出毛澤東必須認清情勢承認錯誤，並修正想法的結論。立夫先生認為如果他是毛澤東，為了真正的和平，他會承認孫中山先生與蔣中正先生的功績，畢竟中國能成為世界強國，實不是蔣、孫或毛任一人的功勞。再來，中國是個「民族至上」的國家，因此更不能拋棄自己「重人兼重德」的文化道統，而以敵人的思想來作為自己的中心思想。因此，他會勇敢的承認「三民主義」實際上比「馬克思主義」更適合中國。

另外，所有中國人應該認清，沒有一個帝國主義者樂見中國統一。美、蘇分別在臺灣與中國身後撐腰，實質上是為了他們自己。立夫先生在文中概然提到：「一旦中國力量真正強大，黃禍的可能性成為全世界的共同憂慮時，兩強合作以擊敗中國，劃分勢力範圍，誰敢擔保為不可能！」故若他為毛澤東的話，他會拋開個人勝負爭鬥，誠心誠意地與蔣中正和談，並立即發動統一工作，恢復國家團結之心，共禦外敵，以取得永久的和平。

　　第三段假設毛澤東看了此文，且同意上述論點，那麼有四項建議可供他實際執行：提倡三民主義，放棄馬克思主義；親自或派遣可信之人飛去臺灣，誠心與蔣中正先生共商大業；宣布與世界各愛好和平國家交好，實踐追求全人類和平的目標；與有原子彈的國家合作，銷毀一切原子武器。

　　若毛澤東真能達成以上目標及建議，陳立夫先生認為其成就實「有勝於秦皇漢武」，而毛、蔣若能聯手，更無異是為世界投下一顆「和平原子彈」。如立夫先生於文末所說的：「全世界愛好和平之人民與國家，都會擁護此一計畫之實現。中國人無論在大陸或臺灣以及海外各地，勢必額手稱頌。化干戈為玉帛，欣見三民主義之實現有期，及中國文化之弘揚有效，毛蔣之成功，亦即國家之福祉。」

　　陳立夫這篇文章字字懇切，以毛澤東身分自居的假定雖然大膽，但其所傳遞對真正和平的期盼，無疑是所有關愛中華文化之人的共同心聲。他的理念無處不切中我心，特摘記重點如上，供讀者參考。

致力孔學，不忘和平

　　我與立夫先生對於國事的看法也有許多相似之處，因為我們都希望兩岸和平共存、和平發展，最終實現和平統一。我至今保存著好幾張他寫的有關和平的書法墨寶。

　　陳立夫先生對於名利看得很淡。他的孩子們合力籌資為他在臺北天母買了一棟房子，我曾去那裡拜訪過他多次。後來，他把天母的房子賣掉了。當時，那棟房屋已經有所增值，他就將賣房所得分給他的兒女們，自己另外在市區租房居住。

　　立夫先生晚年，經由孔孟學會出版了幾本中英文對照的，有關發揚中華文化的小冊子。他送了我一套，並於 1999 年 4 月 2 日親筆簽贈其中一冊，即《中華文化何以將會廣受世人之崇敬，以其能為全人類奠定和平之永基也》(*How Chinese Culture May Have Laid Down the Foundation for Perpetrual Peace of the World*)。他在這本小冊子的內頁彩照上題簽：「正皋吾兄指正，並請代譯成法文。」底下簽名「陳立夫敬贈」。他知道我通曉法文，希望我能把這本小冊翻譯成法文，我很樂意翻譯，但一直抽不出時間來實踐諾言。

　　立夫先生假定今天還活在人間，他一定會很高興知道，美國國會已於 2009 年以壓倒性多數通過決議，紀念並尊崇孔子，以表彰儒家思想對人類社會的貢獻。美國國會圖書館另於 2010 年「911」恐怖襲擊周年紀念期間，舉辦了幾場有關「儒學對世界影響」的座談會及論壇。這不正是陳立夫先生在生前所表達的看法和願望嗎？

　　記得 1999 年立夫先生在臺北慶祝百歲壽誕的時候，我因為身在澳洲，無法趕回去為他祝壽，特地寫了一篇祝壽短文，題為「百歲人瑞陳立夫與兩岸關係」，刊載於澳洲的《星島日報》，日期是 1999 年 9 月 6 日。

　　1999 年 9 月 6 日，恰巧也是中華人民共和國前主席江澤民訪問澳大利亞的時候。因此，我藉這個機會寫了這篇短文，並附刊陳立夫先生早先託人帶給汪道涵先生的一張對聯條幅照片，上面的親筆題寫很

作者祝壽專欄，1999 年 9 月 6 日刊載於澳洲《星島日報》。

簡單，但很有創意：「求統一，不談小節；為和平，先矢至誠。」雖然字數不多，但是其所蘊含的希望雙方終能統一的心意則表達無遺。上款「道涵先生雅正」，落款「陳立夫」。大概是他九十七歲時所作，這也可算是兩岸互動中的一個歷史性的小插曲了。

我知道立夫先生非常關心兩岸關係，希望在其有生之年看到兩岸和平共存，並從和平共存中實現和平統一。古人說「生年不滿百，常懷千歲憂」，立夫先生憂的是什麼呢？他在臺灣前立法院院長梁肅戎所主持的「海峽兩岸和平統一促進會」成立一周年的大會上演講，說他經常「憂國共內戰，憂臺灣問題不能以和平方式解決，憂中國的統一終須訴諸武力」。作為世紀老人，他希望，兩岸中國人不要再製造另一次浩劫，整個中華民族不要再走向戰爭之途。

我在江澤民先生訪問澳洲的時候發表這篇文章，也想藉此表達和平願望，希望澳洲的領導人會參考陳立夫先生的說法，能夠藉此向江澤民主席表達澳洲的共同願望。我在文章中提到，我相信睿智的澳大利亞總理霍華德 (John Howard) 當能運用其智慧，極巧妙地向來訪的江主席表達他對中國兩岸和平共處，有助於亞太地區繁榮、安定、和平的看法。

世紀老人陳立夫先生於 2001 年去世，享壽一百零三歲，可說是人瑞了。他生前對兩岸關係的各種期望，並沒有完全實現。但在他去世後沒有幾年，兩岸間和平發展的關係，正以相當大幅度的「動勢」在逐步邁進。果爾，那麼陳立夫先生如果泉下有知，也應可減少一些他生前「常懷千歲憂」的那些「憂思」了吧。

身為文化大國之國民而不自知其文
化之崇高而願追道落後之文化乃自
章也　　　吳興許立夫書

古者同其大體之意也故人與人
應愛其所同敬其所異則人和事興
國與國如此則世界大同矣　許立夫

陳立夫的手跡經常反映儒家及世界大同的思路。❻

---

❻　原墨寶刊載於民國 93 年 2 月 8 日，財團法人立夫醫藥研究文教基金會發
　　行之《弘毅》專刊，5 頁。

第六章

君子學者李模

心儀已久，原來不是外人

　　李模（原名祖敏）1922 年生於上海，2000 年 1 月於臺北謝世。天不假年，實為國家社會的損失，更是親友學棣們的永恆的悲愴。李模，國立西南聯合大學肄業，美國哈佛大學法學院法學碩士，甲等特考司法官考試及格最優等第一名。祖敏兄為執業律師並投身法律教育，曾任教於成功大學、東吳大學、輔仁大學、中興大學。他先後擔任教育部常務次長、教育部政務次長、經濟部政務次長、行政院政務委員、總統府國策顧問等公職。他的夫人許婉清女士也是一位了不起的才女、法學家、執業律師。她和李模同時考上高考，受訓時相識結縭。李模的內弟許倬雲才學過人，為知名的學者，也是中央研究院的院士，可稱一門菁英。

　　我本來並不認識祖敏兄，但經常拜讀他在《聯合報》、《民生報》、《工商時報》及《中央日報》刊載的文章，都是語重心長，充滿了憂國憂民、期盼國家進步、社會祥和、人民幸福的赤誠。他基本上是法律人，具有「打破砂鍋問到底」及「明辨是非」的精神，但也抱有教育家、宗教家的情懷，不禁令人肅然起敬。李模的文章，文字洗練，英文造詣也高，我常常會一讀再讀，使我對他早已心儀不止。

　　在偶然的一個場合，我們終於見面了。交談起來，李模說：「我知道您，一直想找您，您的兄長北大教授芮沐是我以前的老師。」這才知道，原來李模是我三兄芮沐教授，當年在昆明西南聯合大學任教時的法學高材生。

　　我們家六個兄弟兩個姐妹，兄弟間都以「先」字排行。大哥榮先

（病故）、二哥壽先（意外事故死亡）、三哥敬先即芮沐、四哥得先（晚年改為德先）、五哥志先（中年亡故）、六姐秀娟（早夭），我排行第七，名器先、八妹瑞娟（後改名麗和）。三哥從法國、德國留學學成歸國後，就把名字「芮敬先」改為芮沐，當時使用單名很新潮也很別緻，可稱開風氣之先。

芮沐當年去法國留學前，曾在上海震旦大學文學院進修，同時參加了「法語專修特別班」（Cours spécial）惡補法文。班主任多斯汀（Tostin）神父見芮沐非常用功、進步神速甚為得意，充分證明他所創建的法語速成制度確有道理，因此對芮沐也特別激賞，認芮沐為他的傑出得意門生、可造之材。芮沐也認為多斯汀神父教導得法，師生間關係也極為融洽，這種「極為融洽的師生關係及尊師重道的精神」於數十年後又再度出現於芮沐與李模之間。

那時臺灣與中國大陸之間，往來和溝通並不太方便與順暢。我和芮沐雖是親兄弟，但兩岸隔離，他在北京、我在臺灣，彼此間消息隔膜。由於我在臺灣所服務單位的工作性質（外交部，多少有些政治敏感性），也不能隨便往大陸寫信，還不如李模和他老師間的師生關係來得密切，他們倒時有魚雁往來，有時我反要向李模打聽芮沐的消息。加以李模好學不倦、學識淵博不下於他老師，而且他的長相在眼鼻之間有幾分很像芮沐，言行作風又似出於同一個拷貝，在我渴念大陸家人的時刻，看到李模似乎像看到親人一樣，因此很自然地就把李模當做「芮沐第二」看待。我一直在想，李模把他原名「祖敏」改用單名李模，「模」與「沐」同音，莫非是受了老師芮沐的影響或感召，似也不無可能。

之後，我對祖敏兄格外敬重，對他的處世為人之道更感興趣，愈來愈發現李模與芮沐之間的共同點何其之多，使我對祖敏兄愈來愈衷

心欽佩。加以在他擔任經濟部政務次長任內，我們兩人又同時在隸屬
於國家安全會議的「國家建設研究委員會」共事，都兼任研究委員。
他在經濟組，我在政治組，記得經濟組同事中還有財政界名人薛琦。
另外，政治組尚有國民黨榮譽主席連戰的尊翁連震東等研究委員。該
國家建設研究委員會的前後兩任主任委員，是前臺灣省主席空軍上將
周至柔及前行政院祕書長陳雪屏。李模在會議中很少主動發言，但如
被徵詢他的看法或意見時，他言必中肯侃侃而談，有條不紊令人信服。
使我對祖敏兄的認識，益為深刻。

　　1993 年 7 月間，祖敏兄任職於東吳大學時，有計畫地默默耕耘，
居然成功地實現了他邀請芮沐教授，自北京來臺主持一項國際法學學
術會議的願望。芮沐除了是民法的權威外，並精研經濟法、國際公法
及國際經濟法，國際私法也是他另外一個專長。大法官馬漢寶還特地

臺北國際私法研討會，前排左二起：芮正皋夫人、芮沐夫人、作者、芮沐、李
模、馬漢寶大法官、陳雄飛大使。

舉辦了一場國際私法研討會議請芮沐主持。

　　這是海峽兩岸文化交流方面的一個相當重要的里程碑。就當時兩岸的政治氣氛而言，是一項不平凡的突破，也是我們兄弟分離了數十年後的一件大事，我當然十分興奮。基於親情，我徵詢促成這項學術訪問的主辦人李模，能否讓芮沐不住校方所安排的國聯飯店而住在我家，以盡胞弟接待之誼。李模笑答，這是合情合理的事情，但以他的看法，他的老師芮沐是一個法律人，他不會「以公徇私」的，在情、理、法之間，芮沐的考量會傾向選擇「法」。果然不出他所料，芮沐勉強在我家住了兩晚後開始「坐立不安」，第三天還是硬要搬去國聯飯店住，接受東吳大學的正式接待。這也可見他們師生之間相知之深，我這個胞弟對我的親兄的瞭解，還遠不如祖敏兄對他老師所知之深呢。

　　他們師生於相隔數十年後，得以相聚於數千里外的寶島臺灣，也是人生快事。就在他們相聚的期間，祖敏兄親筆題簽，送我一本他於1992 年 10 月 16 日出版的著作《開拓靈性的人生》，並題辭曰：「芮大使正皋兄：請惠指正　弟李模敬贈」字跡秀麗，充分反映他高雅的人品。我看了這本著作，不禁拍案叫絕，全書三十二篇，每篇字數不多，但要言不煩，篇篇珠璣，簡直是一部「人品教育大全」，而且深入淺出，寫得合情合理，把中外古今名言旁徵博引加以詮釋，發人深省，令人嘆服。值得推廣給時下追求物質生活及虛榮的年輕一代參看。

　　談起人品教育，李模在《開拓靈性的人生》一書中，很精彩地分析了人生旅途中成功最基本的因素便是「自知」。自己知道自己有多深的學識、有多強的能力、有多好的修養以及有多堅定的毅力。憑著「自知」以規劃努力的目標，才不致好高騖遠流於空想；憑「自知」以組合同道，才足以集思廣益，發揮整體的力量。

　　李模最喜歡推薦美國麥克阿瑟將軍所發表的〈為子祈禱文〉，並引

證其中有關「自知」的精彩片段來說明他的看法。我也樂於重複轉借介紹：

> 願主能使我的兒子懂得實事求是，
>
> 而不以空想代替行動。
>
> 使他認識您──同時知道：認識自己才是一切知識的基礎。

麥帥的英文原文是：

> Build me a son whose wishes will not take the place of deeds;
>
> A son who will know Thee,
>
> And that to know himself is the foundation stone of knowledge.

另外一個有關「自知」的箴言，來自阿拉伯文化的智慧，是由一位阿拉伯國家主管高等教育的次長訪問臺灣時告訴李模的。李模把這個阿拉伯箴言巧妙地編譯成中文，充分顯示李模文字運用的超高技巧，我也轉錄以饗讀者。其內容是：

> 如果有一個人，明明不知，而猶不知其為不知，
>
> 此人愚昧，最好敬而遠之；
>
> 如果有一個人，的確不知，也自知其不知，
>
> 此人單純，無妨進而教之；
>
> 如果有一個人，明明知道，而竟不知其知道，
>
> 此人昏睡，應該設法喚醒之；
>
> 如果有一個人，的確知道，而也知其知道，

此人聰明，務必師而從之。

這些話的英譯文，其結構更為有趣，以供對中、英對照有興趣人士參酌：

He who knows not and knows not he knows not:

He is a fool——shun him;

He who knows not and knows he knows not:

He is simple——teach him;

He who knows and knows not he knows:

He is asleep——wake him;

He who knows and knows he knows:

He is wise——follow him.

李模最後的結論是，最重要的成功因素在於「自知」。能確實自知，然後樹立人生的目標，不致流於無法實現的空想，努力也不會白費；必須「自知」，才能主動地求其「適才適用」，不會「眼高手低」，終至一事無成；必須「自知」，乃能戒絕虛浮，能與人誠信相處；必須「自知」，才能「守法守分」而無所強求。人人如此，才能形成一個完美的祥和社會。

祖敏兄學識非常豐富，無論法律、教育、財稅、經濟各方面，可說是十八般武藝樣樣精通，尤其對人生哲理有獨到的深刻認識。但他對法律教育似乎特別有興趣，投入的時間與精力也特別多，始終以法律人的身分身體力行以貫徹他「法治建設」的理想。

「每況愈下」還是「每下愈況」?

　　如果真的要替祖敏兄好好地寫傳，恐怕不是幾頁紙張所能完成的。我在這裡僅能舉一兩個事例，象徵性地傳達我對他的崇敬於萬一，也略表我對他的神往仰止的心情。

　　我最佩服他那種「一以貫之」的精神與毅力，也就是法律人的「明辨是非」，和「打破砂鍋問到底」的治學與處理事務的態度。下面就是一個典型的實例。

　　「究竟應該是『每況愈下』還是『每下愈況』?」這是祖敏兄寫的一篇專欄的題目，刊載於 1996 年 8 月 29 日的《中央日報》，全文約二千五百餘字。這個問題我自己也曾注意探討過，但自愧沒有像祖敏兄這麼深入、澈底，充分顯示他的「務實」精神。他引經據典，旁徵博引，上溯大哲學家莊子，旁及宋朝以來的學者，再求證各大書局不同版本的辭書，包括臺灣商務印書館的《辭源》、中華書局的《辭海》、東華書局的《中國成語大辭典》及遠流出版社的《辭源》。簡直像寫一篇碩士論文或博士論文那麼認真，真是深得吾心，欽佩之至。這篇專文分析的結論大意是二者意義不同，各有所指，不能混用。

　　「每下愈況」源自《莊子・知北遊》的第六節。東郭子問道於莊子，「道」在那裡?莊子答稱，到處都是「道」，「道」在愈下賤處愈明顯，「每下愈況」（這裡的「況」字不能作「情況」、「境況」解），並舉螻蟻、瓦壁、尿溺為例。至於「每況愈下」一詞則表明境況愈變愈壞，淺顯易懂。自宋朝以來，就已有「每況愈下」的用語。

　　但祖敏兄表示憂慮，他見當前坊間的字典辭書大半將「每下愈況」

解與「每況愈下」同義，甚至逐漸有認前者為是，後者為非的趨勢。他擔憂如此「積非成是」下去，勢將是非不分、顛倒黑白，祖敏兄這種「明辨是非」的精神令人欽佩。我認為，莊子用的是古文，李模所舉的各種不同版本的辭書的注解也大多是文言文，難怪不求甚解的人士以訛傳訛，誤解莊子的本意，而將二者混而為一。

　　我同意李模的分析與結論，也學他「打破砂鍋問到底」的態度和「明辨是非」的精神，在中國出版的辭書中再去求證。我很高興，發現中國甘肅師範大學中文系所編寫，於 1978 年由上海教育出版社出版的《漢語成語詞典》，其中編列的「每下愈況」條，這句成語的解釋是用白話文撰寫的。編者用淺顯易懂的白話文來注解東郭子和莊子這段「問道」的對話。茲將原文照錄如下：

> 《莊子・知北遊》裡記載，東郭子問莊子說：「所謂道在什麼地方？」莊子回答說：「無所不在。」東郭子要莊子說具體一些，莊子就從螻蟻說起，直到秕草、磚瓦、大小便等，都是道所在的地方。東郭子見莊子越說越低下就不同他說了。莊子說：「要滿足你的要求把道的真相說清楚，就像市場上的牙人用腳踏豬來估量它的肥瘦一樣，『每下愈況』。」意思是說，越踏在豬的下部（即腳脛上），就越能顯出它是否真肥（因為腳脛是最難肥的部位）。比喻越從低微的事物上推求，就越能看出道的真實情況，就越能看清事物的真相。❼

---

❼　錄自上海教育出版社發行之《漢語成語詞典》，399 頁，「每下愈況」條釋注。

　　我相信，上述莊子論「道」所說的「每下愈況」一詞很清楚的白話注解，應該可以再度肯定李模「中流砥柱」的結論：莊子的「每下愈況」和宋代以降的「每況愈下」意義截然不同，不可混為一談。李模泉下有知，也可安心了。

　　我在上海震旦大學法學院修習法學，因為同時修習兩張文憑，一張是我們自己政府教育部的法學士文憑，一張是法國巴黎大學法學院核定的法學士同等學歷文憑，因此畢業時獲有中、法兩國法學士的學位。畢業後申請律師執照，並在吳三讓律師事務所掛牌執業。1947 年考取公費留學考試赴法國巴黎大學攻讀博士班，並取得學位，勉強也可算是一個「法律人」。但後來因為從事外交工作，沒有實踐「法律人」的機會，不像芮沐、李模他們終身奉獻於法律教學及法律教育，我對他們很嚮往，相形見絀，自己感到很膚淺、很慚愧。

「法律人」壯志未酬

　　1999 年 7 月間，祖敏兄因咳嗽在他家附近的秀傳醫院看門診，醫院的劉醫師建議為求心安，拍張胸部 X 光片查看，劉醫師看了照片後，又建議轉診到大醫院作判斷。臺大醫院胸腔內科的楊泮池主任，經過嚴密的檢查，再經過有關各科的會診，終於斷定是肺癌，更不幸的是又發現有擴展到腦部的現象。這真是一個晴天霹靂！這對祖敏兄是非常重大的打擊，可是他還是念念不忘未完成的「法律教育」使命，一再提到他突破一切困難，在東吳大學創辦臺灣第一個仿照美國法律學院專門招收大專以上畢業（包括碩士或博士學位）的學生，來修習基礎法學，聘請一流法學家前來教學，成果斐然。另外又辦理全國各

大學法學系特優學生獎學金、法律論文徵選、法律推廣教育進修班。他說：「如果這些生力軍均能為法治建設貢獻一分心力，年復一年，誰說我們法治前途毫無希望？但是我今日已經收到一個緊急的處分令，我的『壯志未酬』勢必已成定局。人生本來就有油盡燈枯的一天。我已從出身寒微十五歲開始，遭逢家難，浪蕩天下六十餘年，能夠有許多奇緣，創造了今天的我，坐擁和睦家庭和數以千計關心我的友朋學棣們，上天對我不薄，我又何所怨尤。唯一遺憾的，只是必須把這未酬的壯志，要留待後來的法律人去努力罷了。」這些話是祖敏兄於1999年9月6日在臺北寫的，四個月後他與世長逝。他自知餘日無多，而猶諄諄叮嚀後人努力完成他未酬的壯志。這種坦然無私、視死如歸的風範，真是何等的胸襟，何等的氣概。

重印老師「舊作」，道盡人間滄桑

有一件事值得在此一提，也可見到李模與他老師芮沐間師生關係之深。芮沐遠在對日抗戰前，即開始撰寫有關民法法律行為理論的學術論著，但因抗戰期間播遷各地，所有參考資料及法、德等外文書籍都無法隨身攜帶，遺留家鄉。但芮沐仍憑他的學識、記憶、經驗、智慧、判斷，以及他在昆明西南聯大授課講稿、專為學生編撰的教材整理成冊出版，書名《民法法律行為理論之全部》。這部別開生面的學術巨著沒有參考書目、出處和注釋，仍有約三十五萬字的紮實內容。而這部書之所以能付梓刊行，有賴於李模、湯宗舜、崔道錄等幾位好友學棣的協助，包括修稿、校對、繕寫、抄錄、整理等工作。芮沐在這部著作的自序中也曾一一列舉他們的大名，表達感謝之忱。這篇自序

寫於北京大學中老胡同寓所，日期是民國 37 年 11 月 1 日。

芮沐與李模兩人於相知、相識數十年後，在臺北再度聚晤、重拾舊歡，正深慶幸，但好景不常，祖敏兄天不假年，不幸於 2000 年初在臺北謝世。芮沐在北京得悉噩耗後，悲痛逾恆，遂授權李夫人許婉清女士將其原作《民法法律行為理論之全部》在臺北重製，以誌念師生交誼之情。 許女士經洽承三民書局劉振強董事長慨允協助重製， 於 2002 年 10 月間在臺北出版，不負芮沐所託。李模夫人以「李許婉清」具名， 在這本重製版的學術巨著第 469 頁，加列她所寫的一篇 「後記」，扼要地簡述了她先生與芮沐師生關係過程，透露了她夫婦對芮沐誠摯的景仰。茲將原文摘錄如下，作為本文的結束：

> 芮師在其原作（《民法法律行為理論之全部》）自序中，已敘明資料係當年執教昆明西南聯合大學時，為學生編撰的教材。在成冊出版時，外子李祖敏（李模）並曾參與謄錄及整理的工作。數十載來，雖時空流轉，原作法理之精闢，仍值得學界及學生研讀。
>
> 回憶抗戰時期，書籍匱乏，學生受教，全賴學識淵博、經驗充沛的老師傳道、授業、解惑。
>
> 芮師是時自國外進修歸來，一面任教大學，作育人才，一面自設律師事務所，服務人群，執業所得資助有需要的學生，凡此種種，在莘莘學子心目中，早以 芮師身教、言教為規劃人生的楷模。外子有幸，立雪程門，得益良深。外子與本人結識後，時時慕述 芮師風範，且自我鞭策，自我期許，希望能一步一腳印隨趨恩師足跡。外子自出國進修後，回國執教，以所得嘉惠學子，都劍及履及，一一做到。奈何天不假年，外子已於八

十九年 (2000) 一月六日謝世。　芮師得悉，極為哀痛。最近指示本人希望將其早年原作重製問世，以紀念這段師生交誼之情。八十二年 (1993) 間　，外子曾敦請　芮師偕師母來臺作學術演講，並侍遊臺灣勝地，數十年後得以相聚於數千里外之寶島，白髮師生促膝長談之情景，因外子謝世，已成追憶。俟原作重製完成，本人將遵照　芮師旨意，分寄各地圖書館及法律院系，以誌師生情誼，了卻　芮師紀念老學生的心願。

本人在此感謝　芮師的信任，感佩劉振強董事長的支援；也遙念原作問世當時所有參與的伙伴；並向重製工作各階段效力的朋友致敬。

李許婉清　謹跋

第七章

法學泰斗芮沐

開場白

當初，我一度猶豫過，是否把北京大學芮沐老教授也列入本書？原因是，芮沐教授乃是我的嫡親胞兄──我的三哥，故我是否能毫不徇私，沒有偏見地客觀記載三哥的相關事蹟，我確實有點把握不定。不過，經過一番慎重的考慮後，我最終決定列入本篇，我相信自己能夠像撰寫其他篇一樣，站在尊重歷史的立場，客觀、公正地談論我的兄長。於是，我開始著手準備。

一旦決定撰寫「芮沐章」，又產生了附帶的「稱謂」問題。芮沐是北京大學享有盛譽的資深教授之一，自有其特別的「尊稱」。他住在「燕南園」，而在北京大學燕南園居住過的教授多為學術界泰斗，乃至舉世聞名的大師，如歷史學家翦伯贊、經濟學家馬寅初、物理學家周培源、哲學家馮友蘭、美學家朱光潛、語言學家王力等。隨著時間的流逝，大部分大師相繼辭世，而我的三哥芮沐卻是直到 2011 年 3 月才仙逝，享年一百零三歲，在多年之內曾是燕南園的「碩果僅存」者。

正因如此，芮沐的同事、門生和其他晚輩或稱他為「芮先生」，或稱他為「芮教授」，或稱他為「芮老師」，或稱他為「芮公」。我是他的胞弟，年紀比他小了十一歲，故無論就學識還是就年齡而言，尊稱他一聲「芮公」，都不為過。但是，畢竟是嫡親兄弟，這樣的稱呼似乎頗有「見外」之感，但若直呼「三哥」，卻又不免有「故作親近」之嫌。有鑑於此，我在本書中，就按照傳記著述的常例，直爽地稱他為「芮沐」了，敬請三哥的家人諒解。

在此順便提一下我們家庭中彼此稱呼的習慣，我三哥芮沐和四哥

芮德先之間，互以「老頭」相稱，如「三老頭」及「四老頭」，相當有趣。我稱呼他們，則要尊敬一些，就稱「三哥」和「四哥」。我稱芮沐的夫人周佩儀為「三嫂」或「佩儀嫂」，他們則都稱我「七弟」。佩儀嫂在家裡，對熟識的朋友或大弟子們提起芮沐時，則使用較為親暱的稱呼「老芮」。芮沐在寫信給他的門生弟子們時，則大都稱他們「同窗」或「同學」。按中國傳統，稱謂方面習俗有一整套「規定」或「潛規則」，所謂「名不正，則言不順」，因此，我多少受些影響，只能在此先交代一下，請讀者諸君恕我囉嗦。

芮沐的少年時代

「芮沐」一名，是三哥自取的，是他赴歐留學回國後啟用的。在中學和大學時代，他都使用「芮敬先」之名，留學法、德兩國時，也使用「芮敬先」的外文拼音。我家是個大家庭，兄妹七八人，男的以「先」字排行，「敬先」排行第三，四哥「得先」（後來改為「德先」），我排行第七，是兒子中的「老么」，原名「器先」。在我之下還有一個八妹，名叫「芮麗和」。四哥芮德先去世時也已九十六歲，自 2011 年一百零三歲的三哥芮沐去世後，目前我們兄妹中就只剩下八妹芮麗和（現居上海）和我（現居雪梨）二人了。

芮沐於 1908 年 7 月 14 日生於上海近郊的南翔，祖籍浙江吳興縣。但這裡所謂的「7 月 14 日」是指農曆，故按西曆，芮沐的正確生日應該為 1908 年 8 月 10 日。三哥芮沐生肖屬猴，四哥生肖屬狗，他們兩人相差只有三歲，比較接近。在 20 世紀 30 年代，二人又同時在歐洲德、法兩國留學。由於三哥和四哥年歲接近，故兩人甚為投契，

有時在家愛用德語交談，交流十分自由，經常開開玩笑，但是謔而不虐。

　　1947年，我通過政府公費留學法國考試，從上海搭船前赴法國，本來打算二、三年後學成回國，卻因無法預料的「政治大變動」，竟與妻子、兒女和其他家人從此天各一方，長達六、七十年未能見面。在此期間，僅與三哥芮沐在晚年赴境外學術訪問時見面二、三次，真是感慨萬千。

　　儘管芮沐和我聚少離多，但是我對他的印象卻特別深刻。或許是因為親兄弟之間存在著天然的「心靈感應機制」，或許是由於我的記憶力特別強，過去的事仍然歷歷在目，清楚地印在我腦海中，隨時隨地如錄影般地放映出來。

啃書成狂

　　芮沐的童年是在上海租界度過的，他先是在法租界的浦東小學上學，後來到英租界的馬克密林中學念書，之後則轉學到法國的聖芳濟教會學校。1927年，芮沐中學畢業後，便進入天主教耶穌會教士主辦的，位於法租界呂班路的震旦大學求學。

　　我記得，芮沐在上海震旦大學文學院就讀時，還加念了一門「法語專修特別班」課程。這是由一位名叫多斯汀的法國神父講授的「法語速成專修」課程，這是一種密集式教學方法，旨在使學生在一年內讀通法語。該課程由這位天主教耶穌會神父首創，本來報名參加的學生不是太多，再加上課程很難並且緊湊，故中途知難而退的學生有好幾個，到最後只剩下了「小貓三隻四隻」。而芮沐就是僅存的少數學生

之一，且成績特別優異，名列前茅。最終，只有芮沐單獨通過重重關卡，歷經各項口試、筆試，獲得了最優等結業證書。一本供法國中學生、大學生普遍使用的拉魯斯 (Larousse) 法文字典，被芮沐翻閱得幾成了碎紙，他差不多可以背得出字典內的每個生字，真可謂「啃書若狂」。

講授「法語專修特別班」的多斯汀神父當然欣喜萬狀，芮沐能以優異成績通過他特別設計的法語速成課程，證明他的教學法經得起考驗，是一項成功的學習實驗。神父對芮沐當然大為欣賞刮目相看，把他視作最傑出的得意門生，很願意對芮沐「傾囊相授」，芮沐當然也樂得接受他的「衣缽」，獲益匪淺自不在話下。有了這樣豐富紮實的法語基礎，芮沐便赴法留學，很順利地獲得了法國巴黎大學法學碩士學位，此後，又轉往德國法蘭克福大學攻讀法學博士學位。

學富五車

芮沐剛毅果斷，堅持原則不屈不撓，一方面追求完美，另一方面也不放棄腳踏實地的務實作法。他治學鍥而不捨，有「打破砂鍋問到底」的精神，因此在學業上取得了傑出的成果。

芮沐 1930 年畢業於上海震旦大學文學院，獲文學士學位。1933 年畢業於法國巴黎大學法學院，獲法學碩士學位。1935 年畢業於德國法蘭克福大學法學院，獲法學博士學位。1949 年前歷任重慶中央大學、昆明西南聯合大學、北京大學教授。中華人民共和國成立後，歷任北京政法學院、北京大學教授。他在「文革」前曾任北京大學法律系副主任，「文革」後則出任北京大學法律系教授兼民法教研室主任、

經濟法和國際經濟法研究所所長等。

芮沐的外語能力很強，他熟諳拉丁語、法語、德語和英語。拉丁語是他在天主教聖芳濟中學進修的，更是震旦大學文學院必修的主要語文，義大利語、西班牙語、法語都是屬於拉丁語系，讀通了拉丁語文，就幾乎可對這些拉丁語系的語文「無師自通」。在中國與前蘇聯交好的時代，芮沐有機會接觸並訪問前蘇聯及東歐國家，因此他也通曉了俄語。此外，他又勤習日語，從而使得他除了法學外，外語基礎也十分紮實。

中國大陸的法學教育體系在 20 世紀 5、60 年代，幾乎就是仿照蘇聯，到了「文革」的特殊時期則被破壞殆盡。而中華民國法律系統的有關法典，在中華人民共和國成立之後當然全部被廢止了。但是，蘇聯的法律法典精神與制度畢竟與中國國情格格不入，甚至大相逕庭，因此，中國大陸上的法學理論一度幾成空白。芮沐在對日抗戰前所撰寫的，以及在重慶中央大學和昆明西南聯大，講授的《民法法律行為理論之全部》一書和講稿，雖然經歷了數十年，但是對於法理的精闢論析，仍為學界和司法界的重要參考資料。在「文革」期間，芮沐雖然遭受了不太公正的待遇，但是他仍然沒有放棄他的法學研究。

芮沐不僅潛心治學，而且積極參與社會活動。中華人民共和國成立後，歷任政務院法制委員會委員、全國人大常委會法制委員會委員、國務院經濟法規研究中心常務幹事、中國國際經濟貿易仲裁委員會副主任等職務。他還有一系列學術兼職：中國社會科學院法學研究所副所長、中國國際法學會副會長、中國經濟法研究會副會長、歐中法律協會中國法常設委員會名譽主席等。

經濟法推動經濟發展

　　「文革」之後，芮沐和廣大的中國知識分子都期望著新經濟方面的發展。1978 年鄧小平訪美，中華人民共和國走向世界。1979 年春，芮沐和費孝通、錢鍾書等，參加了由中國社會科學院副院長宦鄉率領的赴美代表團到美國考察訪問，開啟了中華人民共和國「改革開放」後，中國學術界走向世界的第一扇大門。訪問回來後，芮沐覺得要配合鄧小平「集中精力把經濟建設搞上去」的號召，應當發展出一部「經濟法」及「國際經濟法」的教學機制來，以適應當時經濟發展的需要。當時芮沐擔任全國人大常委會法制委員會委員，他在國務院召開的學位委員會議上提出創立「經濟法」的建議，立即獲得了重視，也贏得了法律專家和學者們的回應。

　　就在時代需求下，經中國教育部批准，北京大學在 1980 年創設了全國第一個經濟法本科專業。芮沐與同事們精心設計了經濟法的教學規劃，在北大先後成立了「經濟法研究所」和「國際經濟法研究所」，芮沐擔任第一任所長。沒有教材，就自己編，芮沐親自教學，兼任碩士生和博士生導師，芮沐同時也擔任國務院學位委員會第一屆學科評議組委員。當時芮沐七十來歲，人們經常看到他騎了一輛破舊的自行車，在校園中來回奔波。就在芮沐這樣辛勤灌溉和耕耘下，沒隔幾年便開花結實，造就了一批又一批的經濟法、國際經濟法的專業人才。他們或傳承薪火，從事教學；或學以致用，任職政府有關部門。芮沐對中國經濟的迅速發展，做出了自己應有的貢獻。他從事教學半個多世紀，先後開設過民法、西方國家民商法、國際私法、經濟法、國際

經濟法等課程，言傳身教、誨人不倦，培養了無數優秀的法律、法學和經濟法學的專才。

法學與立法的交互運用

由於精通法學，芮沐被聘為全國人大常委會法制委員會委員、國務院經濟法規研究中心常務幹事、香港特別行政區基本法起草委員會委員、對外經濟貿易部條法司特邀顧問、全國總工會法律顧問等職務。芮沐以法學專家的身分參與了中國立法，提供了眾多的精闢見解和對策，促使改革開放和現代化建設步上正軌，產生了巨大的經濟成果，從而獲得了中國有關領導的高度評價。

具名「辛禾」所撰寫的一篇〈記法學老前輩芮沐先生〉的文章（載《經濟法制論壇》創刊號，2003 年）引述芮沐的話道：「搞經濟法和別的法律部門不一樣，應同時考慮經濟問題和法律問題，並且要縱橫兼顧，宏觀和微觀並重，公法與私法同時處理；在處理國際經濟法問題時，則應該是國際法與國內法並重，但立足的主要方面是在國內法。」作者認為這是芮沐的真知灼見。

文章又提到芮沐曾親筆寫道：「法學是實踐科學、行動科學。作為上層建築的法律，必須為經濟基礎服務，這是沒有疑問的。法學者的使命是協助我國立法者和司法者在中國建立起具有中國特色的社會主義法律體系。我的點滴成就即在於適應改革開放的需要，在學校中創立了兩門新學科——經濟法和國際經濟法，並為這些學科的發展竭盡微薄之力。」文章作者最後認為，這簡單幾句話充分反映了，身兼法學家及經濟法學家雙重身分的芮沐教授，一直都在「身體力行，履行

使命，實踐理想」中過日子。

最後，辛禾說：「天行健，君子以自強不息；地勢坤，君子以厚德載物。」「這就是承繼和發揚了中外優秀文化傳統的芮先生的寫照。芮先生堪稱一代宗師，學子楷模」。

有情人終成眷屬

1937 年，日本發動侵華戰爭，原籍湖南長沙的周佩儀小姐因逃避戰亂，輾轉由南京、長沙、成都而到達重慶，在重慶表兄羅敦偉那裡遇到芮沐而相識、相知，而終於成為芮夫人。他們的婚姻可謂「有緣千里來相會」，因為這過程有些曲折，不過最終仍然是「有情人終成眷屬」。1940 年 7 月 14 日，芮沐生日的那天，他們舉行了婚禮，完成了終身大事。

我稱三嫂為「佩儀嫂」，她出身於湖南長沙的周家望族。她的祖父、伯父都是翰林，周佩儀在家學淵源的書香門第中長大，又受到湖南文化大熔爐的陶冶，她的國學造詣當然不言而喻。

周佩儀在長沙一所教會學校福湘女中畢業後，考上南京金陵女大，在校學習一年後，適逢 1937 年日本發動侵華戰爭，金陵女大決定遷往成都，周佩儀也就轉赴成都繼續學業。當時日軍經常空襲，成都沒有太多防空洞可以躲避，她的姑媽和表兄等很不放心，一再勸促周佩儀轉學到設有較多防空洞的重慶，同時也可得到表親羅敦偉家的照料，周佩儀遂又從成都回到重慶，並轉學到在重慶北碚復校的復旦大學。

周佩儀的表兄羅敦偉是一位飽學之士、名記者和經濟學專家，是自學成材的學者，尤其對經濟學有獨特的見解和理論。佩儀嫂很欽佩

她的表兄，說他是倚馬之才。某次，芮沐隨友人李君造訪羅敦偉家，認識了羅敦偉的表妹周佩儀。芮沐見周佩儀才華洋溢、活潑開朗、樂觀進取，遂萌生愛慕之情，認為是他理想的佳偶。以後，芮沐與周佩儀兩人，有時在羅家「不期而遇」，或魚雁往來。（周佩儀寫得一手好毛筆字，芮沐在上海曾炫示其來函，我見滿紙蠅頭小楷，字跡端正秀麗，可以想見其為人與儀態）。有時候，芮沐還趕到復旦大學專程「拜訪」，引起周佩儀的姐妹和同學們的七嘴八舌，對芮沐品頭論足。最後家人一致認為芮沐學問淵博，人品端正、儀表英俊，大有紳士氣派，所以大家慫恿周佩儀，不要因為兩人年歲相差較大（十二歲）而猶豫不決。就在這種熱烈氣氛下，芮沐與周佩儀由相識而相知，由相知而相愛，終於經過幾年的交往，有情人終成眷屬，締結了世紀良緣。

長壽有道

由於科學昌明醫學進步，保健知識普及營養改善，人類平均壽命有顯著增加。所以，「人生七十古來稀」這句話似乎也可改成「人生百歲古來稀」了，像芮沐享有一百零三歲的高齡便是一個例證。

有一天，在和芮沐通電話的時候（那時他大概九十歲），我說道：「你這麼康健，一定長壽，可活一百多歲。」他以很有自信的口氣答道：「沒有問題，沒有問題！」我把祝賀沈昌煥胞弟沈昌瑞九十歲華誕的打油詩第三句略為修改，就成為另一首適合芮沐的打油詩應景：「人生七十古來稀，於今七十不稀奇；活上百歲始稱壽，六十甲子小弟弟。」

我把這首打油詩寄給旅居美國的一位對國學很有造詣的前外交部老同事程時敦（天任）。他說，好多年前，他在巴黎郭有守家裡碰到名

畫家兼書法家張大千，大家天南地北隨便聊天，張大千一時興起，曾揮毫寫了一首打油詩，其內容與我詩立意差不多。我與張大千的時空相差這麼大，卻彼此俱有這種「同感」，心中多少感到有些欣慰。張大千的打油詩如下：「八十不希奇，九十多來西（滬語「很多」的意思），百歲笑咪咪，七十還是小弟弟，六十睡在搖籃裏。」

說起張大千，他的書畫在目前市場上都以美金萬元為計算單位，但張大千這幅打油詩手跡，不獨不收潤資，還隨畫「加一小帳」，附送一盤真正地道四川回鍋肉。我把這段有趣的故事穿插在這裡，以下是程時敦兄告知我有關張大千揮毫寫打油詩的來信：

正皋老兄席右：

奉到大示所附兩詩，其中關於老年一首，使弟憶及多年前，在巴黎有一天與張大千老兄在他的居停主人郭有守家聊天時，談到各省烹調，敦言因在四川讀書，故喜川菜，尤其回鍋肉一品，百吃不厭，惜離重慶後再未嘗到過真正川味回鍋肉。他聞言一時興起，跑進廚房打開冰箱，取出一包五花帶皮豬肉，云是昨天剛買來，說我炒一盤家鄉味回鍋肉請你嘗嘗，保證遠超過你平生所吃。言畢脫下上衣，赤膊往廚房先煮後炒做此菜。我跟進廚房和他天南地北繼續擺龍門陣，不時因他大火炒辣椒引起噴嚏。我每一噴嚏他就哈哈大笑，連稱「過癮」。我說他頗有「老兒童」風味，以後書畫可以此三字署名。他聞言跑回書桌，寫下一首打油詩回廚房遞給我後，繼續炒回鍋肉，炒好打開一瓶紹興酒端至飯廳請我一同坐下品嘗，果然色香味均極妙，是生平所吃到永不忘懷的美味。

他所寫的打油詩與　老兄大作立意頗同，至今此一小詩仍保存

　　在篋，特意取出影印、在附件中寄上欣賞。

弟時敦上　四月十三日

　　芮沐在百歲時仍然很健康，當時，他的確像張大千打油詩所說的
「百歲笑咪咪」的樣子。他的門生楊國華回憶道，一個大冬天，寒風
凜冽，大伙兒在校園散步，但是芮沐竟然沒有戴帽子。學生們說他「不
知冷熱」，他卻昂起頭，帶著笑容，表現出滿不在乎的樣子。同學們趁
機向他請教長壽祕訣，他輕鬆地笑著回答：「現在生活好了，人人都可
以長壽啊。」同學們繼續追問，芮沐則說了一句頗有哲理的話：「凡事
要心寬，一切要想開些。」心寬固然重要，但按楊國華的觀察，芮沐
的長壽應歸功於芮師母的終身相伴，細心照料。對此，我也深有同感。
三嫂周佩儀女士雖然高齡九旬，卻仍然買菜做飯，忙裡忙外，和芮沐
相濡以沫，同甘共苦，歷時已經七十載。我們也不能忘記他們的女兒，
我的姪女芮晉洛，她對營養學有研究，對護理也頗精熟，對父親克盡

孝道，照顧周到。芮沐在他妻子女兒的悉心照料下，自然活得愉快，延年益壽了，這也是我三哥的福氣。

　　這裡所附的照片是 1990 年 4 月 8 日芮沐夫婦和他們女兒女婿、外孫和孫子的合影，典型的「天倫之樂圖」，也是芮沐長壽的寫照。

百歲祝壽瑣記

　　2007 年 6、7 月間，北京大學法學院發起要為芮沐舉辦百歲祝壽會。芮沐一再表示，不要勞師動眾為他慶祝生日。但是，校方和門生弟子們的盛意難卻，芮沐遂同意可以他的名義舉辦學術研討會。於是，北大法學院策劃了一個「芮沐先生百歲華誕暨學術思想研討會」，預定在 2007 年 9 月間舉行。

　　在為芮沐祝壽前，北京大學先安排了攝影專家替芮沐夫婦拍攝紀念壽照，有單人的，有合照的。芮沐特地脫下他平時樸實的便裝，換上難得一穿的西裝打上領帶。他獨照時，雙目仍是炯炯有神，不見絲毫衰老之態。和他的妻子合照時，他的雙眼卻又脈脈含情，看得出他對佩儀嫂的欣賞之情，表現出感激的樣子；而佩儀嫂則滿臉慈祥、包容寬厚的神情。

　　2007 年 9 月 8 日，「芮沐先生

芮沐百歲華誕與夫人合影。

百歲華誕暨學術思想研討會」在北京大學廖凱原樓 342 報告廳隆重舉行。全國政協副主席羅豪才、中共中央原政法委書記任建新、最高人民法院院長肖揚、全國人大常委法制工作委員會主任胡康生、國務院法制工作辦公室主任曹康泰等向芮沐贈送賀詞或花籃。

「華誕暨研討會議」由北京大學黨委常務副書記吳志攀主持，北京大學黨委書記閔維方、北京大學常務副校長林建華、中國政法大學黨委副書記馮世勇、北京大學法學院院長朱蘇力及芮沐的執教單位的高層，及他不同年代弟子們的代表分別致詞或發言。商務部條法司尚明司長、清華大學法學院，及南開大學法學院的高層也分別代表芮沐曾服務過的機關和兄弟院校致詞。包括十幾位年逾八旬的知名老學者和芮沐近百位學生與會，共同暢談芮沐的崇高品德、淵博學識以及他的學術思想、地位和成就，盛況空前。

芮沐由他九十高齡的妻子周佩儀陪同，一起出席會議，接受弟子們的獻花，並和參與者互動，氣氛極為融洽。

會議中並由北京中邦亞科貿集團董事長史維學，慷慨地向「芮沐教授法學基金」捐款一百萬元人民幣作為啟動基金。

我自從獲知三哥的祝壽日期後，趕緊寫了一首祝賀芮沐百歲的小詩，從澳洲雪梨航郵寄發，總算能及時趕上這個盛會，湊個熱鬧。我的祝壽詩如下：

> 三哥芮沐教授百齡嵩壽
> 欣逢期頤老，共祝嵩齡仙。同獻南山壽，敬酌北海樽。
> 功在學與教，澤被經濟人。化而裁之愛，推而行之道。
> 耄耋芮夫子，儕輩同賀忱。百歲世所欽，俚語獻至誠。
>
> 七弟正皋集句恭賀　2007 年 7 月於澳洲雪梨

百歲祝整壽，秀才紙半張

北大法學院 2007 年替芮沐慶祝華誕，那時芮沐九十九歲，足百歲前一年，那是「暖壽」。

2008 年 7 月是芮沐實足滿一百歲。為慶祝他的百歲「整壽」，遠處澳洲的我，既不能遠涉重洋親往拜壽（由於健康關係），也想不出除了書籍之外能令他喜歡的禮品。結果，還是寄了一罐澳洲特產，鯊魚肝提煉的高單位「角鯊烯」營養補品，能幫助提高肌體的攜氧量，對老年人比較合適。另外，再想找一張別致的生日賀卡寫幾個字來搭配，作為「秀才人情紙半張」聊表心意。

澳洲郵局除了處理郵件郵包外也兼售文具，等於是一家完整的文具圖書店，出售各種節日的賀卡以及各級年齡的慶生卡，上面印著精美彩色的圖案和現成的祝賀詞句。我不知能否找到現成的「慶祝百歲」的賀卡。郵局書架上陳列著各式各樣的賀卡，真是琳瑯滿目、五彩繽紛、美不勝收，且分門別類排列得很整齊，其中有生日賀卡專欄，包括各種年齡段：五十、六十、七十、八十。結果，居然真的被我找到了為慶祝一百歲用的賀卡，賀卡正面印了英文字「一百歲」幾個字，而且陳列的款式不只一種，有好幾種可供選擇，可見一百歲賀卡有市場，大概澳洲活到一百歲的人也不在少數。我就挑了一張相當大方不俗氣的賀卡。上面的英文祝詞很普通，可適用於任何一百歲的壽翁或壽婆。大意是「恭喜您一百歲大慶，應當盡心去享受，回顧您過去的特殊一生，勾起您美好的回憶，帶來無窮的快樂與滿足，敬祝您，在被最心愛的、有最特殊關係的良伴圍繞所產生的溫馨氣氛中，渡過您

的百歲華誕」。

當然，我選買這張「百歲賀卡」主要因為上面印有「百歲」字樣和它的精美花卉，倒不太在乎它的現成英文賀詞，因為我還要在賀卡上，再親筆寫上我自己的中文短信，表達一下我對這位老兄長的祝賀之意。我在這張賀卡空白的頁面，很平實地，寫了下面幾句話。為了表示我對他的尊敬，我對他不用「你」而用「您」，以「長輩之禮」待之的意思，以表尊敬：

三哥您好！

欣逢您老哥百歲華誕，百歲人瑞，又是人傑，值得大家慶賀。這不獨是我們的家慶，也是芮族之慶，國家之慶，中華之慶。我小您十一歲，但也有九十歲了，尚能執筆親寫賀卡申賀，自己也深自竊慰。

您健康長壽，主要由於您自己養生有道，但佩儀嫂與晉洛她們的悉心照顧，也功不可沒。我們弟兄雖經歷九十、百來年，卻離多聚少；幸賴彼此精神聯繫、心靈交流，猶如晤對。

您在我的印象及心目中永遠是一位好學不倦、手不釋卷，卻又是一位電影明星似的英俊、傳奇人物。您也是一位循循善誘的好老師。傳明也有「啃書」的好習慣，可能即受了您的激勵、鼓舞吧。還記得在上海貽慶街住家裡，您教我英文發音，叫我跟著您念。一個單字連跟念數十遍，您還是不滿意，可見您教學的認真，要求之高。無怪您在震旦大學畢業後，短短幾年，在法國拿到碩士，德國獲得博士學位。也無怪乎當年 Tostin 神父視您為他最傑出最得意的門生。我們兄弟在數十年人生中，在上海、美國、臺北僅見過幾次面，但我對您印象之深刻，卻

不是以見面次數來衡量的！

我最近體力不若過去健旺，但深諳「生也有涯，知也無涯」之旨，故抱「終身學習」的態度。最近開始研究《易經》，較孔老夫子晚了四十年，但盡其在我，大有「朝聞道夕死可矣」之蠻勁，真是「求智若癡」，自己也覺得「狂」得可笑呢。最後讓我撰四句「老來四保」以博您老一笑。並請佩儀嫂坤安。

「老身要保養好，老伴要保護好；老本要保管好，老友要保持好」。拉雜寫來，謹以至誠，恭祝：壽比南山，福如東海！

七弟偕全體家人恭賀　2008 年 7 月於澳洲
（此賀卡交由芮傳明轉奉）

學弟子們心目中的「芮沐先生」

在一般的社會場合，「先生」的稱謂是很普通的事。可是，在北京大學，古色古香的燕南園裡，只有學術地位崇高的少數人士，由於他們德高望重的宗師泰斗的地位，才被師生們尊稱為「先生」。芮沐教授便是其中之一。

北大法學院為芮沐舉辦「百歲華誕暨學術思想研討會」期間，在《北大法律人》專刊上，刊出了芮沐的幾位大弟子所撰寫的崇揚他們老師的文章，包括劉東進的〈上善若水，意志如山——我所感受的芮沐先生〉、邵景春的〈您好，芮先生！〉、程信和被採訪的電話記錄〈吾愛吾師，吾學吾師〉、楊國華的〈芮沐先生二三事〉。他們都寫得文情並茂，對我三哥讚譽備至，讀來令人感動。我希望他們不介意我的摘要轉載。但是由於篇幅關係，我只能介紹他們所述的重點，還要請大家原諒。

劉東進

北京大學副教授，碩士生導師劉東進首先表示，這次「百歲華誕」能有幸推著輪椅，送芮沐上北大百年講堂主席臺是他終身難忘的一件事，體驗到「德高望重」這四個字的含義與分量，他的心靈被「北大法律人」那深厚的師生情感所震撼，勾起了多年來師從芮沐的點滴往事，強烈感受到老師身教的久遠影響。

劉東進特別提到芮沐通曉四種外語的才能，尤其對芮沐在病床上學習日語，表示欽佩與折服。他對八十餘高齡的芮沐仍每天騎著一輛破舊的自行車往來於校園中，肅然起敬。對他日常生活簡單，家中只有書香樸素而絕無半點奢華氣氛，印象深刻。

學術方面，劉東進對芮沐以八十餘高齡，孜孜不倦地編撰著當時最新、最龐大，也最完整的國際經濟法資料彙編，感到不可思議。尤其能經常抽出時間，與年輕學子探討有關學術、立法實踐及時事政策問題，使他受益匪淺。芮沐所傳授的國內法與國際法，尤其是美國的國內法與國際法的關係，以及大陸與臺、港、澳地區之間可否建立自由貿易區等問題上的教誨，「至今仍迴響耳畔」。

劉進東在芮沐身上感受到「祖父般的溫暖和由此帶來的天倫之樂」。他稱道芮沐是一個「追求正義，勇於探索，不求索取，胸懷寬廣，行事低調的做人榜樣」。

劉東進說，芮沐在「文革」期間雖然遭受了折磨，但他沒有憎恨，而更多的是寬容。他不追求名譽及待遇。儘管有人為芮沐目前只是「退休而非離休」為他感到不平，但芮沐本人卻能泰然處之。最後劉東進說：「師範如此，吾當隨行！」

程信和

　　芮沐另外一位大弟子，是中山大學教授，博士生導師程信和。他是劉東進大學時代的班主任，他在電話採訪時提到幾件有關芮沐的往事。他說 1980 年 7 月 4 日上午，芮老躺在擔架上，從北京地壇醫院轉到日壇醫院途中，他還帶病給他定下畢業論文選題的方向，此情此景，歷歷在目，真是師恩如海，終身難忘。

　　程信和又說，他在師從芮沐的六年學習、工作期間，有幸二十多次一對一地當面聆聽芮沐關於經濟法問題的教誨，每次都做了記錄，整理出好幾萬字，經常翻閱，歷久彌新。一位導師能給一個學生傾注這麼多的心血，實在令人永遠難忘。感念之餘，他寫了一張敬師卡，題上一首小詩，詩名「法學第一翁」，以表達對法學權威芮沐崇高的敬意：

　　　〈法學第一翁〉
　　　師道貫長虹，桃李沐春風。
　　　誰持權杖舞？偉哉第一翁！

邵景春

　　芮沐的另一位傑出的大弟子邵景春，也文情並茂地表達他對芮沐的衷心感念。他對芮沐講授國際經濟法的基本原理、概念、作用與範圍等循循善誘，條理分明，由淺入深的教授法，印象特別深刻。他對芮沐一再強調學習和研究國際經濟法，一定要立足於中國社會的實踐和要求，來配合中國的改革和開放的大勢所趨的觀點，認為「芮先生

正是以國際經濟法之光第一次照亮我心靈的人」。

　　邵景春回憶，芮沐在 20 世紀 7、80 年代之交，以七十歲的高齡，經常往來於國內和國外從事教學和學術活動，同時以極大的熱情與精力投身到國家相關的立法工程中，對於中國經濟、法制建設與涉外經濟法制建設做出了奠基性的貢獻，表示莫大的欽敬。芮沐經常「騎著一輛滄桑模樣的老舊自行車，往來於校園的建築物之間，其忙碌的身影和從容不迫的氣度，如無形的教鞭策我前行」。

　　邵景春也說，他對芮沐教學、治學的嚴謹和對學生要求的嚴格也留下了極深刻的印象。他追憶十幾年前從歐洲留學歸來，在撰寫《歐洲聯盟的法律與制度》一書時，曾就若干學術問題向芮沐請教，芮沐不獨親閱了他的書稿，還不厭其煩地逐一解答他所提出的問題，同時對一般外國專業術語的中文表達耐心地探討，獲致最佳的答案，使他「發現學術思想的閃光和科學探索的啟示」。邵景春還記得 1987 年他寫作博士論文時，那時還沒有電腦可用，芮沐在他四十多萬字的論文手稿上所作的詳細批註，充分體現了芮沐對學生們的嚴格要求與深度的投入。

　　邵景春對芮沐的另一個印象，便是「年輕」與「求新」。不管年齡多高，芮沐永遠是「年輕」的，因為他喜歡和年輕人在一起。他的另一大愛好，便是經常逛書店。他是北京海淀鎮新華書店的常客，而且不光是有關法學的書籍，其他文藝、戲劇、詩歌等文學作品及科技介紹他都會翻閱，充實並享受他的精神食糧。這也是為什麼他能吸收新知，與時代同步，創建中國第一個「法律資料庫」，這也就是現在北大英華有限公司法律資料庫的前身。這是當年芮沐由自己的科研資金中劃撥出部分經費，購置幾臺當時頗為昂貴的電腦所打下來的基礎開始的。這也可解釋芮沐為什麼能長壽，因為他像年輕人一樣，同樣地關

注天下大事。他年輕，因為在法學院教授的週五下午例會上，芮沐總是靜靜地端坐在前排，認真地傾聽他的學子學孫輩發言。

最後，邵景春認為，千言萬語無法表達對芮沐感念的一切，倒不如用最平常的問候話來傳達「盡在不言中」的感恩之情：「您好，芮先生！」

楊國華

芮沐得意門生中的另一位傑出大弟子是楊國華。他師承芮沐的國際經濟法學，成為 WTO 爭端解決機制專家、商務部條約法律司副司長，最近被聘請為西北法政大學兼職教授。他在〈芮沐先生二三事〉一文中表達了他的心聲。他說道，提起芮沐先生這個名字，彷彿在眼前展現了一幅中國百年史卷，中國法學教育和研究的脈絡清晰可見，中國知識分子的身影隱隱浮現。芮沐先生是一座寶庫，有識之士定會盡力發掘。

楊國華追憶中，有的同學一個學期也見不到導師幾面，他有幸能在追隨導師的兩年時間裡，每個星期四下午都到芮先生家裡討教。為了能跟上芮先生對國際國內形勢的見解和題材，他自己也必須事先把一週來《參考消息》和《人民日報》的重點消息查看一遍，才能進入狀態，這也養成了他瞭解並熟悉國內和國際大事的習慣。

有一次，同學們提出能否有機會把他們推薦給外國專家，芮先生幽默地笑嘻嘻道：「我認識的人都已不在人世了。」引得大家一陣哄笑，也恍然大悟了。不是嗎？這位當時已屆八十八歲高齡的老壽星，其國外的老師或朋友想必多已作古或衰老了。

楊國華每次會見芮沐時，總是先彙報閱讀 *Legal Problems in International Economic Relations* 一書的體會與心得。這是芮先生指定

的必讀書目，厚達一千五百頁，全面介紹了關貿總協議、世界銀行、國際貨幣基金組織、歐洲經濟共同體、北美自由貿易區等國際組織的歷史及功能，還深入論述了美國貿易法問題。自從進入外經貿部（現商務部）服務以來，學以致用深感業務上得心應手，都拜芮沐的教誨和這本書所提供的專業知識所賜。當然，他也由衷地佩服這本書的作者，世界著名的國際經濟法專家，美國喬治城 (Georgetown) 大學的教授約翰‧傑克森 (John Jackson)，他曾經多次來中國講學，有一次他來北大拜訪芮沐，兩人交談甚歡，楊國華則在旁垂手而立，看到中美兩大經濟法學者親切交談，真有見證歷史的感覺。

楊國華入學追隨芮沐的第二年，芮沐教授便指派他給選修法律的學生講授國際私法。這些選修的學生都是非法律系的大四學生，而且都很用功，他們已具備各自的專業知識，在聽講一段時期後，居然在國際私法研討案例時，能侃侃而談，講得頭頭是道，發表自己的論點、看法，這使芮沐深感欣慰。課程開始時，芮沐都是第一個到，坐在第一排旁聽，給楊國華精神支持、打氣。後來見到他能應付自如，就不再坐鎮，可見芮沐教授活像母雞帶小雞般的負責、關注。

楊國華說，他畢業後逢年過節都去探望芮先生，見他常常坐在書桌前看書、寫作。聽到門鈴聲，就起身邁著小碎步前來開門。問他忙什麼？就答稱忙著寫書，因為現在學生沒有書可讀。問他午睡睡多久？他聳聳肩道：「哪有時間睡午覺啊。」楊國華向他彙報工作情況，以及中國加入關貿總協議談判的進展，他饒有興趣地聽，不時發表評論，認為美國憑藉其強權，在世界上到處插手，對中國要求太高，中國的談判人員一定要維護國家利益。兩人不自覺地深談，像朋友一樣地交換意見，不再是老師給學生授課的模式。楊國華結束其短文之語道：「和芮先生相識，在他門下求學，是此生一大幸福。他太豐富，足以

滋養我一生。」

吳志攀

　　北京大學黨委常委、常務副校長兼法律總顧問吳志攀先生在來函感謝我致贈拙著《外交生涯縱橫談——芮正皋回憶錄》一書的書稿時，曾提到師從我三哥時，一段不為外人所知的小掌故，言詞間非常友好與親切，充分顯示其對芮沐老師的景仰之忱。茲將其原函照錄於後：

　　芮老伯，您好！

　　非常感謝您的來信和發來的書稿，我已經開始拜讀，感覺非常親切。您的文字流暢，敘述清晰，史料豐富，這些都是我最渴望學習的。我 1982 年與邵景春一道，拜芮沐先生為師，跟導師學法。景春主要研究方向是國際貿易法，我主要研究的是自然資源法。1985 年我們倆碩士畢業，我們又繼續跟隨導師進行博士階段學習，邵兄研究歐洲法，我轉而研究國際金融法。邵兄後來到歐洲學習，我到香港研究當地銀行法和證券法。1988 年，我們歸來論文答辯並畢業，一同留在學校任教。邵兄一直教書和研究，我後來從事法學院和學校的一些管理工作，同時也教書和指導學生。我父親 1947 年是西南聯大的學生，在那時他在昆明的校園裡拜見過芮先生。所以，我家父子兩代人，都與芮先生有緣，真是上天的惠顧。現在我在學校從事管理工作，芮師母家依然在燕南園，我照顧起來也方便。希望您的大作早日出版，讓更多的讀者看到這本書。謝謝。

　　　　　　　　　　　　　　　　　　　　學生志攀　敬上

兩岸法學交流

由於當年在昆明西南聯大師從芮沐的李楨（祖敏）居間策劃，透過其教學機構東吳大學的邀請，芮沐於 1993 年 7 月，突破諸多障礙，前赴臺灣作學術訪問。

芮沐在西南聯大任教時，有好幾位傑出門生弟子，後來都在臺灣發展，李楨便是其中之一。而比李楨高一班，曾任臺灣經濟部次長的汪彝定也是一位傑出人才。在李國鼎擔任經濟部長時，曾請汪彝定兼任國貿局長。但立法院質詢認為，次長和局長都是很忙的職位，不可兼任。汪彝定遂放棄次長職位，降級而專任國貿局長，要「做大事不做大官」，一時傳為佳話。也就是汪彝定，當年發現了綽號「微笑老蕭」的蕭萬長是個人才，認為他日後必成大器，果然，後來蕭萬長當上了馬英九的副手。李楨、汪彝定的另外一位在臺灣的同學，便是曾任外交部禮賓司司長及駐洛杉磯總領事的劉邦彥。汪彝定曾來過象牙海岸訪問，可惜當年兩岸間的氣氛不適合，時任駐象牙海岸大使的我未曾與他談及身在大陸的芮沐之事。劉邦彥的妹夫蔣碩平曾任新聞局派駐象牙海岸的參事，是我很得力的同事。他們這幾位西南聯大的同學中，我與李楨的接觸比較多一些。

芮沐應邀訪臺是在 1993 年，當時兩岸間的交往氣氛不太順暢，尚有不少顧忌。李楨時任東吳大學法學院教授，但同時還兼任中華民國政府的若干政治性職務，故鑑於兩岸關係的敏感性，遂採取了低調處理的方式。

我的好友，我在淡江大學歐洲研究所所長任內的同事——程家瑞

教授是國際公法及國際私法專家。我離開淡江歐研所後，程教授也轉往東吳大學執教，擔任東吳大學法學研究所所長。所以，芮沐這次訪臺，我方是由程家瑞教授出面，李模由於兩岸政治敏感的關係退居「幕後」。由於東吳大學校長章孝慈的大力支持，通過邀請專案經費，遂使得芮沐應邀赴臺講學的計畫得以落實，建立了兩岸法學交流的里程碑。我和芮沐為親兄弟一事，除了祖敏兒（李模）一人知道外，對外儘量避免提及，以免引發敏感問題，所以外界沒人知道。

芮沐夫婦往返臺北兩張機票和在臺食宿交通等，由東吳大學負責。旅館訂在光復南路靠近李模住家的國聯大飯店。但我私下向李模表示，我們親兄弟數十年未見面了，希望我的三哥和佩儀嫂能住我家，以盡親誼，表達一點兒心意。李模當然樂於照辦，但他表示，只怕您兄長嚴謹的「法律人」性格，不一定會接受吧。果然，芮沐勉強在我家住了兩晚，算是盡了親情，第三天還是硬要搬去國聯飯店住宿，接受東吳大學的接待，可見芮沐一貫謹慎低調的做人原則。

以上是我私下接待芮沐的小插曲，外界無從知悉。因此，我也一如其他國際法學者，接到了由程家瑞教授署名的演講會邀請函。這封邀請函僅一頁信紙，總共百來個字，但卻附了芮沐的學經歷好幾頁，簡單地表達了臺灣法學界對芮沐的認識和景仰的心聲。邀請函照錄如下：

芮大使正皋教授道鑒：

本所為加強海峽兩岸法學教育之研究與交流，特邀北京大學法學院國際經濟法研究所芮沐教授來臺訪問，並訂於本（七）月廿三日（星期五）上午 9 時至 11 時 30 分假臺北長沙街最高法院四樓第二會議室，就「大陸國際經濟法發展之近況」發表演講。

芮沐教授從事法學教育逾半世紀，不僅國內多位法學先進早年曾親受教，而大陸現職主要之經濟法政專家、要員，亦多出於其門下。此外，芮教授鑽研國際法、國際經濟法數十年，曾多次代表大陸出席有關之國際性會議，並時有中、英文著作發表，乃國際知名之國際法、國際經濟法之法學大師。是以，芮教授之演講將有助於對大陸國際經濟法研究之現況，及臺商投資大陸可能涉及之契約權利義務和其他相關事項之瞭解。

素仰先生學養精湛，對本次演講有獨到之研究，敬邀與會。茲隨函附上芮沐學經歷乙份，僅供參考。倘蒙　俞允，請於七月二十一日前回電本所，以便奉達出席證。專此，順頌　道安。

東吳大學　法律學院研究所所長程家瑞　敬啟

芮沐於 1993 年抵達臺北之前，曾就應邀參加東吳大學舉辦學術會議的有關事宜，親筆寫過幾封信給當時任教於東吳大學法學院的李模。由於李模已於 2000 年不幸去世，故今承李模夫人許婉清女士從舊峽中找出三封供我參考，特此致謝。那時芮沐已經八十四歲，看到他親筆書寫的流利手跡，甚為珍貴，頗有紀念價值。

在第一封信中，芮沐告訴李模，已收到東吳大學章孝慈校長及程家瑞所長請他參加東吳大學在臺北舉辦的學術講座的邀請函，有關表件資料都已填就，就剩護照一欄無法填寫，因為護照還沒有領到，不知是否會妨礙校方的安排。芮沐說，風聞章孝慈校長要來大陸參加學術討論會，問李模是否能同來。芮沐語帶期望地說，相信以後三通問題解決，彼此來往必更方便。他說，李模所寫《開拓靈性的人生》一書已在病中閱讀一遍，書中頗多人生哲理和處世智慧，並勉勵青年立志上進，語調比較溫和悠閒，的確是好書。原信錄後：

祖敏同窗如晤：

去年 12 月 19 日你寄來的信，賀年卡，照片和你所寫的《開拓靈性的人生》一書，我都早已收到，今天才給你寫回信，非常抱歉。程家瑞教授在此之前曾發來東吳大學邀我去香港參加關於「衝突法」的討論會，因時間倉促，來不及辦理出國手續，我只寫了一篇英文發言稿寄去香港。後來我生了一陣子病，香港最後也沒去成，你來信曾說你也在考慮是否去香港參加會議。我想你因政務繁忙，恐也未必能去。

這次東吳大學章孝慈校長又讓程家瑞所長發來邀請信，要我參加東吳大學在臺北舉辦的學術講座。我今天才把所需申請書，履歷表及其它材料寄往臺北。但表格中關於護照一點，仍無法填寫，因為我的出國護照還沒有領到，在這種情況下，我可能最早也要到五月初才能成行，不知這樣會妨礙東吳大學的安排否。而且那時臺北的天氣也一定很熱了。你如碰到程家瑞所長，請代我致意。

風聞章孝慈校長今年 8 月要來大陸參加學術討論會，並謁拜慈親之墓，不知東吳大學其他同仁都能同來否，你也會來北京否？因而，不論在臺灣，或在北京，我想我們今年總得再會一面，以後三通問題解決，來往必然更為方便，是可喜也。

來信問及崔道錄，他在義大利時，我們還時有聯繫，後來一直沒有他的消息，來信說他在聯合國，我卻一無所知，1979 年後我曾多次去美國，也曾與聯合國人員有所接觸，沒有人曾提到過他，想必不知去向了。

你寫的《開拓靈性的人生》，我在病中閱讀了一遍，書中頗多人生哲理和處世智慧，並勉勵青年去上進，語調比較溫和悠閒，

的是好書！你從政從學，百忙之中，還有時間作些寫作，欣慕
之至。專此敬請　時安，嫂夫人前代問候

芮沐　1993.3.24

　　芮沐的第二封信是 1993 年 5 月 31 日寫的，比較短。芮沐對李模
說，你多次打來電話，想必赴臺講學一事已大體辦成了？希望東吳大
學發來的邀請公文上，把要講的題目寫進去：一講「1979 以來我國經
濟法的發展情況」，二講「關於國際經濟法學科建設情況」。題目的文
字中希望不要把政治因素牽扯進去。可見芮沐很謹慎、很低調，顧及
海峽兩岸間的微妙關係。另外，為方便辦理英使領館簽證，他建議可
先把兩張飛機票寄去。如果最後不能成行，他會把機票寄回給東吳大
學。也可見芮沐做事很小心，凡事都預留退步。原信錄後：

祖敏同窗如晤：
你多次打來電話，想必邀我赴臺講學事，現已大體辦成了？
我只希望東吳大學發來正式邀請公文時，把我要講的題目寫進
去：一講，「1979 以來我國經濟法的發展情況」，二講，「關於
『國際經濟法』學科的建設情況」。題目的文字中希望不要把政
治因素牽進去。
我知道從北京到臺北，路經深圳羅湖，關隘有不少麻煩。所以
我決定乘飛機，經香港直飛臺北，能否先把兩張飛機票在我行
前寄給我，我自拿護照去英使館簽證。這樣先買機票送來，手
續上是否有困難，請告我！如果最後不能成行，我會把機票寄
回給東吳大學。
兩岸相隔四十多年，有不少想像不到的隔閡。今天已是五月三

十一日，我一直擔心在你們學校本學期結束前，我能否趕到臺
北。萬一事情辦得不順利，也可以考慮把講學事情推遲到本年
下半年，這樣逃過臺北暑期悶熱天氣，這也是一著，你看如何。
即此　敬禮

芮沐　1993.5.31

　　芮沐第三封信的日期是 1993 年 11 月 18 日，主要是感謝在臺北
學術訪問兩週的接待，並對東吳大學團體訪問北大時，未能以全部時
間「盡地主之誼」表達歉忱，對章孝慈校長和程家瑞所長訪問北京大
學時，因另有會議未能出席接待表示不安。芮沐另外循程家瑞教授之
請，將預定在香港發表的，有關國際私法的講稿斟酌修改，準備刊行
出版。以上種種互動，充分顯示北京大學與東吳大學間互動互訪頻繁、
學術交流通暢。此外，芮沐很有趣地指出，北京十一月天氣已很寒冷，
氣溫已降至零度，但比之 40 年代大陸北方的天氣，總的講起來是在日
趨暖和。「人在變，地球也在變」，芮沐把「地球暖化」和「人在變」
的因素扯在一起，難道他除了法學專業知識外，對「溫室效應」、「地
球暖化」等科學新知也有獨特的見解與看法嗎？

　　祖敏同學如晤：
　　在臺北兩星期叨擾良多，您校團體訪問北京我也未能以全部時
　　間盡地主之誼，反而還增加了您不少麻煩，心實不安。後聞章
　　校長和程家瑞兩位曾來北大訪問，我因另有會議，未能出席接
　　待。從臺北回來，悠悠晃晃忽已三四個月過去了，想必賢夫婦
　　生活如常，諸多快樂，甚在念中。七月底離開臺北時，王嘉蘭
　　女士曾轉來程家瑞一信，囑我將準備在香港講演的關於國際私

法問題的一篇稿子稍加修改並增添些附注，準備刊印出版。那篇東西內容無甚高論，和我在馬漢寶大法官宴會上所講的基本相同，現在已修改完畢，郵寄程家瑞一份，也送給你一份，請指正，並向王嘉蘭女士致謝。北京十一月天氣已很冷，氣溫已降至零點。但比之四十年代，大陸北方的天氣，總的講來是在日趨暖和。人在變，地球也在變。我記得在臺北時，您的照相機為我和我的老伴拍攝的有一張照片，沒有戴上眼鏡，人也比較挺拔，不知你那裡還能找到它的底片嗎？我想留它作為一個紀念。

西南聯大的同學有什麼消息，請隨時告訴我一些。即請　台安

芮沐　1993.11.18

家書值萬金

一封家書能值多少錢？家書不能拿金錢來估算的，所以是無價的。就算它具有精神價值，也是因時、因地、因人而異，因為它的價值也隨著收、發家書者的個人因素而隨之變化。一般而論，依中國重視家庭及親情的傳統觀念來講，總是十分珍貴的，因為它代表著人生的片段、親情的溝通、心靈的交流、精神的寄託、往事的重溫等，故有「家書值千金」的說法。

我記得，上世紀 30 年代，我的三哥芮沐、四哥芮德先在法國、德國留學時，家書得靠海運傳遞，那時往返歐洲的有兩艘義大利郵輪，叫 Conte Rosso 和 Conte Verde。這兩艘船從歐洲和上海相互對開，單

程各需航行一個多月。所以我兩個哥哥的家書，快則一個多月，慢則三四個月，再不然，如果逢到他們考試、寫報告或論文，就要耐心等半年或一年。所以等待他們的家書，真是「望眼欲穿」。每次，我父母親收到他們的家書時便如獲至寶似的，馬上興奮地戴上老花眼鏡，用顫抖的手指，捏著好幾頁的來信，一個字一個字的朗聲念出來，使得依偎在他們身邊的我們弟妹兩人也能聽到，分享他們的喜悅。親戚朋友來訪時，還要帶著驕傲的心情拿出來炫耀，傳觀閱讀或轉述書信的內容。他們留學歐洲的生活片段，成為我們上海老家的日常話題。由於家書居間的溝通，就這樣不知不覺熬過了四、五年的等待，他們終於學成歸國，家庭又重新團聚。

但是，我和芮沐兩人的別離是另一種型態。我於 1947 年 7 月通過公費留學法國的考試，搭船離開上海後，就再也沒有回過大陸。而那一年，芮沐剛從美國哥倫比亞大學講學回國，剛好趕至上海碼頭與我道別，這一次別離卻已不是數年，而是數十年了！原因當然是因為我先後在巴黎大學修完法學博士學位，並在巴黎政治學院畢業後，就轉赴臺灣任職於中華民國的外交部了。芮沐則在北京執教，因此我們兄弟倆也就猶如分處「陰陽兩界」了。

所以，1947 年之後，相隔了三十九年，直到 1986 年，我與他才有機會在美國紐約見了一面。第二次見面則是 1993 年他出訪臺灣期間，我們相見於臺北。在第一次見面後的若干年內，我與他有過一些通信，但是我所收到的他的親筆信卻為數寥寥，今挑選其中的三封或其片段，以展示三哥芮沐對我的親情，這對我來說是彌足珍貴的。

第一封信（1991 年 10 月 4 日）

七弟：

從紐約見面後，現在又是四五年光景了。亞運會期間，你夫人
來過北京，她給了我你在臺北家裡的地址，和在臺北的電話號
碼，可後來把這紙條子丟到不知那裡去了。後來海峽兩岸可以
通信，那地址可再也找不到了。本來可以寫信到你那學校，但
你夫人說你已退休，我就一直沒有寫這信。

你退休後，怎樣過你的悠閒生活？還是每年去美國一次或多次
嗎？

我們這裡，生活還可以，各人健康情況也可以。在上海的四弟
八妹，五嫂的子女，景況都不錯。

接到這信以後，希望你把臺北家裡的位址，電話號碼都寫信告
訴我。其他事情，有了你的位址後，我寫信再談。

這封信是託人帶去臺北轉交的，我的通信地址是：北京，
100XXX，北京大學，燕南園 XX 號；電話是 25611XXX。

希望能接到你的回音，如果你在美國，也希望你把 Bernard 家
的地址和電話號碼給我。我的印象是，他們在 87 年後又已買了
新的房子，搬了家，我們也已失去聯繫。

去年年末，本來想去德國，再轉美國，後來兩德合併、中東戰
爭，一切又停頓下來了。今年年底，我夫人一人可能去美國，
我則留在北京寫書，明年下半年可能要走動一下。

祝你們一切如意，身體健康

七嫂嶼梅前致好。

兄　芮沐

第二封信（1992 年 9 月 28 日）

七弟：

你來了幾封信，並且打來了電話，這些我都早已收到，謝謝。

這一年，我沒有多大出門，只是 5 月間曾去福建出差，到了廈門、泉州、福州，後來又到了上海，在那裡停留了二天。上海老家的人都平安無事。

上個月，傳賢因他的證券金融公司成立，曾來過一封信。他的夫人 Lavinia 還給我打來了幾次電話，要我去紐約，說你十月分可能到美國去；並說臺灣有個蔡某，想在大陸開辦保險公司，要我出力促成其事。你介紹來北京看我的蘇俊雄教授，他到北京後也介紹我認識了臺灣的一位蔡高德先生。蔡高德在北京豐台區有小小一份投資（一百萬美金），新廠成立時，我去參加了奠基典禮，據說他在上海還有另一份投資。這位蔡高德先生是否就是 Lavinia 提到的那一位？

這一切都說明，臺灣來大陸的人確已不少。不過，他們來，小做的多，大做的不多。

我上次託人帶信給你，主要是為了告訴你我老伴（周佩儀）去紐約的事，她從那兒和你通信可能快些。現在她已回到北京了。

我現在在國內繼續在寫我的書，寫一本關於國際經濟法的教材，目前重點放在世界地區性經濟組織的問題上，如歐共體，美加墨自由貿易區，太平洋還未形成的地區經濟集團等。

遵照你的意見，我把這信寄到你的辦公地址去，信到達時你是否已去美國？此次去美國不知將停留多少時日？回來時能否順便回到大陸，看看家人？

現兩岸直航，儘管還有些嘀咕，看來不能不較快地舉辦的了。加入關貿總協議的事，只要美國不節外生枝，從中阻撓，看來也不會有多大問題的了。

我把我的一份履歷表（中外文各一份）都寄給你，為我出國作調查研究爭取到資助基金作參考。

此致近好，嶼梅嫂前代致候

兄　芮沐

第三封信（1992 年 11 月 30 日）

正皋：

你打來電話，我很高興，知道你已從美國回來。嶼梅嫂去東北探望兄長，路過北京，蒙她與二兄兩人請我和老伴在王府井香港美食城吃了一頓飯，非常感激，請你再向他們代我致謝。你電話中詢問父母和家中的情況。我先把上海四哥和八妹的位址和電話告訴你。

四哥（德先）現住上海天平路 X 弄 X 號。他的第一個妻子（你大概見過的）早已故世，第二個妻子（淩志飛）也已故世，現在與獨子（文年）及兒媳們住在一起。他兒子是徐匯區檢察官，很能幹的一個人。四哥最近一個時期雖然有點小病痛，一般情況還可以，他身體向來是很強壯的。

八妹（麗和）和她的丈夫曹錫麟（你可能見過他），現住上海武康路 XX 弄 X 號，他們沒有自裝電話。同他們通電話，要借用她樓上一家或樓下一家的電話。他們都是很好的鄰居，借用電話或傳話都很方便，不妨事。八妹有一子三女。子是醫生，長女在上海什麼汽車公司當一個小頭目。三妹新嫁了一個什麼公

司的經理，自己還在什麼工廠工作。四女的丈夫是中國科技大學畢業的研究生，留學德國，現在是漢堡中國什麼商業公司作經理，四女（阿多）跟著在德國，在漢堡開了一個飯鋪子。他們景況都不錯。

上海還有已亡故的大嫂的二個兒子，都不甚好，已無來往。還有你五哥（他死時，你可能還在國內？）的嫂子，五嫂現在還健在（耳聾），有二子。大兒子（關琪），你可能還記得，是上海某工廠的廠長，第二個兒子在東北瀋陽當工人。

還有你在國內的妻子和子女（我記得是兩女一男，還是兩男一女？）。他們的生活，解放後初期很艱苦，八妹、四弟和我都周濟過。1959 年後「困難時期」，大家都停止了周濟。他們現在都在蘇州。你的小兒子（圓圓？），大學畢業後讀研究生，後再讀博士生，專攻中國古代史（突厥部分），一在上海社會科學院歷史研究所任職。我今年 4 月分曾去過福建，回北京時，路過上海，停留了兩天，想打聽一下你一支人的消息。7 月分，你四哥寫了一封信給我，告訴我他們的一點情況，我把四哥的信寄給你吧！

兄弟輩中，你的子女最昌盛的了。

父親故世時 (1951–52)，我正在廣西柳州參加土改。土改結束回到上海，正好是父親故世三個月的忌日。自從父輩的紙行在日本占領上海時期歇業，父母一直同四哥住在一起（在楊樹浦），父親的死現在回想起來，大概是因為胃裡長了癌。當時大家都不懂是什麼病致死的，病時痛苦非凡，上樓下樓都是四哥把他背來背去。父親死後，母親雙目漸漸失明。四哥後來搬了家，從楊樹浦搬到了現在的位址，與八妹住處十分貼近，母親也因

此轉到了八妹家裡，由八妹照顧。母親於 1958 年亡故，她病危前我去上海看望過她一次，那次就是永別的一次了。她死於腹水引起肚子鼓脹，大概是肝病所致。父母親故世時，年齡都不到八十。現在他們倆都葬在杭州。

研究基金的問題，你說要同熊玠商量，我認為成功希望不大。紐約大學是有名的猶太人大學。要他們拿錢出來供中國人作與他們無太大關係的科學研究，恐怕很困難。你可能認識張道行吧，他在加利福尼亞某個學校當校長，不知他能否為你想想辦法。還有，在美國西部有個 Asian Foundation，與福特基金相仿的基金，不知你有什麼認識的人嗎！或者可以問他們想想辦法。但是這一切，請你可不必太費心思，都是比較微妙的事情，說說而已。

你的電腦裡用的「倉頡」輸入法，我們國內現在用的，而且最易學的是五筆字輸入法。你如果有興趣，我可以寄一份材料給你。

祝你一切順利，事業興旺。

兄　沐

附及：

我已寫信給八妹和四弟，說你要同他們取得聯繫。但沒有把你的地址和近況告訴他們。

在撰寫我三哥「芮沐」一章時，他已度過百歲壽辰，高齡一百零二歲。在撰寫時，我一直心中默默禱告，祈求上蒼賜他多活幾歲，讓我在有生之年（我自己也已九十多歲），我們兄弟能在北京重逢相晤，

以了彼此的宿願。不幸的是，文章還沒寫完、書籍尚未出版，芮沐已不克久待，先我駕鶴西歸。芮沐的故世，當然使我十分悲痛，趕緊撰寫了些他生前的事蹟，以「中國法學泰斗芮沐病逝——旅澳七弟哭三哥」為題，刊載於澳洲《星島日報》(2011.03.23.)，也算是憑弔的一份祭禮。

我們兄弟分離數十年，芮沐給我的寥寥幾封家書遂顯得彌足珍貴。特摘錄列入本文，無非想藉此表達渴念之忱，同時作為對他永恆的紀念。此外，我要再度在此重提我在《外交生涯縱橫談——芮正皋回憶錄》的卷首「自序」及卷末「書外餘言」中所談到的，數十年來縈懷於我心中深處的錯綜複雜的心情。芮沐多年來對我留在大陸上的妻子潘詠馥女士（現已亡故）和一女二子，在他們極度困難的時刻，不斷地給予他們精神上的支援和物質上的接濟，才使他們得以「度過難關」，相對於「撫養子女」本來是我應該負起的責任，反見「有虧職守」，相形見絀，怎能不慚愧內疚。每念及此，格外顯示芮沐的巨恩大德和高風亮節，使我沒齒難忘。

非常遺憾的是，我於 2010 年 1 月間裝置「心律調節器」後，健康情況略有改善，轉危為安，原打算於適當時機親去中國大陸一行，向我三哥他老人家當面申達我感激感恩之忱，但芮沐於次年三月仙逝（享年一百零三歲），這個「面謁」計畫無緣實現，使我抱憾終身。只能仰望蒼天徒呼負負了。

俱往矣！以芮沐這樣崇高的學術地位與道德情操，豈是我一支禿筆撰寫的這篇紀念性文章所能表揚於萬一的？僅能以「高山仰止」的心態永遠懷念，默默誠心表達我的心意而已。希望芮沐在天之靈和他在世的家人能瞭解我的心情和苦衷。嗚呼哀哉，伏維尚饗。

第八章
「細胞療法」、尼漢博士與徐煥廷醫師

開場白

2013 年 9 月 30 日《時代雜誌》(*Time*) 的封面刊出一則引人注意的大標題：「谷歌能否解決死亡問題？」(Can Google Solve Death?)。這一期《時代雜誌》的「封面故事」由哈利・麥克拉肯 (Harry McCracken) 及李夫・葛羅斯曼 (Lev Grossman) 兩位專家聯合執筆。以《時代雜誌》在傳播媒體界的聲望地位，來介紹全球最大的搜索商務 (Search Business)，及獲利率居高不下的企業鉅子的投資動向，這不是一件小事，值得寄予重視。

時年四十歲的谷歌現任執行總裁賴利・佩吉 (Larry Page)，是一位極富創新觀念兼具野心與魄力的大企業家。他的個人財富高達 250 億美元，在美國《福斯特財經雜誌》四百位鉅富名單中位居第十三，只需看他於 2012 年大手筆花了 125 億美元，收購經營不良的手機製造商摩托羅拉 (Motorola Mobility) 一事，即可看出他的作風與氣度。賴利・佩吉為研發防止人類衰老和延長生命的方法，特地成立了一家生技公司名叫科利柯 (Colico)，專門負責人類保健及延年益壽的研發工作。2011 年過世的蘋果執行總裁賈伯斯 (Steve Jobs) 曾是他的合夥人，凡此可見谷歌對這件研發專業的重視程度了。

目前，醫學界與科技界對「衰老」似乎已形成一種共識，便是：「衰老」並非是人類生命中不可避免的過程，而是一種病態，和一般疾病同樣是可以治癒的，並非一般人所想像的人生「正常性」現象，相反，是生命過程中的一種「不正常性」現象，也是一種可以改善治療的「疾病」(disease)。

　　另外有關生命延長的一個觀念則尚未形成普遍的共識，那就是：人的生命由細胞主宰，如能保持人體細胞健康，則人的生命也將隨之健康；如能設法保持細胞永遠健康，則「理論上」人的生命也可隨之「無限制延長」。

　　本文中將提到，曾經獲得 1912 年諾貝爾生理醫學獎的法國生物學家暨外科專家卡雷爾 (Alexis Carrel)，所作劃時代的雞心切片存活實驗，達到學理上「永生」(immortal) 成果的例子，說不定這是谷歌總裁賴利對「死亡問題」提出世紀性挑戰，具有「啟發性」的動機之一。

　　當然，要向這麼一個大問題——向「死亡」挑戰，挑戰者若非谷歌，人們一定會笑他為「瘋子」。不過，谷歌縱然擁有雄厚的財力，且具備世界一流的技術團隊，以及業已存在的防止衰老機構的支援，如 1992 年成立的「美國防止衰老醫藥學院」(American Academy of Anti-Aging Medicine) 等，若非持續十年、十五年，或更多時間的大規模研究，不可能獲得任何突破性的具體成果。

　　因此，在谷歌從事世紀性大挑戰和研發有所成就前，就當前一般防止衰老及延年益壽的各項治療方法而論，基於作者本人對「細胞療法」的興趣與認知，以及自己的切身經驗來講，仍以目前在瑞士、德國盛行的，並具有績效的「細胞療法」比較來得可靠，而且更能獲得人們相當程度的信賴。

　　為了詳細介紹這種尚有爭議的「細胞療法」，作者必須不嫌煩瑣地把這種療法的幕後背景及其數十年來演進過程臚陳於後，其中還包括一段少為人知的，有關一位臺灣屏東青年苦學奮鬥史，以及他如何贏得瑞士政府的尊重與肯定，和他在歐洲「細胞療法」醫學界權威性的學術地位。

　　我在本書「陳立夫」章中，曾扼要提到過我如何在瑞士有緣結識

徐煥廷博士。我在和徐醫師交往過程中的初期，也有機會接受了徐醫師的「細胞療法」扎針治療，感覺十分良好，樂觀積極頭腦清楚，尤其記憶特強，相信我能健康活到九十幾歲還在繼續學習、吸收新知、從事寫作，應該與這個治療具有因果關係（我生於 1919 年）。感激之餘，我發願要把這個鮮為人知的，能使人「活得快樂」、「活得健康」、「活得有意義」的尖端科技推介給大家，這也是我目前身體力行的「為善最樂」的人生哲學。

基於上述認知，我鑽研了有關「細胞療法」的資訊、書籍，翻譯徐煥廷博士提供的英文手寫資料，專注地花了一番功夫和時間，再經過徐醫師的審核校正，把「細胞療法」的背景，各國專家的實驗過程，實施的方法，應注意事項，及「細胞療法」鼻祖尼漢博士在這方面總其成的創新傑出貢獻，以及他的嫡傳弟子徐煥廷博士，在「細胞療法」醫學界所扮演的傳承角色等，利用撰寫本書的機會，在下列各節中分別予以論列，使這門尖端科技不再是一項神祕的學問和少數人把持的「昂貴醫術」。

我認為，自己雖然不是學醫學的（但對醫學有興趣），但有替徐博士另闢專章以隆重介紹的必要，好讓讀者們對徐博士傳奇式的求學過程及其個人成就，以及此一尖端科技「細胞療法」的醫學背景有進一步的認識，或許也可由此引起對「細胞療法」發生興趣，有志成為未來細胞專家的青年們從事這門醫學的研究。遂不辭譾陋，背負起這個道義責任，以「『細胞療法』、尼漢博士與徐煥廷醫師」作為這一章的章名，勉力以赴。

同樣重要的，作者也願藉這個機會，把過去在我們自己國家反而默默無聞，埋沒了數十年的「奇才」、「國寶」，傳承「細胞療法」發明人尼漢博士的徐煥廷醫師發掘出來，介紹給讀者大眾，讓他得到國人

合理的掌聲與鼓勵。事實上，徐煥廷博士自己淡於名利，對此並不在乎。因為，他在瑞士、歐洲甚至美國，已經享有相當高的學術地位與知名度，他的唯一嗜好便是埋首啃書，專注醫術和照顧他的病患。

屏東青年苦學，成為瑞士名醫

徐煥廷，客家人，1933 年 1 月 9 日，出生於臺灣屏東縣高樹鄉一個平凡的農村家庭。他的父親徐水生，世居高樹鄉，在日據時代曾就讀嘉義農林學校，曾任鄉民代表會主席、農會理事主席、屏東縣縣議員等職，顯見是一位善良的、熱心公益的地方仕紳。徐家擁有祖產農地數十甲，賴以為生，是一個典型的殷實農村人家。

徐煥廷的母親邱菊英世家為漢醫，所以徐煥廷在家教薰陶下，自幼就有「不為良相，即為良醫」的濟世抱負。徐煥廷小學就讀高樹鄉的高樹國小，初高中則就讀屏東中學。他自小喜歡讀書，對外國語文、數理化等學科特別感興趣，由小學而中學，考試都是名列前茅，並以優異成績完成高中畢業課程。

當時臺灣各大學實施聯考制度，徐煥廷因為數理化及語文等根基紮實，同時報考的幾所著名學校如臺灣大學、成功大學、師範學院都獲錄取。為了減輕家裡經濟負擔，他選擇公費的師範學院研讀英語系（師範學院後來改成師範大學），課餘充當家教來貼補家用。

當時在師大擔任英語及英國文學教職的名教授梁實秋非常賞識徐煥廷，希望他畢業後去美國深造，回國後再返師大執教。但是徐煥廷認為國內英語人才眾多卻缺乏西班牙語人才，遂在大四時期以同等學力參加西班牙留學考試，以第三名高分錄取。

當時臺灣外匯短絀，出國求學極為不易，雖然考取留學，但出國費用無著，好不容易才籌措了 600 美元作為旅費。同時為了趕上西班牙開學日期，不得已只好放棄師範大學畢業文憑，於 1956 年 7 月 11 日匆匆啟程，趕赴西班牙馬德里大學深造。

「徐煥廷」這個姓名，一般人可能從來都沒有聽說過，但是他傳奇式的求學和求知過程，以及他所擅長的特殊醫學技能，卻是不同凡響的。

徐煥廷的興趣是多方面的，而他的求知欲非常強烈，可稱「求知若渴」。他本來志在「良相」，因此集中選讀有關成為良相的課程。在西班牙短短數年中，以優異成績先後獲得馬德里中央大學法學博士學位、馬德里中央大學哲學暨文學博士，並獲得同校政治學暨經濟學博士文憑，及馬德里外交暨領事學院畢業文憑（我們外交部同事中也有畢業於這個外交學院的，如前駐巴拿馬大使曾憲揆便是）。

後來他對醫學也發生興趣，在獲得「良相」的學歷資格後，又「志在良醫」，遂轉赴瑞士習醫，專攻醫學並主修外科醫學，經過八、九年的鑽研苦讀後，獲得瑞士日內瓦大學醫學博士學位。恐怕世界上很難找到像徐煥廷這樣，在先後獲得法學博士、哲學暨文學博士、政治學暨經濟學博士等學位，及外交暨領事學院畢業文憑後，再去花八、九年時間攻讀醫學博士學位的學者了吧。

1972 年，徐博士又榮獲瑞士醫學研究院所頒發的日內瓦區「外科專家」證書，成為日內瓦大學成立五百年來，取得醫學博士學位兼獲外科專家頭銜的第九十五名人士。

另外，他再於 1981 年，獲得可以在瑞士全國境內開設私人專科醫院的「國家醫學博士文憑」。

之後，徐博士被瑞士政府當局羅致，聘任為「細胞研究暨細胞療

法研究中心」所屬的專門實施「細胞療法」的療養院 (Kurhaus) 的院長，在任十五年 (1975–1990)。

徐博士除中文外，通曉多種外國語文，計有：西班牙語、法語、英語、俄語、德語、義大利語、日語等。

徐煥廷在勤修醫學的同時，也認識了發明「細胞療法」的創始人──尼漢博士，成為尼漢博士團隊少數的中堅分子之一。徐煥廷追隨尼漢博士前後有六年之久 (1965–1971)，盡得其薪傳，成為世界著名「細胞療法」創辦人尼漢博士的嫡傳弟子，自然也順理成章地成為歐洲當代少數的「細胞療法」的權威了。

徐煥廷的恩師尼漢博士

尼漢博士自醫科畢業後繼續進修，充任醫院實習醫師來擴充他的外科經驗與領域，另外再加修婦科、泌尿科及眼科等專修課程。他在父親主持的伯爾尼醫院裡服務並實習，隨後在瑞士萊茵河畔的 Aaran 醫院工作。

尼漢博士對法國一位外科專家及生物學專家卡雷爾（後來獲得諾貝爾獎），「移植器官並使細胞在離開母體後保持存活一段時間」的研究成果極為欽佩與嚮往，因此不斷吸收、研究這方面的知識。

這種鍥而不捨的鑽研功夫，使尼漢博士的學識經驗遠遠地超越他的同僚們，並由於他精益求精的態度與精神，使他不斷地翻山越嶺、更上層樓，最終抵達細胞研究學術界的巔峰地位。

在巴爾幹戰爭 (1912–1913) 及第一次世界大戰 (1914–1918) 期間，這位年輕的醫師志願參與紅十字會在戰地前線的醫護工作。他所照顧

及醫療的傷患士兵，不下上萬人次。他一度短期返回故鄉威韋 (Vevey)，渴望能趕上剛獲得諾貝爾獎的卡雷爾的新發現。這時卡雷爾似乎已接近揭發人類生命奧祕的邊緣，他做了好多次器官移植促其新生的試驗。

當時的德國生物學家們已經開始利用年輕健康的動物器官，不過不用移植方式，而代之以擷取動物器官中的「細胞組織」直接注射人體。其中屈特納 (Küttner) 就曾經拿甲狀腺組織試做了多次注射實驗，這位科學家和尼漢博士都對這個新的研究領域十分著迷。

1939 年，尼漢博士辭去了當時的職務，以外科醫師的資格趕赴法國里昂，加入他們的團隊。隨後以客座外科主任的身分，在位於法國北部的「全國戰犯總部」工作。

後來尼漢博士努力潛心研究的結果，終於使他出人頭地，獨樹一幟，發明了他與眾不同的「細胞療法」，也就是由徐煥廷博士全部傳承的，而這也是瑞士官方所確認的「細胞療法」的整套作業。

卡雷爾的雞心切片存活實驗

前文曾提到法國生物學家與外科專家卡雷爾，曾在 1912 年獲得諾貝爾生理醫學獎，他那時還不到五十歲，正在撰寫後來轟動一時的暢銷書《人類，未知的奧祕》（*L'Homme, cet inconnu*，英譯本為 *Man, The Unknown*），同時致力於動脈血管縫合，和當時令人驚奇的器官移植技術的研究與發展。

卡雷爾首先順利地讓若干動物器官在體外保持存活。經過多次試驗失敗後，終於成功地將一隻雞的心臟切片組織放置在營養液內，使

牠存活了二十五年，在把牠「殺死」前，這片人工培養的、活著的雞心切片「樣品」經過多方面嚴格檢查，證實了牠的存活時間為正常雞的六倍。

這個「具有生命」的雞心切片在「細胞營養液」內浸泡，吸收營養、排除細胞代謝的「廢料」繼續成長、再生，直至二次大戰爆發(1939)，這個劃時代的生物實驗才被迫終止。事後，這個「活著的」雞心切片被解剖分析，發現「並無顯示任何年齡增長的跡象」，依據學理的術語來講，便是「永生」。

在 1920 年代，對尼漢博士及其他眾多從事細胞研究的學者們而言，卡雷爾的確在細胞生物學領域內邁進了一大步，展現了這門學問無限的可能，可稱是「前途無量」，似乎開啟解開人類生命與成長奧祕的一道曙光。

尼漢博士當時就不斷思考有關細胞的一系列問題：如果被測試的這塊有機體體積更龐大些，排泄廢棄物的機制更完備些，那麼人類的生命是否能夠藉由這項實驗而延長？然後他再思考，接受細胞療法後，人體將會更為柔軟、體型更加龐大，如此一來是否會影響人類行動固有的敏捷性、速度和技能？尼漢博士同時也不斷研究「健康培養」對新添加同質性新鮮細胞，即「溫血細胞」(warm blood cells) 適應新生環境的影響。

「防止衰老」研發醫術的功臣們

卡雷爾在全球醫學界開始走紅的前期，另一位傳奇性的醫學家出版了一部醫學名著《人類生命的延長》(*The Prolongation of Life*)，在

醫學界大放光明。這位傑出人士便是俄國動物學家、細菌學家梅契尼可夫 (Élie Metchnikoff)。

尼漢博士三十餘歲時，便已開始研讀梅氏的著作，後來更讀完他的全部著作，包括 1882 年出版的經典之作《胞內消化》（或稱《細胞內消化》, *Intracellular digestion*）。這本書首次描述血液內白血球的功能，和它的吞噬細胞作用的理論，也就是具有殲滅傷害性細胞的能力。

而梅契尼可夫為人們最不能忘懷的研究成果，便是他所主張的「大腸細菌為人類提前老化的罪魁禍首」的理論。梅契尼可夫認為，為了儘量遏止老化，對大腸中的有毒桿菌應予「反擊」，須大量服用含有「有益桿菌」的優酪乳。可是後來的研究發現，優酪乳一如歷代研究防止衰老的各種所謂「長生不老」藥物，並非「萬靈丹」，不一定達得到預期的「返老還童」效果。

細胞主宰我們的生命

另一位德國醫學泰斗，病理學家菲可 (Rudolf Virchow)，他的細胞研究成果使得年齡比他小一甲子的尼漢博士，在日後發明細胞療法的過程中獲益匪淺。

菲可認為生物體遭致病害是由於細胞先產生病態。他解釋，一個生物體看起來好像是一個單位個體，事實上是億萬細胞群集的一個堆積體。光是一個成人大腦本身就具備九千億個神經細胞或神經元，整個人體大概有四十兆個神經元。

菲可說人的身體是一個「細胞國」，每個細胞是一個「公民」，病害就是公民間的衝突。尼漢博士於 1964 年間，吸收了這位德國天才科

學家眾多有關細胞生態的生理學和病理研究資料，把這些學識加以深化、廣化，使他更上層樓，在細胞科學研究園地內創建了一片新天地。

此外，菲可繼巴黎法蘭西學院 (Collège de France) 實驗醫學的鼻祖克勞德・貝納德教授 (Claude Bernard)，在內分泌（荷爾蒙）方面開創劃時代的研究成果後，在醫學界也創建了另一奇聞：在他五十四歲時，他首次嘗試使用「替代療法」(Substitution Therapy)，來實驗抑制老化的成效，他將猩猩的睪丸腺體移植到老年病人身上。在不到數年期間，他對 162 位病患實施了同樣的腺體移植。依據菲可自己所作的記錄，類似的腺體移植對若干病患確實有效，他們恢復了性器官的肌肉機能、性慾、性能力和信心。

以上這些防止衰老的試驗成果，全部成為尼漢博士的參考或借鑑，他在前輩們的學術成就及臨床經驗基礎上繼續研究改進。雖然遭遇一連串的試驗失敗仍不屈不撓，屢敗屢試，精益求精，深入調查他人移植手術的前因後果。他親自觀察菲可實施手術的過程，並與自己經歷上千次的移植手術比較利弊得失，終於獲得了最佳結論：在防止衰老醫學方面，他認為他所創建的「細胞注射療法」，在功效上遠勝過「器官移植」(Organ transplantation) 及「腺體移植」(Gland transplantation)。

什麼是「細胞注射療法」？

依據醫學專門術語而言，「細胞療法」是使異質性的細胞或年輕健康細胞，懸浮 (suspension) 於與血液濃度相同的鹽溶液中，再移植到人體。若以非技術性的用語來說，就是把個別的細胞及較小細胞組合加至適合人體的鹽溶液中，再以之注射於人體肌肉系統。所使用的細

胞主要來自動物胚胎；若是腺體 (glands) 移植，則取自年輕健康的施與者動物 (donor animal)。

「細胞療法」是一項使用「生物製品」(biological substances) 來實施的治療。帶病的器官——甚或整個老化的有機體——可以因注射來自胚胎或年輕有機體內的生物化學物質細胞而獲益。

尼漢博士於 1931 年所做的首次細胞注射，不僅具有說服力，而且空前成功。一位患有嚴重痙攣抽搐的女士，由狄魁文教授 (Prof. De Quervaiu) 施行甲狀腺移植治療失敗，而轉送尼漢博士診治，這位女士的生命，由尼漢博士改用動物副甲狀腺進行「懸浮」注射而獲得挽回。

尼漢博士手術的成功並不僅僅限於施行手術方面的少許更動。事實上，他不只經常使用「腺體移植」作為治療方法，他另外還使用捐贈器官動物體內所能找到的各類細胞組織來進行治療，包括心臟、肝臟、腎臟、腦部細胞等。他是首先使用未出生動物的各種細胞組織來移植人體的人。他在早期即已發現胚胎組織較易被病患接受，並能產生更佳的治療效果。

1960 年諾貝爾生理學獎的兩位得主——英國籍的彼得・梅達沃 (Peter Medawar) 和澳洲籍的法蘭克・伯內特 (Frank Burnet)，於 1963 年雙雙對尼漢博士「細胞療法」的功效公開發表遲來的肯定，但其實尼漢博士在此之前早已具有「先見之明」，默默地使用他獨創的「細胞療法」了。

俄國細胞專家的貢獻

在兩次世界大戰之間，另一位傑出醫師和尼漢博士不謀而合地放棄使用「外科手術刀」，而改採用「針筒注射管」來防止衰老的趨勢。他便是俄國籍的亞歷山大・巴卡莫列茲教授 (Prof. Alexander A. Bogomolets)。

俄國人在防止衰老醫學方面有很大的貢獻，無怪乎徐煥廷博士也通曉俄文，因為學了俄文便能研究俄國專家們在這一方面的學術著作，擴充他對「細胞療法」學識的領略。

亞歷山大・巴卡莫列茲原是梅契尼可夫的學生，巴卡莫列茲也追隨老師的榜樣，出版了一本有關防止衰老的著作《生命的延長》。防止衰老問題的研究，一直是俄國科學家們所酷愛和迷戀的課題。

經過冗長和複雜的思考與實驗過程，巴卡莫列茲進入了使人類老化主要原因的「網狀組織」(Reticular tissue) 領域。這個「組織」或「纖維」是連接身體各部門的主要連結體 (main binding agent)，存在於各器官內支援各部門。他開始全神貫注地鑽研他導師梅契尼可夫於二十五年前所開發的「細胞毒素系統」(Cytotoxic System) 研究領域。

巴卡莫列茲在蘇聯封閉的社會裡默默地耕耘，直到他六十歲生日那天 (1941)，他忽然宣布他在幾年前 (1936) 發現了一種 「血清」(Serum)，可以用來注射於人體，從而開始實施他所發現的治療方式。

在發展研究「網狀組織」細胞的過程中，巴卡莫列茲發現了這種「抗網狀細胞毒素血清」(Antireticular Cytotoxic Serum，簡稱 ACS)。他把這種「血清」用來治療，微量單位僅為 0.1cc，治療過程十天。他

形容這種「血清」的效果猶如「星星之火可以燎原」的效應。每隔三天注射一次。這種名為 "ACS" 的液體，可用來治療一般疾病，包括猩紅熱、精神分裂症等。

在蘇聯大概有上百萬人次接受過這種「血清」注射治療方法，一般相信接受他這種治療的病人，還包括當時蘇聯的領導人物史達林 (Stalin)，和蘇聯主席伊萬諾維奇 (Mikhaïl Ivanovitch)。

巴卡莫列茲上述的成功經驗，又把人們對發掘細胞潛力的永久迷戀重心轉移到使用針筒的注射方式上。

過去人們對微小細胞一無所知，但是高倍數的電子顯微鏡，使我們能在一片空白和一無所知的背景下進行研究。電子的「波長」僅是白光波長的十萬分之一，目前電子科技已能將人體組織，切割成一英吋的數百萬分之一的厚度，讓生物化學的精準細密技術在「標的細胞」上貼上標誌，並可使細胞內部生態活動透過放射性物品的顯示，而一覽無遺地呈現並加以研究。研究細胞活動的精密儀器，能將人自出生到死亡的細胞發展過程全部描繪出來。

細胞老化，人也隨之老化，這就是尼漢博士所研究的物件。他的發現和創建，不僅使他在世界發明家裡占一席之地，也使他成為「國際細胞療法研究協會」的終生榮譽主席。

尼漢博士集細胞研究之大成

尼漢博士初期的成功實驗，是把動物整個腺體或部分腺體，移植到病患體內，成效顯著。之後，尼漢博士又在腦下垂體移植方面獲得顯著成就。

　　腦下垂體主管人體成長的過程，垂體 (Pituitary) 所分泌的荷爾蒙過多或不足，會使人變成「巨人」或「侏儒」。垂體是由「前葉」和「後葉」兩片器官組成的，前葉主管成長和發育，後葉則主管膚色和身體內水量的平衡。

　　尼漢博士有關這一方面的研究與實驗，以及他進行過千次以上的移植手術經歷，在他的德語著作有詳盡的說明，書名為 *Die Endokrinen Drusen des Gehirns: Epyphyse und Hypophyse*。

　　尼漢博士在 1927 年時，從一頭小牛的垂體「前葉」切割薄薄的一片組織，移植到一位年輕的矮子身上，這位受試者在移植後長高了 14 英吋。他又用同樣的技術，不過這次使用了羔羊腺體，也成功地治癒了一位經期不正常的女子。另外，他又使用垂體「後葉」切片移植到一位患有糖尿病的青年身上，使得這位青年的「頻尿」(Diuresis) 現象恢復正常。

　　此後，尼漢博士在他的故鄉威韋鎮設立細胞療法診療院，正式名稱為「草原總醫院」(Clinique Générale La Prairie)，但當地人士總愛簡稱為「尼漢博士治療中心」。請求治療的病患人數眾多，大概都須排隊等候好幾個月。

　　因為每場次只能治療二十五位病患，他們被要求於星期一早晨報到，事先當然已經有函電往來聯繫，須檢送病情報告、治療經過、驗血報告，以及血壓等有關病歷及病史。

　　抵達當日，尚須再經過一次體檢，審查是否能接受「細胞療法」。當然最好隨身攜帶有關 X 光照片，最新驗血及尿液報告，各項掃描照片，包括超音波或核磁共振等紀錄，有無過敏等。如果病患最近接種疫苗，或有一顆未治癒的蛀牙等情況，可能被醫院拒絕治療。

　　除了他本人在「細胞療法」方面累積了四十多年的經驗，其他專

家們對這門醫學的研究，所公布的成果也是不計其數。

　　單就生物學家，先鋒人物卡雷爾醫師一人而言，至少也有一千餘篇論文來介紹他所研究發現的細胞具有 「不死性本質」 (undying nature) 的成果。他的發現，經另一位細胞專家弗拉迪米爾‧菲拉托夫 (Vladimir Filatov) 基於自身的實驗成果 ， 證明了病態細胞在經過新鮮細胞注入後確能更生為健康細胞 (Fresh Cells)。

　　又有一位細胞專家埃德曼‧伍德拉夫 (Erdmann Woodruff)，則利用雙小核草履蟲作實驗，在受到保護的環境中能連續繁殖八千代，且並無任何老化變質的跡象，當然有毒的代謝排泄物是需要每天清除的，以便保持一個良好的繁殖環境。他的實驗證明細胞在適當的環境下，的確具備「永生」的本質。

一位「不信邪」的訪客

　　徐煥廷博士轉述，尼漢博士經常喜愛談起一則有關一位德國著名教授的故事。

　　這位教授聽了尼漢博士於 1954 年 ， 在卡斯魯 (Karlsruhe) 所發表的關於「細胞療法」成果的報告後，有一天特地趕來威韋鎮訪晤尼漢博士，他表情顯得很沉重。這位教授對尼漢博士說：「我二十年來研究有關外來『白蛋白』(albumins) 注射人體的嚴重後果，您不能誤導我。如果您真的如您在卡斯魯所講的那樣，對人體注射外來『白蛋白』的話，病患將在注射後八分鐘內死亡。」這位教授是在德國萊茵河畔馬堡地區 (Marburg) 的著名學府 「馬堡大學」 執教的漢斯‧施密特教授 (Prof. Hans Schmidt)。

尼漢博士回答他說：「我剛好今天早上要對一位病患施行新鮮細胞注射手術，我能請您觀察我如何進行手術嗎？」施密特當然不會放棄這個見習的機會，便欣然隨著尼漢博士觀察他對一頭懷孕母羊，實施「剖宮產術」及摘取細胞的全部過程。

當尼漢博士取了新鮮細胞，正要快步進入患者病房準備進行注射時，施密特卻拉著他的手臂，對他說：「你已經一足步入牢獄，請勿將另一足再踩進去。」但是尼漢博士只是對他笑笑，還是按照原定計畫把所採細胞注入病患體內，完成了他的手術過程。

手術後沒幾分鐘，這位教授開始坐立不安，頻頻看錶，臉色泛白，尼漢博士扶他離開病房，兩位醫師默默相對，相互注視，一語不發，靜靜地讓每分每秒時光融入窗外照射進來的陽光中。那位女病患在接受細胞注射後卻若無其事、談笑自若，醫師們則個個頷首肯定手術成功表示欣慰，但施密特教授卻惴惴不安放心不下，當天晚上特地去病房觀察患者的反應與情況，第二天上午又去探望，下午再去觀察，卻見病患一切安好如常。

當施密特離別「尼漢博士治療中心」時，依據尼漢博士自己的描述，施密特感傷地對尼漢博士說：「您的一次細胞注射實驗，卻把我累積二十年的研究成果全給毀了。」

尼漢博士說：「一點兒也沒有，您的觀點其實也是正確的。沒錯，『過時』或『陳舊』的『外來白蛋白』(stale foreign albumin) 的確能把人體細胞組織在八分鐘內殺死。但相反地，新鮮的 『原生質細胞』(fresh protoplasm) 卻能使患者體內的病細胞再生而治癒疾病。」施密特教授頷首表示領悟，並和尼漢博士握別。後來他曾為尼漢博士所出版的幾本書籍撰寫肯定和讚美其成就的「序言」。

如何保持細胞的新鮮度

　　為了解決維持細胞新鮮度的問題，尼漢博士及他的同僚們花費了二十多年，不斷研究才獲得了有效的成果。1949 年，尼漢博士首先開始對自己注射用冰保存的「懸浮細胞」，結果產生了強烈的不良反應，使他瞭解到新鮮細胞不能用冰來保存。這些細胞不但因此失去了很多固有的活力本質，並且變質成了含有毒素的細胞。

　　就在同一年稍後，尼漢博士終於成功研發另一種保存細胞新鮮度的方法，就是採用即時「冷凍乾燥法」(lyophilisation)，也就是立即深度冰凍及蒸發 (instant deep freezing and evaporation)。

　　1954 到 1963 年，尼漢博士在取得正式製造執照後，便把所生產的「幹細胞」產品提供給「海德堡公司」。1966 年起，一家頗有規模且具備最現代化技術設備的公司正式開始生產這種製品。

　　這家在德國海德堡 (Heidelberg) 城附近三德豪斯地區 (Sandhouse)，專為產製「冷凍乾燥細胞」(sicca cell) 而設立的公司，它所生產的製品品質是由德國政府嚴格管制和保證的，事實上，這些產品就是由海德堡大學研究開發出來的成果。

　　目前的「細胞療法」所使用提煉成的「乾燥細胞」，仍然都是由德國海德堡大學監製提供，德語稱為 "Frischzellen"。海德堡大學所提供的「乾燥細胞」，係採自嚴密監控的健康羔羊胚胎內各器官的細胞，存放時將它們分門別類，用真空密封的方式確保絕對無菌，不需置入冰箱，只要放在陰暗處，日光照射不到的地方即可。

細胞注入人體內的行蹤及見效速度

尼漢博士雖然無法確定細胞注入動物體或人體後的行蹤規律，但他仍能提出一些實驗證據來證明，細胞在注入人體後的「行蹤」還是有若干蛛絲馬跡可循。證據之一是，維也納大學的克曼特教授 (Prof. A. Kment) 所作的試驗。他把帶有輻射性的甲狀腺注入一條狗的體內，三個月後照 X 光，發現狗的甲狀腺在散發著放射能。專門研究細胞學的海德堡大學細胞中心休撲克教授 (Prof. Hoepke)，使用腎臟、肝臟細胞作類似試驗，也獲得了同樣結果。後來他把試驗成果於 1963 年在伯恩 (Bern) 及斯圖加特 (Stuttgart) 兩地發表。

在德國，研究細胞的專家們還從事另一種試驗：把細胞在注射人體前加以染色，之後發現染色的細胞像經絡般似地在體內「行走」的途徑。若干細胞在體內的動態，在電子顯微鏡觀察下較易追蹤，有的細胞行動有若「噴射推進」，有的則是「扭轉前進」。可以說，血液中的微粒（小體）細胞（每一立方毫米中含有約五百萬個細胞），是永無休止的「健行者」(Perpetual travelers)。

尼漢博士說，注射的細胞在人體內另有兩種活動趨勢。第一種趨勢是注射細胞在進入體內後，會在受損的（有缺陷的）細胞附近停留一段時期，隔著距離發揮它的治療作用，這和吞服藥物到胃部醫治頭痛或其他疾病的方式不同；另外一種趨勢則是注入的細胞迅速分解為微量元素型的「細胞核」(nucleus)、同源染色體 (homologous chromosomes) 或粒線體 (mitochondria) 等，成為治癒或再生的因素。尼漢博士認定，愈來愈多的例證支持並證實細胞活動的第二種趨勢。

他指出：人體，尤其在青少年時期，腺體所生產的大量細胞由血液運送各處供有機體使用，猶如大批的「建築材料」(building material)。

尼漢博士在實施「細胞療法」的多年經歷中，發現「細胞療法」見效快慢的「時間因素」要看患者所接受治療的器官而定。依據他的經驗，腎上腺細胞所產生的療效最快，幾乎立即使患者的腎上腺分泌增加。內分泌腺系列大致可在細胞注射後四到六個星期開始顯現效應，下視丘腺細胞注射則需七到八個星期才產生效應，其他神經細胞效應更慢。尼漢博士認為，因接受細胞注射的器官不同而發生效應時間快慢的事實，和一般醫藥治療並無不同，這樣的認定，可解除接受「細胞療法」的病患不必要的疑慮。

尼漢博士強調，實施「細胞療法」的個案病例效果的評估，必須等待一個較長時間，在獲致具體的成果後，才能宣告治療的確實評價。在接受尼漢博士「細胞療法」的病患紀錄中，不少病患在接受治療多年後還蒙受「細胞療法」的良好效應，其中有在治療二十六年後仍蒙受其益的情形。尼漢博士說：「我們很欣慰能看到驚人數字的受益者的良好成效，這使我們感到無比滿意。」

世界名人深受其益

接受過「細胞療法」的病患，很少自己撰文發布他們獲益的經過。除非有些具有堅強意志的病患，不怕面對那些對「返老還童」之謎既好奇又愛嘲諷的人士。例如受人尊敬的英國籍名作家薩默塞特・毛姆 (Somerset Maugham) 本人，和他的祕書兼合夥人艾倫・瑟爾 (Alan Searle)。

　　他們在威韋鎮接受過「細胞療法」後，公開說明治療後的效應：「我們兩人在注射細胞後生活情趣大變。毛姆先生活動力顯著增加，思想極為敏捷；我自己則活力充沛，準備和任何人比賽爬樹。」毛姆本身也是一位醫師，他不只一次接受一系列的細胞治療，他在九十多歲時還是很健康。

　　另外一位美國名記者兼作家伊莉莎白・吉爾莫 (Elizabeth Meriwether Gilmer)，她以「Dorothy Dix 顧問」筆名撰寫專欄，廣受婦女界歡迎。她在《時尚雜誌》(*Vogue*) 發表她本人和她丈夫，在「尼漢博士治療中心」接受「細胞療法」的美好經過。她說，她們夫婦兩人感受到不可思議的良好健康效應，我們體驗到人生活著的真諦，並感覺到周遭環境充滿著生機。她的丈夫在細胞注射後四年，那時他已經八十多歲，但是無論在體力上、思想上，都像六十歲左右的人。她丈夫說，接受「細胞療法」是他擺脫「老年桎梏」的「獨立宣言」。

　　依據英國駐外記者亨利・細迭 (Henry Thedy) 的報導，尼漢博士曾替教宗庇護十二世實施「細胞療法」。三年後，教宗又請尼漢博士去梵蒂岡替幾位高年的紅衣主教作同樣的診療。

　　尼漢博士所治療的病患中，很多是達官貴人、元首政要、皇室貴族。其中有一位傑出的德國現代政治領袖，是曾經喪失自由又重拾自由的風雲人物，他便是西德前總理艾德諾 (Konrad Adenauer)。他曾因試圖謀殺希特勒，而被德國納粹於 1944 年關入集中營。他在藍道夫 (Rhöndorf) 的居所還曾被美軍炮轟過。在戰後時局變遷的政治紛爭中，他輾轉奮鬥脫穎而出，於七十三歲時榮任戰後西德總理。他導引西德走上民主的大道，成為西方自由國家陣營內的中堅分子。也是他在國會告別演說中鼓勵西德，在三所大學設立專門研究「細胞療法」的課程。他自己當然也曾接受「細胞療法」而深受其益，使他能以更健康

的身心和體力替國家多服務了將近二十年。

這三所研究 「細胞療法」 的大學分別為杜賓根大學 (Universität Tübingen)，慕 尼 黑 大 學 (Universität München) 及 海 德 堡 大 學 (Universität Heidelberg)，其中以海德堡大學最重要。

「草原總醫院」自 1957 年來所保存的病患名冊登錄簿，原則上是保密不能公開的，但其中確實列有艾德諾總理的名字。西德政府曾一度否認他曾在威韋鎮接受過「細胞療法」，事實上他確曾接受過這種新穎的 「急速冷凍乾燥細胞粉」（臨時加液體）注射。艾德諾總理接受「細胞療法」 後似乎顯得對年齡「滿不在乎」，他的第一位夫人故世後，他續娶了一位小他十八歲的鄰居的女兒作為新娘。他變得精力充沛，每天清晨五時起床，經常工作到午夜。但後來艾德諾因感染流感不幸逝世，享年九十一歲。

英國首相溫斯頓・邱吉爾 (Winston Churchill) 也接受過同樣的注射，自 1953 年開始，他至少接受過三次治療，不過他是被另一位法國籍 「細胞療法」 專家名叫多朗・波雷阿德醫師 (Dr. J.-B. Durand Boisléard) 所注射的。

徐煥廷博士說，他交往的熟識朋友中除了他的導師尼漢博士外，另有幾位值得一提的，包括世界著名的細胞學專家及「細胞療法」治療專家呂朴克教授 (Prof. Lüpke)，後者的女婿便是曾任瑞士「細胞研究院」院長勞德柏格教授 (Prof. Laudeberger)。他們對「細胞療法」都做出了相當貢獻，他們自己當然也獲得了「細胞療法」的好處。其他幾位朋友 ，如史坦教授 (Prof. Stain) 及前文提及的施密特教授 (Prof. Schmidt)，則在治療「唐氏症」方面建立了卓越的成果。

對於前來威韋鎮「草原總醫院」求診的病患，尼漢博士不可能知道每一位求診者的身分。20 世紀 50 年代後期，有一位看似英國人，

但不太說話的中年男子，由四位私家偵探陪同，前來醫院接受細胞治療，一望而知是一位很重要的人物。醫院雖有病患登記制度，但如果病患刻意隱蔽身分，填寫不實資料以保持他們的隱私，醫院也無從知道求治病患的確切身分，因為醫院究竟並非旅館，瑞士警察局嚴格要求旅館，對居住旅館的旅客必須詳填登記表格，並核對身分證件，「草原總醫院」則本於醫師尊重病患隱私原則，不像旅館對治安機構的要求有必須配合的義務。

但是喜愛發掘名人隱私的記者們，還是有辦法找出一些名單刊於媒體。如美國頗具聲望的《麥克考爾雜誌》(*McCall's Magazine*) 就曾刊載一篇專題報導，以「富人如何能保持青春及美麗」為題，披露了一些接受過「細胞療法」的名人名單，其中包括：英國皇室成員，達德利伯爵 (Earl of Dudley)，多莉·奧布里恩 (Dolly O'Brien)，美國德州達拉斯牛仔隊創辦人克林特·穆奇森 (Clint Murchison)，舞蹈家安娜·米勒 (Ann Miller)，明星瑪琳·黛德麗 (Marlene Dietrich)，電視明星羅伯特·卡明斯 (Robert Cummings)，諧星查爾斯·卓別林 (Charles Chaplin)，法國畫家兼雕刻家喬治·布拉克 (Georges Braque)，天主教教宗庇護十二世 (Pope Pius XII)，沙烏地國王伊本沙烏德 (King Ibn Saud)，加拿大的市長亞瑟·卡麥隆 (Arthur Cameron)，明星葛麗泰·嘉寶 (Greta Garbo)，葛洛麗亞·斯旺森 (Gloria Swanson)，西德總理康拉德·艾德諾 (Konrad Adenauer)，法國時裝名牌創辦人克里斯汀·迪奧 (Christian Dior)，名導演、劇作家沙夏·吉特里 (Sacha Guitry)，印度舞蹈家瑞姆拉·哥柏 (Ram Gopal)，以及《時尚雜誌》(*Vogue*) 所報導的舞臺演員莉蓮·吉許 (Lillian Gish)，與八卦專欄作家赫達·霍伯 (Hedda Hopper) 等。其他尚有眾多「名人錄」內所包羅的貴族界、演藝界、藝術界、政治領袖、企業界有名望的人士等尚未列入。徐煥廷

博士說，如果將接受細胞治療的人士名單全部列出來，不是幾頁紙張所能寫得完的。

細胞療法不止「返老還童」

在尼漢博士所保存的資料中，許多「細胞療法」的案例超越了「返老還童」的領域——例如「唐氏症」、「白化病」、骨折，以及尼漢博士所稱「經理族症候群」(manager's disease)。

很多經理們專程來威韋鎮請求尼漢博士治療，年齡大都在三十五歲左右。他們都是傑出的企業人才，很多是自行創業成功擁有財富。為了迎合現代化工商企業所需的劇烈競爭，他們操勞過度、過分消耗精力，致使他們提前衰老了。為了保持體力能夠應付冗長的工作時間，他們吸菸一支接一支，從而累積了尼古丁毒素，導致心律不整、頭暈等現象的出現。

若干病例是有關「白化病」(Albinism) 的。由於患者先天性缺乏「色素」(pigment)，使得眼球充血的微血管透過透明的虹膜及視網膜顯示出來，如果情況嚴重將導致眼球呈現粉紅色。白化病患者 (albinos) 在日光下會感到劇痛，有的甚至終生白天都得躲在陰暗處以逃避痛苦，等到晚上才敢出來活動。

在「尼漢博士治療中心」，針對「白化病」的患者，通常是採用羔羊胎兒皮內或虹膜及網膜的色素細胞來注射，如果患者的病因是由於病患自身具有色素卻不能「輸送分配」(distribute)，那就須採用年輕動物腦垂體中葉 (middle layer) 的細胞來注射了。

關於治療骨折方面，尼漢博士和另一位醫師米歇爾博士 (Dr.

Michel)，習慣在骨折處附近注射「造骨細胞」(osteoblasts)——一種能在骨骼中成長發展的細胞——以刺激骨頭的癒合。這類細胞是用小挖匙 (curette) 從羔羊胚胎的頭蓋骨 (cranium) 上刮下來的。尼漢博士曾舉了一個病例，那是一位高齡八十歲的老婦人，她的股骨橫向折斷 (transverse fracture)，尼漢博士替她注射了造骨細胞及卵巢濾泡細胞，三週後這位老病人能輕易地舉起腿來，X 光片也顯示她的骨折處已經全部癒合。

「細胞療法」能治療的疾病

徐煥廷博士本身擅長外科醫學，他的切身經驗及他追隨「細胞之父」尼漢博士，從事細胞學的研究與實際臨床經歷多年，再加上他後來自己主持瑞士政府「細胞研究中心暨細胞療法研究中心」院長長達十五年 （1975 年 12 月 2 日—1990 年 4 月 14 日），以及卸任後自設「細胞療法」私人診所迄今所累積的經驗，使他也成為細胞學及「細胞療法」方面的權威。以下為「細胞療法」的一些梗概介紹：

「細胞療法」能治療的病症

1. 人體內部腺體分泌所引起的功能不正常的狀況：這類病症包括性器官發育不完全、月經失調、不孕、停經期過早；由於腺體不正常所引起的肥胖症、陽痿、與腦下垂體有關的「侏儒症」等。
2. 提前老化及活力衰退狀況。
3. 有關支援性及血管慢性的退化性疾病：諸如有關血管系統退化

的疾病、四肢血液供應不足、腦部血液供應不足、關節病、軟骨病、慢性類風濕關節炎等。

4. 一般性的容易感染及對感染低抵抗力的情形。

5. 一般器官退化病症：包括心臟、腎臟、脾、胃及慢性消化系統衰退及肺氣腫或肺水腫等。

上述病症的治療，是依據使用同質性的健康細胞來治療受損或帶病細胞的原則，即健康的動物心細胞治療心臟病，健康的動物肝細胞治療肝病等。

通常患病現象大都是基於某器官系統發生疾患，而並非某一個個別器官本身出現問題，因此關聯性的器官必須同時予以照顧治療。從而治療用的動物健康細胞也不是使用單獨一種細胞，通常需要採自不同器官的複合性的多種細胞的組合。由於病患的生理需要不同，上述這種健康細胞組合，遂也因人而異。例如，在性器官功能方面，卵巢、睪丸、腦垂體、胎盤等細胞的採用須視不同性別而作不同選擇，女性病患所需的細胞須採自雌性動物施與者，男性病患所需則須採自雄性動物細胞施與者。實驗證明，即使未成形的胎盤也有性別的特性。胎盤中所含有的荷爾蒙成分，亦隨是為男性或女性胎兒而有所不同。

「細胞療法」的禁忌事項

1. 病患患有一切感染性及發炎性疾病的均不適合「細胞療法」。

2. 經年不癒的慢性感染病症，或對化學治療無甚反應的疾病，也不在「細胞療法」治療之列。但有一個例外，有時可適用：如果病患的衰弱體能如能經由注射細胞而恢復元氣，並產生自身抗病能力者，則可酌情為之。

3. 另如病患體內感染病灶 (foci) 仍在散播感染菌，如一個潰爛齒，

一個慢性的盲腸炎，或膽、扁桃腺、膀胱炎等也不適合「細胞療法」。

「細胞療法」治療過程中的可能反應

1. 「細胞療法」必須由專業醫師、細胞學專家或對細胞移植具有實際臨床經驗的醫師來實施。實施「細胞療法」之前，並需經過嚴密的檢查過程，以確定接受「治療」的病患的確符合「細胞療法」應具備的條件，並無任何感染或發炎等情況。

2. 鑑於「細胞療法」經常需使用複合性的多類細胞組合，已如上述，並需同時在多處紮針，因此病患必須臥床三天，或在診所、或在旅館躺著休息，以便讓肌肉組織逐步吸收。

3. 在「細胞療法」過程中並無飲食禁忌或限制，但病患都被勸告避免飲食過多。唯一限制，在注射後三、四個星期內避免進食羊肉及羊乳酪。病患在臥床三天後可放鬆心情，避免劇烈運動，再隔一、二天後，即可恢復正常生活節奏。

4. 病患接受細胞注射後所顯現的反應大概分三階段。

   A. 第一階段：注射細胞中所含可融性物質，首先被立即吸入血液後產生短暫的進步效應與「生命力」(Vitality)，活力大增。這個短暫階段在數小時，最多一天後即消失，隨後進入免疫生理反應階段。

   B. 此一反應可能持續十一至十四天。病患可能會開始有疲勞、精疲力竭的感覺，注射後的不舒服感覺似乎又恢復並有加劇現象，排尿量及次數增加，但這種現象並不普遍。大多數病患對所注射體內之細胞吸收甚快、並迅速出現受益效果 (beneficial effect)，而無任何不良反應。一般而論，人體組織

愈需要細胞注射者，不適反應愈少。

C.「細胞療法」第三個也是最後一個階段的效應，便是「再生階段」(Regeneration Stage)。這個階段大概在注射細胞後第三或第四週開始顯現，持續四至六個月。「細胞療法」的預期療效也在這段期間內紛紛出現，人體一般性健康指標有所增強，各器官功能亦出現轉強的跡象。「細胞療法」療效過程的最後階段一經穩定後，其療效可持續好多年，有的甚至數十年。

「細胞療法」實施後應注意事項：

1. 少量咖啡或茶可照常飲用。

2. 少量酒及啤酒，亦可飲用無妨。

3. 應減少吸菸量。吸菸者在「細胞療法」後往往感到減少吸菸量較前容易。

4. 在注射細胞後十四天內應避免劇烈體育活動。

5. 接受「細胞療法」病患在二週內應注意避免溫度過高之淋浴，如三溫暖及土耳其浴等。

「細胞療法」的副作用

有的病患在接受「細胞療法」後體溫可能會略有增加（38℃左右），約數小時或數天後自動消失。這種短期低度體溫升高的現象稱為「吸收體溫」(absorbation fever), 這不是病態，乃是一種自然反應，並無傷害性。當然，如果這種狀況持續太久或體溫過高，應即通知醫師。

一般「細胞療法」大都同時注射胎盤細胞，可能在扎針局部出現輕微紅腫現象，這是由於胎盤所含荷爾蒙，促使血管擴張刺激血液供應所致，這也是無害的，並且會自動消失，必要時可在紅腫處放置冰

袋協助消腫。

細胞注射人體內後被「接受」及「輸配」過程

依據德國海德堡大學施密特教授的實驗報告稱，細胞一經注入人體，施與者動物 (donor animal) 的細胞及細胞組織，立即被人體內的「吞噬細胞」(phagocytes) 吸收，由血液輸送到人體內同質性的細胞或組織處，就在那裡建構器官所需的細胞物質，或就地修護人體病態細胞或受損細胞。病態細胞及受損的有機體生物組織器官及細胞組織，對注入的外來物質具備精準的識別及評估能力。

另外一位海德堡大學的雷特立教授 (Prof. H. Lettré) 對上述施密特教授的說法，用另一種實驗方式予以證實。雷特立教授使用帶有「標誌」的細胞，他讓注入的細胞帶有放射性同位素物質，再使用測量放射性物質的 「蓋革計數器」 (Geiger Counter) 來測查放射性細胞的行蹤，以瞭解外來細胞在血管中活動的路線。

「新生」效應 (Revitalization)

有關過早乏累及提前衰竭 (Psycosomatic exhaustion) 等情況，「細胞療法」 的 「新生效應」 (Revitalization) 有恢復整個人體有機組織的原有功能的效果。

現代「細胞療法」應當感謝維也納大學教授兼「國際細胞研究協會」主席——克曼特 (Prof. A. Kment) 所研發出來的一系列成果，尤其在動物試驗方面提供卓越的基礎貢獻，也證實了先前在人體實驗成功的例證，二者不謀而合。

他使用高齡老鼠及其他動物來測試牠們的學習及感知能力，皮膚及主動脈的彈性與對撕裂的抗拒性，以及結締組織與組織呼吸的彈性程度。克曼特教授認定高齡動物被注射「幹細胞」後，在各種體能方面，不亞於牠們年輕的同類。

坐落在德國法蘭克福萊茵河畔 (Frankfurt on Main) 的 「國際細胞研究協會」，目前有超過四十位大學教授，分別在解剖學、生理學、分子生化學及細胞培養等領域內，分別及共同研究動物細胞在注入人體後的運作過程。這個「醫學調查計畫」是在紐約洛克斐勒大學醫學研究中心 (Rockefeller Institute) 的維斯教授 (Prof. Paul Weiss) 指導下進行的。維斯教授發現細胞注入後，對人體特定器官所產生的效應係，來自細胞自身的內部機制，依據他個人的研究與實驗，每一個「個別細胞」，都具有「自組織」(self-organization) 的功能。

細胞是不斷 「分解」，不斷 「重建」 (Cell continually decomposes and rebuilds its own substance)。想不到中國傳統的兩句現成的簡單「成語」，可以非常貼切地來形容細胞這種複雜的「重建」生態和現象，那就是：「自力更生」和「自強不息」──細胞具備完全靠自己內部的機制來不斷產生自己所需的物質，同時，它還能精準地與其他同質性細胞結合、滲入細胞組織，而產生所需的特定的新組織或器官。因此，經由一個「個別細胞」產生一個完整的、功能性的器官的有關資訊，也只能從細胞本身去研究、發掘，始能獲得其中神妙的奧祕。

大家都知道，低等動物具有「再生」或「新生」能力 (regenerative ability)，如蚯蚓、蜥蜴等，牠們能再生長失去的器官或斷裂的肢體。最近的一次實驗，成功地以一隻青蛙小腸內的細胞培養出一隻活生生的蝌蚪。

在高等動物方面，如人類，這類試驗當然有其先天的限制，但是

夢想不到的「細胞療法」，已能達到修復受損細胞或其組織，而恢復其功能的境界。假以時日，相信「細胞療法」由於科技的進步，必有更多更新的發展空間。目前，國際間已有九百多種科學雜誌及五萬多篇醫學論文報導，肯定了「細胞療法」在有關退化性疾病，和過早老化症狀方面所取得的成就。

今天，「細胞療法」日益證明它在醫療方面，是一種恢復失去活力既新穎而又有效的方法，使得人類在高齡時仍能享受一個完整的、充實的生命。「細胞療法」能使人活得更健康，達到相對性的「延年益壽」的境界。當然，「細胞療法」不能無限制地延長生命，但卻能把「生命」注入「年齡」。

在此，我們可以引用美國甘迺迪總統於 1963 年對美國國會所講的話作為本文的結束：「我們不能以增加數年的壽命為滿足，我們的目標是要把 『新的生命』 注入這些 『增加的年齡』 (It is not enough for a great nation merely to have added new years to life. Our objective must also be to add new life to those years)。」

「細胞療法」數十年來所研發的，並且經過證實的成果與成效，似乎與當年甘迺迪總統所企望的正相符合。

我之所以在本文不嫌煩瑣地介紹尼漢博士習醫及鑽研細胞療法、廣採眾人所長，而終於自己有所創新與發明的前後過程，也就是為了讓讀者們瞭解徐煥廷博士，以一個外國人的身分埋頭苦學習醫，亦步亦趨地追隨尼漢博士多年，並盡得其薪傳而成為當前瑞士，也可說是歐洲「細胞療法」權威之一的「成功」故事有多麼難能可貴。這位原籍臺灣屏東的學者現在擁有瑞士國籍，因為他的妻子是瑞士人，但他並沒有放棄中華民國的國籍。他們有兩位已成年的公子，也都是相當傑出的醫師。

　　同時我也希望本文能引起讀者們廣大興趣。若能促使有志研究「細胞療法」者從而奮起參與鑽研，使臺灣及中國大陸亦能迎頭趕上，步上國際細胞療法的學術之門，這未始非一項「美夢成真」的理想。端在有識之士群起支援，以促其實現，實所至盼。

第九章

當代權謀家李登輝

李登輝率籃球隊遠征非洲

　　李登輝是一位十足的「政治人物」，我在此撰文談論他，對他無意作惡意的批評乃至「批判」，歷史自有公論。我們當時都對他懷有期望，因此蔣經國先生及他的長官們皆積極提攜他、培植他。我是在駐象牙海岸大使任內認識他，在這裡只想以學者與史學家的身分，記述一些自己經歷過的若干史實和看法，供世人參考而已。

　　李登輝是一位具有「爭議性」或者「傳奇性」的人物。他在「發跡」之前，曾以「技正」職銜在中國農村復興聯合委員會（農復會）任事。1974 年以前，我與他未曾見過面，只是早期在外交部時，先認識了他的長官沈宗瀚先生（沈君山的尊翁）和蔣彥士。當時，講法語的外賓拜會陳誠副總統時，通常都由我擔任翻譯，而李登輝的頂頭上司，農復會主任委員沈宗瀚則必然陪同會見。陳誠副總統最喜歡和外賓談的就是他的德政──「土地改革」及「三七五減租」的成就，也就是臺灣日後經濟發展的基礎。

　　由於沈宗瀚、蔣彥士和王作榮等人士的提攜和推薦，尤其是蔣經國先生的青睞與賞識，1972 年，李登輝由農復會的一個技術官僚「技正」躍升為行政院「政務委員」，並兼任農復會顧問。蔣經國先生似乎並不在乎

陳誠副總統親贈作者照片。

李登輝過去曾經參加共產黨的傳言，有意提拔臺籍人士，李登輝便成為他提拔的對象了。兩年後，1974年，蔣經國先生再遵照孟子「天將降大任於是人也，必先苦其心志，勞其筋骨，餓其體膚，空乏其身，行拂亂其所為……」的古訓，對李登輝加以磨練，派遣他率領裕隆籃球隊遠征非洲，展開中華民國對非洲的首次「籃球外交」。中華民國政府派一位「政務委員」（相當於歐陸國家內閣中地位高於一般部長的「國務部長」）率領一支籃球隊訪問非洲，這的確是蔣經國先生別開生面的外交手法。

　　「李領隊」一行二十一人於1974年7月23日，由臺北啟程赴非洲，在非洲待了二十八天。首站是模里西斯的路易港 (Port Louis)，其他各站依次是法國海外領土留尼旺 (Réunion)、南非的約翰尼斯堡、中非共和國及象牙海岸。其中從南非到中非需經過剛果過夜轉機，由於我國與剛果沒有邦交，因此在機場枯等了十幾個小時，無人理會照料。幸好航空公司人員把全隊人馬帶到一家招待所，大伙兒就在大廳的沙發椅上熬過了一夜，餵飽了蚊子，處境相當尷尬和狼狽。

　　代表團抵達中非之後，由於旅途勞頓睡眠不足，蚊蟲太多、沒有熱水洗澡、伙食不習慣（丟失了裝有泡麵及醬瓜、醬菜、豆腐乳等罐頭的行李箱）等等原因，李登輝確切體會了「苦其心志，勞其筋骨」的滋味。當然，如果李登輝當時知道這只是日後「飛黃騰達」前的一次「磨練」，恐怕心情會愉快多了。

　　1974年8月16日，當李登輝率領的裕隆籃球隊，浩浩蕩蕩地從中非共和國飛抵象牙海岸首都阿比尚時，全體旅象華僑差不多全都出動了，兒童們手揮國旗，農耕隊隊員舉著張在竹竿上的紅布歡迎標語，我則帶著大使館同事和大家一起列隊歡迎。

　　體格相當魁梧（183公分）的李登輝首先下機，緊接著是裕隆籃

球隊的第一號長人，撐著巨幅國旗的王錦雄（194 公分），其他隊員緊隨其後，平均身高也都在 180 公分左右，看來相當壯觀。象牙海岸的前公共工程部長（執政黨政治局委員）兼籃球協會理事長伽谷 (Alcide Kakou)，及青年體育部官員等也都到機場迎接。隨後，我陪著李登輝等到貴賓室接受媒體的採訪。象國籃球協會是個窮單位，不像足球協會那麼有錢，因為一場足球比賽有好幾萬觀眾，門票收入十分可觀，而籃球運動則是賠本生意。但是，象國接待當局還是把臺灣遠道來訪的籃球隊，全部安排在市中心一家相當不錯的四星級賓館，食宿條件都頗不錯，稱得上是「待客有道」了。

象牙海岸是個比較現代化的非洲國家，吃、住方面都要比中非等國高級得多。但是鑑於籃球隊代表團埋怨在中非的伙食太差，我還是在官邸招待了他們四頓中餐，再加上僑社聯合在金龍飯店宴請的一頓「慶功宴」，可以說每天都能吃到中國飯了。不過，他們的教練霍劍平不准隊員們喝酒，怕是影響打球，所以，當隊員們看到領隊李登輝可以自由自在地喝酒時，不免有點妒忌，但是囿於「紀律」，也只能「望『酒』興嘆」了。

裕隆籃球隊擁有五位國手，分別是隊長吳建國、7 號陳恩鐘、8 號錢一飛、11 號江丕富及 12 號王承先。正因為在象牙海岸的食宿環境不錯，故隊員們個個生龍活虎，充分發揮了球技。因此，裕隆隊在象牙海岸的三場比賽居然連戰連勝，不像在中非，因為食宿不佳而屢戰屢敗！

在裕隆籃球隊訪象期間，李登輝與我沒有太多的交談機會，他只是隨口問問我在象國工作的情況，我也趁機把大使館的業務與成就，以及農耕隊被廣泛地接受的成果簡單地介紹了一番。我發現李登輝沉默寡言，似乎有什麼心事似的。是否因為以一個政務委員之尊而率領

籃球隊到非洲，而內心頗感委屈；還是他胸懷大志，不想隨便對人口吐真言？ 我當然不得而知。 即使我安排時間， 陪他在象京科科迪 (Cocody) 高爾夫球場一起打球時，他也只是專注打球，很少講話，表現得像個性格內向的人一樣。

在他穿戴高爾夫手套時，我發現他雙手都是「斷掌」，或稱「通關手」，心中暗暗稱奇。有這種掌型的人很少見，不過大都個性倔強固執，獨斷獨行，喜好權勢。李登輝發球很遠，大概 250 碼，他揮球桿的時候，右肩膀轉動很用力，長桿落點很好，短桿就沒有那麼精準。那天 18 洞打完，他打了 82 桿（標準桿 72 桿），我覺得他已打得不錯了（我打 94 桿，比他差多了），但是他自己還不甚滿意。

乘時而起，大展身手

我當時認識的李登輝，與十年之後 （1984 年） 他擔任副總統期間，我所感覺到的李登輝簡直判若兩人。十年後，李已做過臺北市長 (1978–1981)、臺灣省主席 (1981–1984)。當我到總統府拜訪「李副總統」時，他已變成十分健談。我們談到了非洲的開拓工作，談到了淡江大學區域研究中心主辦的「非洲研究」國際學術會議的籌備工作。我的想法是，當時南非白人政府實施 「種族歧視」 及 「隔離政策」 (Apartheid) 歧視黑人，那麼，若能把南非和非洲其他國家團結起來，共同討論開發整個非洲的問題，應該是很具積極性和建設性的事情。

那時候，中、象兩國已斷交，我已經離開象牙海岸回到臺灣，張建邦先生請我擔任淡江大學歐洲研究所所長，兼任區域研究中心執行長。「非洲研究」 是我就任淡江教職以來，主辦的第一場國際學術會

議。參與的學者有南非、上伏塔、法國、美國、德國、奧地利等二十餘國的非洲問題專家，提交的學術論文有數十篇。我提交的論文題為：《南非何去何從 ： 革新乎 ？ 革命乎 ？ 》 (*South Africa: Evolution or Revolution?*)。

　　我當時之所以拜會李登輝，是因為有一位參與者是上伏塔的天主教神父魏德高 (Ouedraogo)，而且也是一位作曲家，這次帶了他的新作交響樂演奏曲譜，也來參加「非洲研究」會議。我因此想到，李登輝曾擔任過臺北市市長，那是否可請他出面，向臺北市立交響樂團打個招呼，來演奏這位非洲神父的作品，為這個國際會議增色，也可為中、非的文化交流添加精彩的一章。

　　李登輝聽了我的這個建議，非常感興趣，隨即拿起桌上電話，直接撥通了臺北市立交響樂團陳秋盛團長，請他支持此舉，陳秋盛當然滿口答應並允全力配合。我則也在經費方面酌予資助，設法籌措到了五十萬元臺幣，作為臺北社教館場租及交響樂隊演出的費用。由於李登輝副總統的熱心幫助，我在淡江大學第一次主辦的國際學術會議辦得有聲有色。我當然也邀請李登輝副總統，參加由我一手策劃的國際學術會議的開幕典禮，李登輝夫婦還應邀參加了「非洲研究」會議的另一個節目——在臺北市社教館舉行的作曲家魏德高神父的非洲交響樂演奏會，使得淡江大學的董事長張建邦有機會結識李登輝，展開了一些互動。嗣後，我也替張建邦撰寫一些有關外交和學術性的報告，送給兼任國民黨主席的李登輝參考，因而他們彼此建立了良好的關係。張建邦最後則被李總統延攬入閣，出任交通部長。

戲作命書

　　1994 年，曾當過僑務委員會委員長的毛松年（我們曾一起參加 1952 年在臺北舉行的全球僑務會議），拿了李登輝的生辰八字及照片，要我試為推算。我曾學過一點「算命」之術，看過一些研究命理的書籍，如《神通寶鑒》、《三命通會》等，所以，尚能根據其生辰八字，且結合五行相生相剋原理，約略地推演出簡單的人生概況來。這次對於李登輝的生辰八字，也如法炮製，替他批了一張「命書」。後來，一位朋友拿了我所寫的李登輝的「命書」，用「三易居士」的筆名，投稿卜少夫主辦的《新聞天地》。可惜我嗣後沒有檢查，不知有無刊登？在此，既談及此事，便檢出原稿，將原文的「專業性詞句」改成白話文，記錄如下，聊供讀者諸君酒後茶餘的談資也：

　　李登輝，出生於農曆壬戌年十一月二十九日酉時（西曆 1923 年 1 月 15 日），生肖屬狗。年月日時四柱分別排列為：壬戌、癸丑、戊子、辛酉八個字。立命未宮。每逢甲、己之年，轉換大運。日主（日柱）戊子，屬土。土生於丑月，為寒土，八字中缺火來暖土，故家境清貧。八歲起行大運。早年逢甲寅、乙木流年，一路木星剋土，可任一官半職。二十八歲起，歷經丙辰、丁巳、戊午各大運，其中丙、丁、巳、午一路火運，《神通寶鑒》所謂「大病得藥」，官運亨通。茲將其八字及大運排列如下。按李登輝的命造，天干逢壬、癸、辛，地支見丑、未，命書稱謂「人中三奇」格，主能得貴人助。獲蔣經國賞識及提攜，平

步青雲，一飛沖天。時柱透傷官泄秀，主聰明慧黠。惟美中不足，傷官臨時柱，男命以官星為子，傷官即傷害官星，也就是剋子之象，遂有獨子李憲文喪亡之痛。

次論面相，李氏臉部下頷突出，主偏好權勢，領袖慾旺盛，加以嘴角下垂，下唇上翻，自信心強。講話有咬牙切齒特徵，做事有任性執著現象。

再看上面談過的手相，李氏兩手掌都是「通關手」，俗稱「斷掌」，即「理智線」和「情感線」兩條線合併在一起。與常人兩線平行的不同。代表個性剛愎自用，忠言逆耳。上述面相與手相綜合論斷，則為好勝心極強，具有不容異己，一意孤行，不計後果的個性。

綜觀李登輝八字五行命局，喜木、火，忌金、水。徵諸過去及當前所爆發政治鬥爭亂象，都歷歷可驗。如庚子年 (1960)，為金、水忌神，有官非的困擾。另如庚申年 (1970)，又逢忌神庚金、申金，乃有「喪子」的事故發生。

嗣後，李六十二歲走上未運。未運中逢丁卯木、火流年，為命中所喜。誠如《神通寶鑑》所謂「大病逢大藥」。正官、正印俱來，而且傷官佩印，遂榮登元首寶座。惟六十八歲交進庚申金運，再逢忌運，而 1993 年又值壬申金水流年，加重金氣，遇到秋冬間金、水旺季，致有立委選舉失利的意外。本年 (1994) 癸酉續逢金、水忌神。日柱戊子的戊，依照命書，本可與流年癸酉的癸「戊癸化火」來減弱金氣，但八字中月柱的癸和流年的癸「二癸相爭」，反起變亂，而且微火不敵旺金，四月又逢丁巳月，與八字的酉、丑，又是「巳、酉、丑會成金局」的局面，加上流年的酉金，金氣過旺，須防「過剛則折」。此時正值中國

國民黨召開第十四全大會前後期間，遭逢郝柏村行政院長的辭職問題等政爭，四面楚歌。如能急流勇退，或可稍獲安寧。但權勢炙手可熱，欲罷不能，庸人自擾。今後一路走金水運，晚年並不順利。

以上是在 1994 年間對李登輝生辰八字，依據命理五行生剋的原理，予以簡單分析，原屬「遊戲文章」，只能為茶餘酒後的談話資料，不能認真視為科學論據。我在這裡，也不是替李登輝寫傳記，我更非「命理專家」，僅憑個人對他的觀察，扼要提出一些簡單、客觀及有趣的看法而已。

好謀善斷，野心勃勃

李登輝年輕時曾深入研究馬克思的《資本論》，有一說為他曾於 1946 至 1948 年間，兩度加入又退出共產黨。後來他加入國民黨，在國民黨黨內鬥爭中，巧妙地把他的政敵一一排除，當上了國民黨黨主席和中華民國總統，將國民黨的「百年老店」搞得四分五裂，致使民進黨黨魁陳水扁登上了總統大位。他一手炮製的「兩國論」更是鬧得天翻地覆，導致兩岸對立形勢加劇，「火藥味」瀰漫，致使臺灣處於岌岌可危境地，其後遺症至今仍未完全消除，令人感慨萬分。

蔣經國先生的弟弟蔣緯國曾經私下對我透露，他哥哥曾經問他對李登輝的看法，蔣緯國則答道：「凡是沒有子息的人，通常有兩種傾向，一種是消沉內斂，息影於寺廟，或寄託於宗教，或出家修道；另一種則為放浪不拘，無所不為，自我膨脹，一意孤行，以征服為愜意，

以填補他下意識的內心空虛。李登輝則似乎屬於後者。」依我之見，蔣緯國的分析不無道理。李登輝的衝勁、勇氣和動力來自於他的「征服魔鬼」的「使命感」，大有負起「替天行道」之氣概。

這樣的心理背景，以及「抓權」的面相和手相，再加上他通曉「馬克思主義」，可以說已經充分具備了一個「權謀家」的基本條件。在國內的政治鬥爭中，他曾打出「李煥牌」，來淘汰懦弱的「老好人」俞國華；又曾祭出強勢的「郝柏村王牌」，來對付李煥。這招更是高明，可稱「妙招」，因為它一方面解除了郝柏村的軍權，另一方面又削弱了李煥所代表的黨團勢力（李煥是「非主流派」的核心人物）。後來，到了「李郝體制」不再「肝膽相照」時，他又巧妙地任命連戰為行政院長，來打擊郝柏村。熟悉劍道的李登輝，懂得如何靜候機會、守株待兔，何時閃電出擊而致勝。他能「遇強則弱，遇弱則強」變化身段，在弱勢中反擊，並且能沉得住氣，耐心等待，逐步地把黨、政、軍、情的大權全部集中在自己一個人手中。他把政治玩弄於股掌之上、出神入化，其政治運作已臻「藝術化」境界。

理念相悖，大失所望

我本來對李登輝滿懷希望，期待他擔負起歷史任務，效法孫中山來扮演統一中國的主要角色。曾於 1988 年，以「臺灣人的時代使命」為題，撰寫專文刊登於《臺灣時報》，當時有如下的期許：「當年國民革命初期，國父孫中山先生領導的廣東人扮演了統一中國的主導角色。同樣地，今天李登輝先生也應領導在臺灣的中國人，及旅居海外的華人，發揮革命民主精神，負起『第二次北伐』的神聖任務，再度凝聚

中華民族的歷史使命……唯有臺灣與大陸結合一起……始可和平統一中國，共登富強之域。」

後來，李登輝在 1996 年 3 月間的中華民國首次總統直接選舉中，以 54% 高得票率，當選中華民國第九任總統。我又以「和平共存轉化為和平統一」為題，撰文刊登於《中央日報》（1996 年 4 月 18 日），鼓勵李登輝負起歷史使命，促成中國統一。專文有如下的期許和鼓勵：

「……李登輝先生因高票當選而取得臺灣實際領導人的地位，此一事實應僅是他整套和平解決『中國問題』作業階段中的第一張藍圖。我們有理由相信，具有強烈歷史使命感的李總統，必將陸續推出經由和平共存轉化為和平統一，以實現一個中國的各項計畫與步驟。」

哪知道，自從他逐步執掌臺灣的黨政軍大權後，他的政治目標便與我對他的期望完全背道而馳了。他的手段和措施充分反映了其反對中國統一、主張臺獨和親日的實質。他採納民進黨的「憲政改革」和「全面改選國會」的主張，以漸進方式達成「制憲」的目的，提供了中華民國政權在大陸時期選出的所謂「老賊」的「第一屆中央民意代表」退職的「法源」。再藉口「民意所趨」強行運作，擊敗了總統選舉「委任直選」派，達到了「總統直選」的目標。他並出奇制勝，打出「陳履安牌」，擊敗了競選對手林洋港，終於當選為中華民國首屆直接民選總統。他一再擴張總統的實權，使臺灣原先實施的「總統」與「內閣」的混合制，蛻變為「總統制」，並提出閣揆應由總統提名任命的主張。

在政治鬥爭方面，李登輝確實手段高明：被他一手提拔的監察院院長陳履安，在一次私訪李登輝之後突然公開宣稱，由於「對李登輝施政深感不滿，因此脫離國民黨，也參加競選總統，以對抗李登輝」。記者問他，對李登輝有什麼不滿？陳履安卻舉不出具體事實。再問他，李登輝自己尚未決定是否參加競選總統，您怎麼宣稱「參加競選總統

是為了制衡李登輝」？陳履
安也不能自圓其說，而只是
支吾其辭。我曾撰一專文，
以「臺灣政治大祕辛」(ROC
Politics: the great mystery)
為題，刊載於英文《中國郵
報》。我以推理方式，抽絲
剝繭地指出其中可能有詐，

ROC politics: the great mystery

作者評李登輝專欄。

懷疑李、陳間有「政治交易」，陳履安「參選總統」之舉，其目的是為
了分散林洋港的選票，保障李登輝的當選。

　　對於李登輝的「總統有權提名行政院長人選」的主張，「非主流
派」立法委員及其他人士聲稱，要以「立法院同意權」對抗李登輝的
「總統同意權」，來運作李煥連任。我這時在淡江大學歐洲研究所講授
「法國第五共和憲法及雙頭政治」，也以憲法學者的身分，寫信給李煥
行政院長（李煥字錫俊，是我們國防研究院第三期的學弟），建議他
「內閣不須總辭」。信的內容如下：

　　錫公院長鈞鑒：

　　內閣閣揆人選一事，默察李總統似未尊重立法院意見及「閣揆
　　同意權」的可能運作，無視內閣制是時代趨勢及大多數人之意
　　願，始終憧憬過去「強人政治」的「美景」，缺乏開明民主的政
　　治家風度，深為中華民國前途擔憂。謹查憲法並無總統就職前，
　　內閣必須總辭的明文規定，從而行政院並無總辭的「憲法義
　　務」。必要時，似可考慮不總辭，以貫徹歷史使命。管見基於民
　　意及政治分析。尚祈鈞察　卓奪是幸。

可是李登輝一意孤行，不顧「非主流派」運作「立法院同意權」及一般輿論和民意，他使出渾身解數強勢操作，用閃電方式祭出一舉數得的「奇招」。突然打出參謀總長郝柏村這張強勢王牌，任命郝柏村為新閣揆，使得李煥無法招架而被迫下臺。

李登輝本來與日本政界有著多方面的密切關係，人脈豐沛。自從執掌實權後，更是與日本展開全方位的溝通，深化和升級臺、日關係。很多日本人向李登輝獻計策劃，例如專門研究「中國分裂」理論的中島嶺雄。李登輝在其所著的《台灣的主張》一書中，提出分裂中國的「七塊論」，居然說出「中國太大了，對其他亞洲國家極具威脅性」的話來，他甚至公然提出「中共目前最需要的是擺脫大中華主義的束縛，讓各具特色的地方擁有自主權……建立各個地方性的『共和國』」等主張。

李登輝的另一個「日本顧問」是大前研一，為了使臺灣能夠實現「振興經濟方案」，替臺灣謀劃建設「亞太營運中心」的便是他。還有一個日本作家司馬遼太郎，他與李登輝出生於同一時代，即所謂的「大正時代」（大正 12 年，即 1923 年），又與李同時參加軍事訓練，交情非比尋常。司馬遼太郎曾經評論李登輝長相「與眾不同」，身材高大，下顎突出，明顯地暗示李有「帝王之相」。司馬當然也附和李登輝的「國民黨是外來政權」的說法，直接鼓吹中國分裂，為「臺灣共和國」的問世張目。

李登輝的親日情結和臺獨觀念，可能與他的身世和經歷有關。因為他曾經說過，自己在二十二歲以前是日本人。《商業周刊》也曾經發表過一篇文章，說李登輝的爸爸可能是日本人（1994 年 10 月第 361期），其中不無蛛絲馬跡可循。

他身在日本時，似乎更有一股「臺獨」的氣勢。例如，他於 2009

年赴日，並在東京舉行記者會（2009 年 9 月 5 日）。他再次強調「臺灣不是中國的一部分」，呼籲臺灣和日本都不應該被「中國的紅蘿蔔」所引誘。

當然，他也耍了些「花招」，說是要去中國走走云云。另外，他又發表了「不主張臺獨」的論調，聲稱「臺獨在臺灣是個『假議題』，是某些政黨作為權力鬥爭的工具……要一步步認真推動 『正名』、『制憲』，追求臺灣成為一個正常化國家」。不過，不管李登輝在什麼場合說什麼話，其實際行動所展示的，恐怕始終是「臺灣是獨立於中國之外的國家」的觀念。

2011 年 10 月間，高齡八十九的李登輝，仍抓住馬英九總統提出洽簽「兩岸和平協議」構想的時機，與臺獨分子一鼻孔出氣，帶領「綠營」炮轟馬英九為「獨裁」。李登輝本來在當時政治環境下，如好自為之，有可能成為「政治家」，卻一意孤行，不聽信時任外交部長的錢復等策士的忠告，令人大失所望，不勝感慨。

第十章
大人物、小掌故

　　我這一生締結的「善緣」確實是不少，當然也有惡緣、無記緣、甚至孽緣在內，幸而「善緣」所占比例較多、較大，才有這本「新著」問世和大家見面。

　　我有幸結識和交往的人士中，有很多達官貴人，也有很多地位崇高、品德高厚、才識智慧比我強數倍，在社會各階層占有關鍵地位的重要人士。但以自己為時間、精力、篇幅等因素所限，不可能逐一予以長篇描述。補救之道，唯有使用英國、法國語文教學所傳授的「濃縮法」(précis)，把我一直放在心頭，我所敬佩的四位人物：孫運璿、丁懋時、蔣緯國及楊西崑，撰寫成四篇短文，每篇不超過一千五百字，匯總成本書「第十章」，順便也套取一個「吉利」與「好口彩」——含有「十全十美」之祝意，為「三民編者及作者辛勤密切配合所獲得的成果」劃上一個圓滿的句點。希望本章人物或其家屬不在乎各篇字數的多寡，而能領略箇中作者的深情至意，則幸甚、感甚。

一、身先士卒——孫運璿

　　我有幸結識孫故院長運璿先生，那是 1959 年間的事。我們同時參加蔣中正總統創設的「國防研究院」第一期受訓，為期八個月。國防研究院前後共舉辦十二期，參加受訓者共七百三十餘人。蔣總統創設國防研究院的構思，當時是為了配合「反攻大陸」而設計的，羅致全國菁英作為實施這計畫的直接幹部，由蔣總統自兼院長。受訓學員包括黨、政、軍及經濟、財政的負責主管，真是將星雲集，文武百官齊全，名單都由蔣總統親自核定，除我本人外，都是當時的國家棟樑。

　　我們受訓學員每人有一個五個數字的學號，前兩碼為期別、後三

碼為報到先後序號，俾資識別。如孫故院長的學號為 01021，我為 01005。

　　孫故院長在受訓期間給人的印象僅是一個平凡的工程師──臺灣電力公司協理兼總工程師。但孫前院長的偉大處，不正是他的「平易近人」和「腳踏實地」的風範，充分顯示他工程師的「實幹精神」嗎？

　　孫前院長辭世後，他利國福民的功勳媒體已多有載述，作者在此不太過著墨。在眾多懷思紀念文中，其中有一篇悼文，為曾任海基會首屆祕書長、名律師陳長文先生所撰，以「本廉為民，叔敖之再」為題的哀悼孫運璿先生的短文（刊於 2006 年 3 月 1 日《講義》雜誌第 228 期），真是深得吾心。陳長文先生巧思，把孫故院長和二千五百年前，春秋時期楚國名相孫叔敖相提並論，是一項很具創意的「腦力激盪」成果。作者在此謹借用陳文所引司馬遷於《史記》所評：「法令所以導民也，刑罰所以禁姦也。文武不備，良民懼然身修者，官未曾亂也。奉職循理，亦可以為治，何必威嚴哉？」來表達我對所欽佩的孫學長的懷思與景仰之忱。古今兩位「行政院長」或「宰相」都是「工程師」出身，孫叔敖擔任楚國宰相之前，曾在期思（今河南固始縣）興建大型渠系水利工程。難得陳先生有此發現，非常欽佩他的巧思。

　　下面的一則小掌故，更可有效地描述孫故院長，如何把這種「工程師精神」在日常為人處世的生活中發揮得淋漓盡致。

（國）01021

孫　SUN
運　YUN-
璿　SUAN

孫運璿院長在國防研究院受訓時的學員照片和親筆簽名

　　1964 年美國國際開發總署鑑於西非洲大國奈及利亞 （人口 1.68億）亟待開發，由世界銀行出面敦聘孫學長，出任奈及利亞全國電力公司執行長兼總經理，推動管理革新，同時興建尼日河水力發電工程，為期三年。孫學長不愧為大丈夫，能屈能伸，欣然接受挑戰，遠赴非洲就職，充分發揚工程師的敬業精神，全力投入。三年合約期滿返國，交出了漂亮的成績單 ： 奈國的發電量居然在短短的三年期間增加了80%。

　　作者適於此時率領一個四十人組成的「赴非洲文化訪問團」，遠征非洲十五國，前後歷時一百天。我和奈國雖未建交，但有實質關係，故在奈及利亞仍能順利達成訪問、展覽中華文物。訪問團中有兩位書畫家傅申及章佑，當場揮毫題贈參訪貴賓，另有民族舞蹈及京劇等綜合節目。演出時旅奈僑領，尤其世界銀行所敦聘協助開發奈國電力的

作者與孫運璿院長合影。

「孫工程師」，也偕同奈國政要蒞臨劇院觀賞。國防研究院同期同學能在海外晤面，歡欣之情自不在話下。

就在作者率領文化團訪問奈國期間，獲悉奈國僑界盛傳「孫工程師」不顧自身安危和奈國技師勸阻，「身先士卒」地跳入尚未冷卻的鍋爐，搶修故障發電系統的令人感動的英雄事蹟。原來奈國一發電廠因機件故障停電，孫工程師聞訊後不但立即趕到現場，而且不待高溫鍋爐冷卻，力排眾議，親自跳入鍋爐察看修理，終於重新恢復發電。

我於 1983 年離開象牙海岸返回臺灣，一年後（1984 年 2 月 24 日），孫院長因公務過勞，不幸導致腦溢血。雖經榮民總醫院搶救，卻仍造成半身不遂，孫院長不得已遂於同年 5 月 15 日率行政院閣員總辭，這實在是臺灣經濟發展的莫大損失。

孫院長一生淡泊自甘，過著平凡踏實的生活。他雖是蔣總統創設的國防研究院第一期學員，但在他的政治生涯中並未因此「平步青雲」。他以敬業精神達成協助奈及利亞開發電力的使命返臺後，經交通部長、經濟部長先後共達十餘年的歷練，蔣經國先生才任命他出任行政院長。其中交通部長二年、經濟部長九年任內，掌握數千億資源，但他生平不收禮、不應酬、不剪綵、不題字，一生過著工程師典型的樸實平凡生活，在平凡中顯出他的偉大處。

蔣經國先生在他病後聘為總統府資政並頒授一等卿雲勳章。作者有幸在他揮別政壇後，逢時過節經常負責籌組國防研究院第一期同學，在仁愛路「空軍活動中心」餐會事宜，藉由學誼聯歡以稍解其病後繼續為臺灣經濟發展前途的憂思，同時也讓同期同學能有機會與這位「一代偉人」再度請益並聆教。

隨孫院長伉儷同遊公園，後排左起：作者、孫夫人、芮正皋夫人。

國防研究院第一期同學中秋佳節餐會合影，攝於民國 87 年 10 月 8 日。

二、剛正不阿──丁懋時

我和丁懋時資政結識大概有六十多年，這樣的友誼可稱得上很特殊，因為他是我們留學法國的學長、外交部同事，又是我的長官（非洲司長、外交部長等），我忠實的諍友。我們的交誼真可說是亦師亦友亦長官。遺憾的是，我沒有機會追隨他作為他的「直接部屬」，多多向他學習。我說我們的交誼很特殊，因為我不只認識懋時兄本人，連他的夫人史美暢大嫂也是我和內人經常請教的對象，同時他的大哥丁中江先生也是我尊敬的人物，而他的三哥丁燕石伉儷一家在象牙海岸生活過好幾年，我們彼此關係非常密切。

尤其特殊的，在這六十多年來我們魚雁往來一直維持到現在，而且都是親筆手寫的，前後不少於數十來封，我都一一保存在一個專卷裡。我最近翻閱幾頁，發現我在非洲及象牙海岸前後二十三年之所以能工作順利，達成政府所賦任務，原來都是出自懋時兄的及時忠告、建議、協助或「遙控」（包括克服困難，協助安排共同老同事龔政定兄出任駐法國代表等）──無論他在哪個單位任職：非洲司、駐盧安達或駐薩伊大使、新聞局局長、駐美代表、外交部次長、部長或資政任內，總是不忘助我一臂之力，惠我良多。

懋時兄做人處事都可作為我的楷模，他為人穩健、低調（不愛「出風頭」、搶鏡頭，相反地，總是「躲鏡頭」）、負責、保密到家、為人著想、公正、廉潔、謙虛、愛護部屬……是受人尊重敬愛的好長官，也是層峰充分信賴的好幫手，當然他也是一位踏實忠誠的好朋友。最近我策劃出版「新書」請他作序，他也謙虛客氣地說「久未動筆」婉卻了。

　　因為篇幅關係我僅舉兩個小掌故，即可見懋時兄是一位尊重體制、講原則、愛護部屬的君子。

　　懋時兄在出任外交部政務次長任內，美國參議員高華德來臺訪問，總務司一位同仁（姑隱其名），被指派隨同丁次長一起搭機赴臺中清泉崗空軍基地參觀訪問。一行人聽取簡報後，準備搭車到各處參觀。這位陪同人員追述，當時丁懋時主動向部隊指揮官表示：「我的同仁也要同去參觀，可是他沒車輛。」讓這位總務司陪同人員深為感動。他事後表示，「丁次長以外交部副部長之尊，竟能不忘關心下屬、照顧他的基層同事，其胸懷何等偉大，令人永遠難忘」。

　　另外，1987 年 10 月間，馬拉威外交部次長恩科瑪 (Nkoma) 伉儷來臺訪問（次長夫人是加拿大白人）。承辦接待工作的同仁某君（亦姑隱其名），基於馬國外交部長係由馬國總統自己兼任的事實，及恩科瑪

民國 86 年 10 月，馬拉威外交部次長恩科瑪伉儷（右三、四）訪華。

次長雖為外交部次長，實際上主導馬國外交政策，其地位崇高，等同於外交部長的地位等考慮，遂簽報部次長，擬請當時主管非洲事務的章孝嚴次長屆時機場「接送」，以符體制，章次長則批示「請非洲司桂司長接送」，該簽呈再轉呈時任部長的丁懋時核定，後者批示「請章次長接送」，使該承辦人員大為驚奇，認為「丁部長不畏權勢，依照體制，秉公處理，豈不知章次長乃時任總統蔣經國的兒子？其膽識令人欽佩」等語。

　　由以上兩則小掌故，可以窺見丁資政懋時兄如何處世為人、剛正不阿的性格一般了。

民國95年4月應邀參加錢院長歡宴，左起：李辰雄大使、作者、丁懋時資政、龔政定大使、楊進添秘書長。

三、瀟灑樂觀──蔣緯國

　　我有緣結識蔣緯國將軍的時候，他是裝甲兵司令部司令，負責戰車團，頭銜是少將，時間是 1954 年 3 月，也是我與劉嶼梅女士結婚那年，婚禮就商借他所管轄的「官兵活動中心」，位處臺北市中華路、貴陽街附近的「裝甲之家」，他是參加我婚禮嘉賓之一。我們雖然彼此因而相識，但是初期僅是泛泛之交。後來，我於 1960 年以駐土耳其大使館參事名義外派土耳其，之後又連續在非洲工作長達二十餘年。想不到我們的交誼與相知，卻在二十餘年後我從西非象牙海岸撤館返臺後（1983 年 3 月）才開始。有一段少為人知，有關臺灣政壇祕辛的掌故，基於忠於史實的一貫態度，特在此予以披露。

　　我和蔣緯國將軍交往較為密切期間，尚在他出版自傳《千山獨行──蔣緯國的人生之旅》（臺灣天下文化出版公司出版）一書，自己坦認其生父為國民黨元老戴季陶，其生母為日本護士重松金子之前。但那時媒體及民間，早已開始對「蔣緯國身世之謎」感到興趣紛紛討論。

　　他在擔任「中華戰略學會」理事長期間，我以學者身分經常參加他主持的學術活動，也時常去他在圓山飯店附近的辦公室拜訪晤談。有一天我問起他，外間傳說蔣總統並非他生父，而是黨國元老戴季陶的謠言，他輕鬆地指著牆上所掛戴季陶及蔣中正遺像說，「你看我像哪一位」然後輕鬆幽默地一笑，也算是一種「暗示」或「默認」了吧。

　　1990 年間，臺灣政壇掀起總統直選熱潮，國大代表周書府、滕傑等人發起推舉林洋港及蔣緯國兩位，搭檔競選總統與副總統之議。由於滕傑為國防研究院第一期同期學長，遂拉我一起參加此一政治活動，

我也樂於參加支持，我們經常祕密集會，共同商討因應對策及進行方
式。作者當時估計，李登輝有當選希望，但仍期望他能運用他「舉足
輕重」之地位，來解決兩岸關係，問題端在如何找一位能配合、輔助，
又能為中共及美國所接受之副總統人選，而最理想的人選便是蔣緯國，
後者既無政治野心，又適合當前臺灣人與外省人搭配的客觀情勢。遂
自告奮勇，上書李登輝建言，希望採納李、蔣搭檔以解決當時政治紛
爭與危機情勢。這封「極機密」的「建言」密函是於 1990 年 3 月 3 日
寄發，茲將原函照錄於後：

> 總統崇鑒：敬肅者，鑒於當前政治危機嚴重。僅獻井蛙之見，以
> 遂擁護愛戴之志。若能作「犧牲打」、出奇招，或可化險為夷。
> 一、目前紛爭遠因不論，近因則為提名肇東祕書長（李元簇）
> 　　所引發，此為問題關鍵。
> 二、軍系國代推出「林、蔣」競選，無非藉林抬蔣，與林初無
> 　　深厚淵源，而目前主要危機為林而不在蔣。
> 三、此時如能以大智大勇放棄競選伙伴，表示副總統人選可開
> 　　放自由競選，甚或表示也不反對與蔣搭檔，即可瓦解「林、
> 　　蔣」搭配，根本解除關鍵危機。此舉無損元首威信。反可
> 　　彰顯大政治家順應輿情、從善如流之恢宏氣度與政治魅力，
> 　　而贏得喝采，化阻力為助力，此為四兩撥千斤之法，釜底
> 　　抽薪，徹底「保帥」之道。
> 四、其次，宋祕書長現為眾矢之的，已成為　鈞座之包袱，似
> 　　可調離現職，以平眾怒。
> 五、以上兩點措施，如予適當運用，當可化干戈為玉帛，變戾
> 　　氣為祥和。「容蔣」之舉，美國與中共均可接受，並預伏

鈞座日後統一中國之契機與偉業。

以上一得之愚。為野叟獻曝、肺腑之言，伏乞　恕其率直與唐突。耑肅，敬請

崇安。

職　芮正皋謹上　七十九年三月三日 (1990)

作者致李登輝前總統親筆信函。

結果，李登輝運用前監察院長陳履安出面宣告：「因不滿李登輝施政，憤而脫黨參加競選總統。」以分化林洋港票源並瓦解「林蔣配」競選總統副總統之議，改變了歷史的演進過程。作者為此曾撰寫專欄予以揭發，刊登於英文《中國郵報》(September 5, 1995)。

我對蔣緯國將軍特殊的身世與遭遇寄予同情，但對他並不依賴蔣夫人幕後的偏愛，而能顧全大局、「委曲求全」，並未鬧出「兄弟鬩牆」的「宮廷內鬥」鬧劇，非常欽佩。對他同時能以「自我幽默」的態度，談笑風生，經常講笑話以「自嘲娛人」，度過他的不平凡人生，謙沖為

懷的君子風範，衷心表達景仰之忱。（在臺北社交場合，如環境許可，又碰到蔣緯國將軍及前新聞局局長魏景蒙與作者均在座的話，十之八九，三人都會輪流搶著講笑話——有如「笑話競賽」——製造歡欣氣氛，使賓主皆大歡喜）。

　　蔣緯國將軍在著書公開他真實身世之前，曾送我幾幀蔣總統御用攝影師胡崇賢所攝蔣家的家庭照片，似乎有意顯示蔣家家庭和睦融洽相處的情況，包括蔣經國、蔣緯國兄弟兩人各別與蔣總統的合照、「蔣總統伉儷專注下棋，蔣經國『旁觀不語』」及「蔣總統揮毫題贈祝壽屏幅」等。

蔣總統與蔣經國先生合照。

蔣總統與蔣緯國將軍合照。

蔣總統优儼專注下棋，蔣經國旁觀不語。

蔣總統揮毫題贈祝壽屏幅。

四、工作成狂──楊西崑

在我一生的交往中，楊西崑先生是一位特殊人物，稱得上是一位肝膽相照，亦師亦友亦長官的諍友。

1947年我在上海考取政府舉辦的公費留學考試，在全國一萬多人報考人選中，被錄取限額僅一百多名中的唯一一名「中法交換生」，我國赴法留學生在法由法國外交部發給生活費，法國派遣留學生來華則由我方負擔。

抵法後一年，即1948年，當時聯合國在紐約的總部尚未完成，聯合國第三屆常會遂在巴黎借用夏佑宮召開。會中蘇聯集團即將阿爾巴尼亞等國聯名提出，所謂「排我納中共」的「中國代表權案」列入大會議程討論。

我當時正撰寫與聯合國有關的巴黎大學法學博士論文（題目為：「聯合國派遣官員在調處有關和平爭端國家糾紛時遭受身體傷害時該國所應負的國際責任」），被出席聯大的中華民國代表團敦聘為代表團臨時祕書，為期三個月。在此期間，有幸結識楊西崑先生。他是中華民國駐聯合國常任代表團團長蔣廷黻眾多隨員之一，他是以「諮議」名銜在代表團工作。我們一見如故，我深佩他的才華學識，從此成為好友。

我們兩人在言談間，經常就如何有效解決所謂「中國代表權案」交換意見與心得。由於我在國防研究院受訓結業時，所提論文恰好是《黑非洲的新形勢》，對當前非洲情勢的發展，與我在聯合國維護「代表權」案息息相關，若干觀點與楊西崑在其與非洲政要接觸所獲認知

不謀而合，從而彼此談話十分契合，交誼自亦隨之增加。這與他日後獲得「外交教父」之稱的沈昌煥先生的充分信賴，全力推動「非洲外交」，享有「非洲先生」美譽具有前後因果關係。

楊西崑熱愛工作，充分發揮他的敬業精神。他熱愛工作，甚至成狂。他常說，「外交工作乃是全天候二十四小時的工作，而每日心之所繫，除工作外，仍是工作，夙夜匪懈，全力投入」。可見其謀國之忠，專注之深，堪為我外交人員之楷模。

楊西崑先生在聯合國常任代表團任職，為我國出席聯合國託管理事會代表。非洲國家獨立之前，多為歐洲英國、法國、比利時等國的殖民地或託管地，楊西崑在出席託管理事會會議時，有機會結識各該託管地代表們，並建立了友誼。後來託管地紛紛獨立，這些菁英分子就成為各該國的總統或外長，這對我在今後處理聯合國討論「中國代表權案」時，能獲得他們的支援與票助是很有關係的。

楊西崑先生對拓展非洲外交，功在國家有目共睹。當時政府外匯短絀經費困難，由外交部、經濟部等爭取到美國的協助，一項由美國國務院出資，由我方派遣農技人員援助非洲的「先鋒案計畫」於焉誕生。這就是貫徹楊西崑經常講的「給魚不如教他們釣魚」的哲學與口號，後來成為我對非政策的標竿。由外交部與農委會成立「海外技術合作委員會」，負責甄選、訓練及派遣農耕隊員，由楊西崑先生親自督導，以會為家，充分發揮他的「工作狂」精神，倡導名言「外交下鄉，農業出洋」的口號。

1978 年 12 月中美斷交，楊西崑受蔣經國總統託付前往華府處理善後，達成美國國會通過「臺灣關係法」的高難度的使命與任務。這時他業已當了九年的「外交部政務次長」，幾乎可以順利升任外長了。但是，蔣經國總統在個性「積極進取」的楊西崑，和「謹慎保守」的

朱撫松兩位外長人選中選擇了朱撫松，楊西崑則派為駐南非共和國特命全權大使，使楊西崑與外長一職「擦肩而過」。

基於楊西崑一貫的「工作狂」精神及敬業作風，他到哪裡就全力投入哪裡的一貫作風，他於次年奉派出使駐南非大使，在他新婚夫人企業家梁鴻英女士協助下，雙雙創建並締造了中斐邦誼史上最高峰時代。十年駐使南非，政績斐然有口皆碑，包括促成南非當局廢止在「種族隔離政策」下，所實施對華僑「非白人」的不平等待遇，而提升華僑地位，定位為「榮譽白人」，成為中斐外交史上的「歷史佳話」。

楊西崑在他外交部推動對非工作期間，利用「先鋒案」有限的經費巧妙地予以有效運用，以微額的經費獲致最大的成效，如派遣農耕隊前赴非洲的空前成果。此外，他也屢出奇招，如請出蔣介石總統時的祕書長張羣先生親自出馬，為慶賀西非賴比瑞亞總統就職慶典特使。並在順道訪問象牙海岸時，達成派遣臺電工程師酈允征為象牙海岸總

楊西崑與作者合影。

統私人「太極拳」老師，以維護象國總統的健康，深為象國朝野一致讚許。另外，復於 1964 年派出一個別開生面的「赴非文化訪問團」展覽我國文物，演出綜合性文藝舞蹈和京劇雜技團，派由作者擔任團長，遍訪非洲十五國，為時一百天的「文化外交」活動等。

楊西崑不僅對外交工作盡心盡力，對待朋友也以誠相待，情意深切。過去我倆經常書信往來，他總是堅持親筆回覆每封信件，不願假他人之手。1960 年，楊西崑受到沈昌煥的賞識，自美赴臺擔任亞西司司長，恰逢亞西司業務日益增加，人手嚴重不足之時。楊西崑身為新任司長，自然以身作則，帶領部屬從早忙到晚，幾無片刻空閒。即使如此，他還是將我的去函放在公事包中，一有空便親筆回信給我，這份重視使我大為感動。

同年，從「馬利聯邦」分裂出來的「法屬蘇丹」改名為「馬利共和國」。我接到外交部派令前往馬利，積極爭取馬利對我方的好感與支持。然而短短一個多月後，馬利當局便發表公開聲明，承認中華人民共和國為主權國家，我國政府遂於 10 月 21 日宣布與馬利斷交。

當時我曾密電外交部，基於馬利曾公開宣稱「願與世界各國建交」，如果我方不主動「斷交」，馬利應不致採取斷然斷交的措施，則中共可能就不來。半世紀後，這個做法已經成為今日的「活路外交」政策，但在當時最高當局主張「漢賊不兩立」的原則之下（陳誠時任副總統兼行政院長），此提議自然不被採納。

楊西崑雖然公務纏身，仍然十分關心此事。他在 12 月中旬的覆函中，對我此次處理與馬利共和國建交、斷交一事的方法與態度表示肯定，並暗指對我建議暫時不撤離，促使中共不來的彈性做法「充分了解」。他認為，是時我們在非洲「打天下」，處境艱難。成功是意外，值得高興；挫折乃不可避免，不必過分沮喪洩氣，只要盡了最大努力，

縱使失敗，仍覺得心安理得即可。

　　此外，他也在信中傳達沈昌煥部長對我的體諒與信賴，並提到沈部長日前收到匿名信，字裡行間有對我不利的言詞。煥公關心他在前線「作戰」的愛將，特囑楊西崑密告我，並要我小心行事、多加防範。現在回想起來，建交不成後，實有賴兩人不斷給予鼓勵和支持，我才能繼續拓展非洲外交工作，始終不懈，達成他們所期的任務。

　　從這封信可以看出楊西崑對好友的關心與期許，以及沈昌煥愛才惜才的恢宏氣度。今特別記錄於書中，以誌我們三人之間密切的友好關係與深厚的交誼。

楊西崑大使在中象兩國斷交前，曾專程自南非赴象牙海岸會晤象國總統做最後努力，設法挽回。圖為兩人密談後合影。

芮正皋遺著──結語

我帶著滿懷感慨、感激的心情，憑著我堅忍不拔的意志、鍥而不捨的精神，接受了這個自己給自己「挑戰」的項目：如期完成我的新著，總算對人、對己有了一個交代。

感慨的是，人生苦短，而且不如意事常十之八九，與人交往，受惠多而施惠少，永遠背著一個還不清的「人情債」，恐怕在我有生之年難以償還。但這是人際交往或「結緣人生」，所無法避免的事。

感激的是，若沒有眾多親友的鼓勵、指導、協助、支援，我將一無所成，出版自傳最終僅是一個空想、一個「南柯一夢」而已，謹在此再度向他們申致衷心銘感之忱。

下面我想再提兩個「結緣」故事，正好能與本書「廣結善緣」的主旨相互輝映，並劃下一個完美的句點。

一個「善善相互感應」
的真實故事發生在外交部

這個真實故事發生於 1980 年代的外交部同仁間，佳話盛傳一時。這個佳話的主角涉及兩位同事，一位是前禮賓司副司長、條約法律司長、駐希臘代表謝棟樑。謝大使是我的好友，國際禮儀專家，著有《彬彬有禮走天下》一書，經常應邀去社團、電視臺講解國際禮儀，我曾在另外一本拙著《外交生涯縱橫談》中介紹他、推薦他；另一位為曾在駐雪梨臺北經濟文化辦事處任職的葉湟淇兄，我有緣和他就人品教育及人生哲學交換意見。

民國 77 年，葉湟淇在資金不足及無法申請公教住宅貸款的情況下購入一間二手住宅，為了解決這個燃眉之急，葉湟淇試探性的向當時

僅是點頭之交的謝棟樑副司長，提出借款周轉的要求。沒想到謝副司長不計解約利息的損失，慷慨允諾，隔天便取款相借，這種急人之難的義行讓葉湟淇銘感在心。

爾後兩年，時任條約法律司司長的謝棟樑飽受膀胱結石之苦，葉湟淇為報先前謝司長的恩情，多方打聽民俗療方，後從彰化老家尋得一種名為「化石草」的藥草，云只要加瘦肉熬煮服下便能改善病情。之後，葉湟淇只要回彰化老家，每次一定帶一大包藥草回臺北。葉湟淇在民國 80 年調任新加坡前，也不忘叮囑老家親友，每逢北上定要為謝司長帶去藥草。直到有一天接到謝司長的來信，說難解的病況竟然奇蹟似的解除了。葉湟淇在〈自述〉一文中說道：

> ……直到有一天，突然接到謝司長來信說膀胱的那粒大石頭已隨尿道溜出來了，頓時感到全身舒暢等語。想不到這竟然是謝司長助我這後生小輩的福報，人生豈不美哉？

他們兩位間所發生的交誼實例具體顯示，人際交往的善意互動所產生的良性感應是多麼「乾淨直接」，影響之大，實在令人驚嘆。

遲來的發現——有關化石樹的故事

上述外交部有關葉湟淇兄以「化石草」（或「化石樹」），治癒好友兼老同事謝棟樑大使膀胱結石的真人真事，讓我依稀記起多年前，曾閱讀到一位黃姓農技專家所寫，介紹「化石樹」的一篇文章，相當專業，可以在此配合呼應。但因時隔多年，我一時想不起這篇文章置放

在何處，是否還找得到。

依我保存資料的習慣，我不致輕易丟棄文件，憑我「鍥而不捨」的傻勁，數週來默默地，可稱得上翻箱倒篋，地毯式的尋覓，終於「皇天不負苦心人」，讓我在書架舊帙中找到這篇學術性的專文，喜出望外自不在話下。

這篇文章題目為「有關化石樹的故事」，作者黃嘉。最近我經過好友及高人的提示，上網搜尋了黃嘉的資料後，才發現原來他是早年赫赫有名的性教育先驅張競生博士與國學大師褚問鵑女士之子。黃嘉本人從美國康乃爾大學畢業後，便在臺灣農復會畜牧組任職，從事農業推廣工作。

傳真寄發日期為 1998 年 11 月 16 日，算來已有十六年之久。紙張已發黃，文字內容因褪色而不太明顯，但勉強尚可辨認、識別。作者還在文末加註：本年 4 月至 8 月在國外，如有指教請來電話或傳真。專文另以手寫「呈芮大使指正　黃嘉敬陳」字樣。俱見仔細周到，也可見這位黃先生做事負責，而且頗有「使命感」。

黃先生在文中深入淺出地向我介紹在臺灣常見的化石草，他說，在臺灣的青草店中，能化解結石病的化石草藥有兩種。第一種學名為 *Orthosiphon spiralis*，為唇形科的多年生草本植物，因柱頭細長如貓鬚，故又稱為「貓鬚草」。有掌狀葉片和紫紅色的花，並能利尿，來自印尼的「腎茶」其實就是此物；另一種化石草，為了避免與「貓鬚草」混淆，藥用植物學家甘偉松教授將它正名為「化石樹」。「化石樹」的學名為 *Odendron Calamitosum*，是馬鞭草科的多年生小灌木。黃先生認為，用化石草來治療結石效果極好，但要對症下藥，種類不同的結石需搭配不同的化石草，方能獲得最好的療效。且只要是服「藥」，就須注意用量，絕不可有「有藥就吃」、「有病治病，無病強身」的心態。

黃嘉曾在 1992 年親身體驗過化石草的神奇效果，當時他時常發生心肌梗塞，病發時胸部疼痛，如被千人踩踏，並有出冷汗的情形。雖遵照醫囑服用西藥，卻依然在彎腰時感到不適，後來他靈機一動，想到「化石樹」既能化解消除結石，那麼或許對於冠狀動脈阻塞而造成的心肌梗塞同樣有效。他服用藥草茶當天疼痛現象便消失，為求一次根除病灶，他連續服用十多天，至他寫信給我時皆未再發病。黃嘉在服用化石樹茶後的第二年在臺大醫院，及第四年在新光醫院進行全面的心臟檢查時，都僅發現舊的心臟壞死疤痕，報告顯示他在服用化石草後，便沒有再發生冠狀動脈堵塞的情況了。

這篇專文不獨具有專業性及學術價值，且有臨床實例，並有其自身服用經驗，或可供結石患者參考，爱特花了整整兩天時間，把原文加以整理、重繕，附於本書「結語」，俾資流傳，或許多少可幫黃先生結些善緣吧。

我很希望能再和這位黃先生敘舊、做進一步的聯繫，趕緊依照他所列電話號碼撥打長途電話，但是電話那頭卻傳來令人失望的「這是空號，請查明再撥」的錄音自動答覆，令人悵憾。事隔這麼多年，竭誠希望黃嘉先生還健在，有緣能看到三民書局出版的這本書，我與黃先生之間的這段機緣至今仍令我懷念不已。

寄情於文，託意於詩

我在病中策劃出版新書，若無三民書局編輯部鼎力相助實不可能完成。一次，負責拙作出版事宜的主事編輯好友，來信關注病況及復原情形，使我深為感動，但當時未能即時覆答，僅以「說來話長，容

改日詳告」簡單回覆。

　　我想，若據實細說，有犯「到處訴苦，惹人討厭」禁忌，徒令人不安；若隱瞞不說，又違「交友誠信」原則。幾經思考後，自信獲得了「兩全之道」，遂以輕鬆幽默的打油詩方式點到重點，除可意會、自娛娛人，同時也藉機對三民書局及助我促成出版人士表達感念之忱。

病中自嘲　「轉苦為樂」打油詩

　　身備導尿管，腿綁儲尿袋，日夜勤換洗，一切自己來。
　　全副武裝下，還能做什麼，又擬出新書，祕訣可聞無？
　　笑答很簡單，只需常快樂，煩惱腦後丟，健康自然來。
　　自幸善結緣，到處逢益友，益友何處覓，三民是源頭。
　　三民使我樂，三民是我命，文思源源來，靈感時時臨。
　　常懷感恩心，劉董施惠人，出書賴團隊，成功靠貴人。
　　永結三民緣，不忘牽線人，世界本悲慘，兩果已釋闡。
　　好事做不完，積善終有報，如此這般說，聊博一笑云。

病中續吟　芮正皋病中帶痛戲作

　　病中呻吟者，點石轉成詩，略抒病中情，並以志雜感。
　　雪上再加霜，加一非小悵，突然扭閃腰，晨起痛難熬。
　　我們分房睡，劇痛獨自吞，我痛她不知，何忍她再勞。
　　此生數十年，修煉已習慣，吃得苦中苦，不必人上人。
　　病痛折騰多，愈戰愈奮勇，受苦尚未完，老天磨練我。
　　樂觀仍積極，並非純幻想，盡其在是我，其他由天命。
　　善緣靠鴻福，福報為分享，否極望泰來，但願上天佑。

　　　　　　　　　　　　　　　　芮正皋 2014 年 8 月戲作　時年九十五

我在與人來往信件內常說「病中」，人家也不知我啥毛病，其實說白了，全和尿事有關。有時怕說出來難登大雅之堂，或根本不好意思說，只能苦笑以對。現謹改編一首家喻戶曉的唐詩，借其雷霆萬鈞之勢，寓幽默於寫實，達到盡在不言中的效果，姑名之謂「新唐詩」：

　　春眠不覺曉，時時需導尿；夜來呻吟聲，導管阻塞了！

改編後不僅反映現況，又引人入勝。尤其最後一句頗具「戲劇性」，其後果如何全憑讀者的想像力了。唐詩之妙用大矣哉。

「人生」打油詩

十年前，我將坊間流傳的打油詩〈莫生氣〉改編，並試譯為英文，以此與內人互勉，順道磨練中、英互譯技巧。編寫時，我費了一點腦筋，將「相扶到老不容易」一句移至最後，一方面使英譯後的版本朗讀起來更加通順，另一方面對我們「老夫老妻」而言，「相扶到老」最為重要，遂以此突顯重點。

不料在一次應酬場合中，時任《澳洲日報》主編——現任總裁的黃豐裕先生，聽我朗讀這首詩後很是欣賞，隔天即刊登在該報的明顯版面，並加注「芮正皋戲作並英譯」等字，彷彿中、英版本都出自我的手筆。我實在不敢「掠人之美」，更不敢將他人巧思據為己有，卻一直沒有適當時機說明。此次藉拙著出版機會，收錄當時刊登之內容，除為解開多年來的「誤會」外，也為貫徹本書「結善緣」的主旨，希望這首富含人生哲理，使我受益匪淺的詩能廣為流傳，讓更多讀者領略箇中奧祕，並因此受惠。

人生就像一場戲，因為有緣才相聚。

Our world is but a stage,

By "fate" only our union's made.

為了小事發脾氣，回頭想想又何必。

Meddle us not in mean disputes,

Regrets sure follow such trivial themes.

別人生氣我不氣，氣出病來無人替。

Ill temper does soul destroy,

Mended not by human means.

鄰居親朋不要比，兒孫瑣事由他去。

Greener pastures envy us not,

Pettiness becomes not our nature.

吃苦享樂在一起，神仙羨慕好伴侶。

With joy and sorrow our life embraced,

Musing "gods" will us envy.

相扶到老不容易，是否更該去珍惜。

Sunset years have we now reached,

More care to our union is to be chiefly valued.

2005 年 9 月芮正皋撰書自勉　時年八十有七

西遊記與中國古代政治

薩孟武／著

孫行者攪混了龍宮，掘開了地府，打遍天界無敵手，觔斗雲一翻便十萬八千里；如此通天徹地之能，卻仍須臣服於不辨奸邪、思想迂腐、卻只會唸緊箍咒的唐僧——這便透露出政治隱微奧妙之處。政治不過「力」而已，要防止「力」之濫用，必須用「法」。薩孟武先生援引歷史實例與諸子政治思想來解讀《西遊記》，於奇光幻景中攫取出意想不到的玄妙趣味。

紅樓夢與中國舊家庭

薩孟武／著

當賈府恣意揮霍、繁華落盡之後，在前方等待的又是什麼呢？究竟是誰的情意流竄在《紅樓夢》的字裡行間呢？薩孟武先生以社會文化研究的角度，徵引多方史料，帶領讀者清晰認識舊時代下從賈府反映出來的那些事。

小歷史——歷史的邊陲

林富士／著

這本書沒有帝王將相、英雄偉人，卻將眼光投注在尋常百姓的日常生活，走入芸芸眾生的世界，寫就了「小歷史」。社會的邊緣人物如童乩、女巫、殺手，被視為奇幻迷信的厲鬼、冥婚，關乎頭髮、人肉、便溺、夢境的另類研究主題，都是值得關注的焦點。當你進入小歷史的世界，探訪這些前人足跡罕至的角落，你將會發現，歷史原來如此貼近你我。

肚大能容——中國飲食文化散記

遙耀東／著

吃，在中國人的生活中扮演著重要的角色。但要能吃出學問，可就不是件簡單的事了！遙耀東教授可說是中國飲食文化的開拓者，將開門七件事——油、鹽、柴、米、醬、醋、茶等瑣事，提升到文化的層次。透過歷史的考察、文學的筆觸，與社會文化變遷相銜接，烹調出一篇篇飄香的美文。讓我們在遙教授的引領下，一探中國飲食文化之妙。

禪與老莊

吳　怡／著

「本來無一物，何處惹塵埃？」由慧能開創出來的中國禪宗，實已脫離印度禪的系統，成為中國人特有的佛學。本書以客觀的方法，指出中國禪和印度禪的不同，並且正本清源，闡明禪與老莊的關係，強調禪是中國思想的結晶，還給禪學一個本來面目。

白萩詩選

白　萩／著

本書乃天才詩人白萩《蛾之死》、《風的薔薇》、《天空象徵》三本詩作的精選，收錄了八十三首創世名詩：以圖像自我彰顯的〈流浪者〉、探究存在主義的〈風的薔薇〉、不斷追逐的〈雁〉、一條蛆蟲般的阿火〈形象〉、舉槍將天空射殺的〈天空〉、直探生死議題的〈叫喊〉……，每一首皆是跨越時代、膾炙人口的經典之作。

世界、華夏、臺灣
——平行、交纏和分合的過程

許倬雲／著

「立足臺灣，放眼中國，關心世界」是一句你我
熟悉的口號，然而這樣的境界該如何做到？該從
何處著手？遠自西亞、埃及、中國、印度古文
明，近至你我身邊的大小事，都是歷史。歷史從
來就不是獨立發展，而是互相牽連糾纏，世界各
國的歷史有如一股股浪潮，在史海中彼此激盪、
交流，如果能夠了解歷史發展的軌跡，也許你會
對自身所處的環境，有一番新的體悟。

國家圖書館出版品預行編目資料

劫後餘生—外交官漫談「結緣人生」／芮正皋著.——二版一刷.——臺北市：三民，2021
面；　公分.——（人文叢書）

ISBN 978-957-14-7138-9 （平裝）
1. 芮正皋 2. 外交人員 3. 臺灣傳記

783.3886　　　　　　　　　　110000640

劫後餘生—外交官漫談「結緣人生」

作　者	芮正皋
發 行 人	劉振強
出 版 者	三民書局股份有限公司
地　址	臺北市復興北路 386 號 (復北門市) 臺北市重慶南路一段 61 號 (重南門市)
電　話	(02)25006600
網　址	三民網路書店 https://www.sanmin.com.tw
出版日期	初版一刷 2014 年 10 月 二版一刷 2021 年 4 月
書籍編號	S782530
I S B N	978-957-14-7138-9

三民書局